O.W. BARTH

Dr. Ha Vinh Tho

Der Glücksstandard

Wie wir Bhutans Bruttonationalglück praktisch umsetzen können

Aus dem Englischen
von Horst Kappen

O.W. BARTH

Besuchen Sie uns im Internet:
www.ow-barth.de

Aus Verantwortung für die Umwelt hat sich die
Verlagsgruppe Droemer Knaur zu einer nachhaltigen
Buchproduktion verpflichtet.
Der bewusste Umgang mit unseren Ressourcen,
der Schutz unseres Klimas und der Natur gehören zu unseren
obersten Unternehmenszielen.
Gemeinsam mit unseren Partnern und Lieferanten
setzen wir uns für eine klimaneutrale Buchproduktion ein,
die den Erwerb von Klimazertifikaten zur Kompensation des
CO_2-Ausstoßes einschließt.
Weitere Informationen finden Sie unter:
www.klimaneutralerverlag.de

FSC www.fsc.org MIX Papier aus verantwortungsvollen Quellen FSC® C083411

Redaktion: Ralf Lay
Covergestaltung: atelier-sanna.com, München
Coverabbildung: Moroz Nataliya / Shutterstock.com, Caro /
Ponizak / FOTOFINDER.COM
Satz: Adobe InDesgin im Verlag
Druck und Bindung: CPI books GmbH, Leck
ISBN 978-3-426-29295-2

2 4 5 3

Inhalt

Vorwort 9

Teil 1: Wozu brauchen wir ein Bruttonationalglück? 13

Einführung: Mein Weg nach Bhutan 15

Das Zeitalter des Anthropozäns 20

Was ist echtes Glück? 29

Im Kontakt mit unserem wahren Selbst 29 • Was ist Achtsamkeit? 37 • Wozu die Übung der Achtsamkeit? 38 • Wieder in Kontakt mit dem Körper kommen 40 • Eine prägende Erfahrung der Verbindung mit dem Selbst 46 • Emotionen als Samen im Bewusstsein: Der Affenbrotbaum und die Rose 51 • Die Kultivierung positiver Gefühle: Einige praktische Übungen 56 • Die Verwandlung von Hass und Gewalt in Mitgefühl und liebende Güte 62 • Die gegenseitige Abhängigkeit der Fürsorge für andere und der Fürsorge für den Planeten 79 • Wasser ist Leben 82 • Zufriedenheit versus Habgier: Von der Selbstfürsorge zur Fürsorge für den Planeten 86 • Das Natur-Defizit-Syndrom bedarf der Heilung 88 • Von der inneren Verwandlung zum gesellschaftlichen Wandel 93

Teil 2: Das Bruttonationalglück als ein neues Entwicklungsparadigma 99

Vom Bruttonationalprodukt (BNP) zum Bruttonationalglück (BNG) 101

Entstehung und Konzept des BNG 107

Das BNG außerhalb Bhutans 112

Das Grundkonzept des Bruttonationalglücks 116

Die vier Säulen des BNG 120

Die neun Domänen des BNG 123

1. Psychisches Wohlbefinden 123 • 2. Gesundheit 125

• 3. Gebrauch der Zeit 127 • 4. Bildung 129 • 5. Kulturelle Vielfalt und Identität 130 • 6. Lebendige Gemeinschaft 136 • 7. Qualität der Führungsstrukturen 138 • 8. Ökologische Vielfalt und ihre Bewahrung 141 • 9. Lebensstandard 142 • Zusammenfassung: Die neun Domänen und 33 Indikatoren der BNG-Erhebung in Bhutan 146

Das BNG-Analyse-Instrument für verantwortliche Entscheidungsfindung 150

Teil 3: Die praktische Umsetzung des Bruttonationalglücks 155

Das Bruttoindividualglück 157

Das Bruttofamilienglück 168

Achtsame Elternschaft 169 • Ein »Neubeginn« für Familien 179

Das BNG im Bildungswesen: Glückliche Schulen 183

Wozu brauchen wir Glückliche Schulen? 183 • Mein Weg zu den Glücklichen Schulen 187 • Die »Happy Schools!« in Vietnam 189 • Selbstfürsorge 196 • Die Fürsorge für andere und die Gesellschaft 208 • Bilanz 221 • Fürsorge für die Umwelt und den Planeten 222 • Tiefenökologie und »The Work That Reconnects« 225 • Fazit 236

Das BNG in der Wirtschaft 238

Die Umsetzung des BNG im Unternehmen 241 • Vision und Mission 243 • Messen, worauf es ankommt 248 • Das Grundkonzept 250 • Systemanpassung und Entscheidungsinstrument 268 • Ein Wandel im Bewusstsein 273 • Das Happy-Biti's-Projekt 274 • Von glücklichen Mitarbeitern zum glücklichen Unternehmen 278

Ausblick: Auf dem Weg in eine bessere Zukunft **283**
Eine neue Geschichte 285
Strategien für ein gutes Morgen 291

Epilog: Rückblick auf meine Begegnungen in Bhutan 299

Anhang **307**
Verzeichnis der Übungen und Meditationen 309
Quellen und Anmerkungen 311
Zitatnachweise 317

Vorwort

Es könnte wie ein Märchen klingen für Ohren, die seit Langem an den Trommelschlag einer Welt ohne Visionen gewöhnt sind, einer Welt, die zwischen dem unstillbaren Verlangen der Sinne und der tiefsten Sehnsucht des Geistes hin- und hergerissen ist. Für jene aber, die auf der Suche nach einer Vision sind, die »den Zahn, der an der Seele nagt, zu besänftigen weiß«, ist die innere Stimme der Menschlichkeit, von wie fern auch immer, weiterhin vernehmbar, um sie auf ihrem Weg zu führen.

Es bedurfte der seltenen Weisheit eines jungen Königs, um einzusehen, dass das leidenschaftlichste Verlangen aller Menschen zu allen Zeiten und an allen Orten darin besteht, glücklich zu sein. Als Seine Majestät Jigme Singye Wangchuck, der vierte König von Bhutan, verkündete, das »Bruttonationalglück« (BNG) sei wichtiger als das »Bruttonationalprodukt«, hat er damit eine neue Vision von Entwicklung ins Leben gerufen, die um eine Aussöhnung zwischen den materiellen und immateriellen Bedürfnissen des Menschen bemüht ist. Es ist die Vision von einem Weg größerer Nachhaltigkeit und Erfüllung, der die ethischen und planetarischen Grenzen, in denen alle Wesen ihre Lebensgrundlage haben, wahrhaftig respektiert.

Seit der ersten Formulierung dieses zutiefst ganzheitlichen Entwicklungskonzepts vor nun vierzig Jahren haben einige der klügsten Köpfe auf der ganzen Welt diesen Weckruf als ein Mittel verstanden und aufgegriffen, um einem besinnungslosen Konsumdenken entgegenzuwirken, das dem Planeten und seinen Lebewesen so namenloses Leid zugefügt hat. Eine dieser erleuchteten Seelen ist Dr. Ha Vinh Tho, der sich sein Leben lang dafür eingesetzt hat, Positives zu bewirken, wo immer es ihm bestimmt war, seine Aufgabe zu erfüllen.

Als er nach Bhutan kam, fand die hehre Botschaft eines

Bruttonationalglücks sowohl in Bhutan selbst als auch im Ausland bereits weithin Anklang, und Dr. Tho nahm unverzüglich seine Arbeit als Programmdirektor des neu gegründeten BNG-Zentrums von Bhutan auf, das sich zum Ziel gesetzt hat, das Erbe des erleuchteten Königs aktiv zu bewahren. In den folgenden sieben Jahren widmete sich Dr. Tho der Umsetzung des BNG mit demselben Engagement, mit dem er sich zuvor so intensiv der humanitären Notlagen auf der ganzen Welt angenommen hatte. Die Bedeutung des neuen Entwicklungsweges konnte so nicht nur im Bewusstsein der Bevölkerung von Bhutan, sondern der Menschen in aller Welt eine Erweiterung und Vertiefung erfahren.

Der Glücksstandard verdankt seine Entstehung den Erweckungserlebnissen eines ganz besonderen Menschen, der das Leben kennt, der die unzähligen Signale von Mutter Erde empfangen hat und mit liebender Güte und tiefer Anteilnahme darauf zu antworten weiß. In diesem Buch wirft er einen Blick auf die großen Weisheitstraditionen der ganzen Welt, die von jeher bestrebt waren, eine Antwort auf die tiefsten Fragen des Lebens und das menschliche Ringen nach Orientierung und Sinn zu finden. Um Parallelen mit den Kernthesen des BNG aufzuzeigen, werden die Einsichten der großen Weisen aus Ost und West herangezogen und den Ergebnissen wissenschaftlicher Forschung spirituelle Erkenntnisse zur Seite gestellt.

Seine besondere Kraft bezieht das Buch dabei nicht allein aus den bewegenden Berichten vom Leben in Kriegsgebieten, vom durchdringenden Uringestank in Gefängniszellen oder aus den ergreifenden Geschichten, die sich der Autor von Menschen hat erzählen lassen, deren Lebenssituation völlig außer Kontrolle geraten war, sondern ebenso aus berührenden Erzählungen von zutiefst heilsamen Gängen über grüne Wiesen und verschneite Alpenkämme, von fröhlichem Gelächter auf Familienzusammenkünften und vielem anderem mehr. Nicht zu vergessen die optimistisch stimmenden Berichte über lebendige Erfahrungen, wie sie aus der aktiven Hilfe für Notleidende erwachsen, dem

Setzen lebensverändernder Impulse und der Verwandlung unternehmerischer und institutioneller Kulturen, um unser aller Wohl zu mehren.

Das schrittweise praktische Vorgehen, um das Glück auf individueller, institutioneller, gesellschaftlicher und nationaler Ebene zu begründen und zu steigern, ist ein hervorragender Anreiz zu einem sinnvollen Engagement sowohl für Kinder als auch für Erwachsene. Die neun Domänen und Erhebungsmittel werden auf diese Weise fassbarer, nicht anders als die Einsichten wohlbekannter Namen.

Seit im Jahre 2009 die Initiative zu einer landesweiten Bildungsreform namens *Bildung für Bruttonationalglück* durch das Konzept der *Grünen Schulen* ins Leben gerufen wurde, war ich unablässig auf der Suche nach einem umfassenden, gezielten und praxisorientierten Ansatz, in dem die nationale Vision unseres Landes ihre Umsetzung finden würde. Im *Glücksstandard* habe ich ihn gefunden. Das Buch enthält eine tiefgründige Botschaft, verfasst in einer verständlichen und überzeugenden Sprache und in einem ebenso gewinnenden wie wachrüttelnden Stil, in dem die Seele die Welt zur Besinnung auf sich selbst aufruft.

Es zeigt, dass das Bruttonationalglück nicht nur ein erstrebenswertes, sondern auch erreichbares Ziel ist, wie sich anhand der vielen realen Lebenssituationen belegen lässt, in denen es sich auf so stringente und konkrete Weise bewährt hat. Ich glaube fest daran, dass jede Nation ihren Leitstern braucht, so, wie jeder Einzelne einen Traum braucht, dem er folgen kann. Ich bin Ha Vinh Tho zutiefst dankbar dafür, dass er uns nicht nur diesen Ausblick auf unsere nationale Vision von einer ganzheitlichen Entwicklung eröffnet, sondern mit seinem Buch auch einen Einblick in das Wesen des edlen Fachs gewährt, das die Erziehung für mich noch immer darstellt.

Auch wenn das Leid und die Tragik des menschlichen Daseins in ihm niemals fern sind, so ist das Buch doch durchgängig vom Geist der Hoffnung, des Vertrauens und der heiteren Zuversicht getragen. Es geht um das Bruttonationalglück. Es geht um Glück. Es *ist* Glück. Aber lesen Sie selbst …

Thakur S. Powdyel

Minister für Bildung und Forschung in der ersten demokratisch gewählten Regierung von Bhutan sowie Präsident des Royal Thimphu College

Teil 1

Wozu brauchen wir ein Bruttonationalglück?

Einführung: Mein Weg nach Bhutan

Im Mai 2012 landete ich zum ersten Mal auf dem internationalen Flughafen von Paro, es war mein erster Besuch in Bhutan. Schon der Landeanflug auf Paro ist ein Abenteuer für sich. Nachdem man an einigen der höchsten Berge des Himalaja – einschließlich des Mount Everest – vorbeigekommen ist, schlängelt sich das Flugzeug zwischen hohen Gipfeln hindurch, und wenn man aus dem Fenster sieht, scheinen die Berge fast zum Greifen nah zu sein. Man fragt sich, warum der Pilot das Flugzeug so dicht an der Bergflanke hält, aber wenn man zur anderen Seite hinausschaut, erkennt man, dass es dort genauso knapp ist! Dann steuert das Flugzeug direkt auf einen weiteren Berggipfel zu und macht erst im letzten Moment eine 180-Grad-Wende, um schließlich zur Landung anzusetzen. Dieses Erlebnis ist nichts für Menschen mit Flugangst – oder vielleicht auch gerade eine gute Möglichkeit, um sich davon zu kurieren, denn bis jetzt hat es hier noch keine Unfälle gegeben.

Da ich zum ersten Mal in Bhutan war, kannte ich hier keine Menschenseele. Ich war gekommen, um meine Stelle als Programmdirektor des BNG-Zentrums in der Hauptstadt Thimphu anzutreten, und sah meiner neuen Aufgabe teils mit Aufregung, teils mit Neugier entgegen. Nur ein paar Wochen zuvor hatte ich über Skype ein Bewerbungsgespräch mit einem Gremium aus bhutanischen und internationalen Experten geführt, und schon kurz darauf flog ich nach New York zu einer Konferenz mit hochrangigen Vertretern, zu der die Königliche Regierung von Bhutan an den Sitz der Vereinten Nationen eingeladen hatte.

Seither habe ich in Bhutan und vielen anderen Ländern etliche Workshops zum Bruttonationalglück abgehalten. Auch an Universitäten, in Unternehmen, vor Nichtregierungsorganisationen und in anderen Kontexten habe ich – vor einem großen Publikum oder auch einem kleinen Zuhörerkreis – Dutzende von Präsentationen zum BNG durchgeführt. Häufig werden dabei Fragen gestellt wie zum Beispiel: »Wie sind Sie überhaupt nach Bhutan gekommen?« Und: »Auf welchem Weg sind Sie dorthin gelangt?«

Bevor ich nach Bhutan ging, hatte ich für das Internationale Komitee vom Roten Kreuz (IKRK) gearbeitet, und auch wenn ich dabei eigentlich an dessen Hauptsitz in Genf tätig war, reiste ich doch regelmäßig in Kriegsgebiete. Im Laufe dieser Jahre besuchte ich viele Krisenregionen wie Darfur, Afghanistan, Palästina, die Elfenbeinküste und andere. Zwar war ich in dieser humanitären Arbeit sehr engagiert, aber sie hatte für mich auch etwas Frustrierendes, da wir uns immer nur mit den Folgen der Krisen und Konflikte befassten und uns niemals wirklich mit ihren tieferen Ursachen auseinandersetzten, mit ihren strukturellen und systembedingten Voraussetzungen.

Dieser Art waren einige der Gründe, warum ich mich für das neue Entwicklungsparadigma des Bruttonationalglücks zu interessieren begann. Ich hegte die Hoffnung, dass ein anderes Verständnis von Fortschritt und Entwicklung – eine andere Auffassung von Wirtschaft – Lösungen für die Probleme bieten könnte, mit denen ich mich in meiner humanitären Arbeit konfrontiert sah. Zu jener Zeit allerdings dachte ich nicht einmal im Traum daran, dass ich später einmal in Bhutan leben und arbeiten würde. Eines Morgens jedoch, als ich dabei war, meine E-Mails zu öffnen (ich muss an jenem Tag wohl etwas Luft gehabt haben, da ich nicht wie sonst alle E-Mails unbekannter Absender sofort löschte), und den Newsletter eines akademischen Netzwerks las, stieß ich auf die Stellenausschreibung für die Position des Programmdirektors des BNG-Zentrums in Bhutan. Beim Durchlesen der Aufgabenbeschreibung wurde mir klar, dass diese Arbeit perfekt zu all dem passte, was ich bis dahin erfahren und getan, zu den Fähigkeiten, die ich entwickelt hatte, und dem, was ich mir zutiefst erhoffte. Aber das eine war, die Übereinstimmungen zwischen der Aufgabe und meiner persönlichen Eignung wahrzunehmen, und etwas ganz anderes, auch diejenigen davon zu überzeugen, die die Bewerberauswahl zu treffen hatten. Jedenfalls setzte ich sofort ein Bewerbungsschreiben auf, in dem ich darlegte, inwiefern meine Erfahrungen und Kompetenzen vollständig den Anforderungen der Stelle entsprachen, und sandte es zusammen mit meinem Lebenslauf ab.

Einige Wochen nachdem ich meine Bewerbung abgeschickt hatte, war noch immer keine Antwort aus Bhutan gekommen, und ich hatte das Ganze über meiner Arbeit für das IKRK, die mich vollkommen in Anspruch nahm, schon fast wieder vergessen. Dann erhielt ich eines Morgens eine E-Mail, in der es hieß, dass ich unter mehr als 150 Bewerbern in die engere Auswahl gekommen sei. Man bat mich, in einem kurzen Essay zu beschreiben, wie ich mir meine Arbeit als Programmdirektor konkret vorstellte. Also schrieb ich den kurzen Essay und schickte ihn ab – und wieder hörte ich wochenlang nichts. Ich wollte die Hoffnung schon aufgeben, als ich abermals eine E-Mail erhielt, in der es hieß, dass ich mich mit fünf anderen Bewerbern in der Endauswahl befände und für die kommende Woche ein Bewerbungsgespräch via Skype mit einem Gremium aus Bhutan geplant sei, das anschließend über die Stellenvergabe entscheiden würde.

Die Nachricht wurde offenbar gleichlautend an alle sechs Bewerber in der Endauswahl verschickt, wobei ich die Namen meiner Mitbewerber sehen und mich somit im Internet über sie erkundigen konnte. Als ich dann ihre Lebensläufe und Biografien las, wurde es mir doch sehr mulmig, da die meisten von ihnen – im Unterschied zu mir – namhafte Wissenschaftler waren, Experten, die schon zu wiederholten Malen nach Bhutan gereist waren und gute Verbindungen zu dem Land unterhielten. Ich hatte das Gefühl, dass meine Aussichten, die Stelle zu bekommen, sehr gering waren. Dennoch war ich am Tag des Interviews aus unerfindlichen Gründen guter Dinge, und als die Unterhaltung mit dem Bewerbungsgremium begann, fühlte ich mich sogar noch zuversichtlicher. Es war eine sehr konstruktive, freundliche und warmherzige Gesprächsatmosphäre, ganz und gar nicht wie bei einem normalen Bewerbungsgespräch, vielmehr war es ein intensiver und offener Austausch. Am Ende des Interviews hatte ich ein gutes Gefühl, da meine Gesprächspartner offenbar mit meinen Antworten auf ihre Fragen zufrieden waren und ich Gelegenheit hatte darzulegen, warum die Position so vollständig mit meinen Erfahrungen, Fähigkeiten und größten Hoffnungen in Übereinstimmung war.

Am Ende der Woche, nachdem alle Interviews geführt worden waren, erhielt ich eine Nachricht aus Thimphu, die besagte, dass man sich für mich entschieden habe und dass ich, falls ich wolle, die Position haben könne.

Es ist schwer zu beschreiben, mit welcher Freude, Begeisterung und Aufregung ich diese Nachricht aufnahm. Ich rief sofort meine Frau an, um ihr die unglaubliche Neuigkeit mitzuteilen: Wir würden nach Bhutan gehen.

Meine erste Amtshandlung bestand darin, den Sitz der Vereinten Nationen in New York aufzusuchen, wo die Königliche Regierung von Bhutan eine Konferenz auf höchster Ebene veranstaltete: »Glück und Wohlbefinden: Die Definition eines neuen ökonomischen Paradigmas«.[1]

Wie eingangs schon erwähnt, war ich nie zuvor in Bhutan gewesen und kannte dort niemanden. Als ich auf der Konferenz in New York eintraf, fühlte ich mich daher etwas verloren und wusste nicht recht, an wen ich mich wenden sollte. In einer Pause gelang es mir, mit dem damaligen Ministerpräsidenten von Bhutan, Jigme Yoser Thinley, ins Gespräch zu kommen, und ich sagte zu ihm: »Eure Exzellenz, Sie kennen mich zwar nicht, aber ich arbeite für Sie.«

Er sah mich an, lächelte und meinte: »Aber natürlich kenne ich Sie. Bei der Stellenvergabe war ich am Auswahlverfahren beteiligt, und ich will hoffen, dass Sie eine gute Arbeit machen, denn ein Freund von mir, der sich ebenfalls beworben hatte, hat den Posten nicht bekommen, und zwar offenbar Ihretwegen.«

So also nahm meine Reise nach Bhutan und damit ins Land des Bruttonationalglücks ihren Anfang.

Bevor wir uns jedoch dem Bruttonationalglück selbst zuwenden, lassen Sie uns noch besser zu verstehen versuchen, warum solch ein neues Entwicklungsparadigma in unserer Zeit so wichtig ist.

Das Zeitalter des Anthropozäns

Über Zehntausende von Jahren war der Platz, den die Menschheit auf diesem Planeten einnahm, vergleichsweise unbedeutend. Die Naturgewalten waren um vieles mächtiger als die begrenzten Möglichkeiten unserer Vorväter. In allen alten Kulturen war man sich der Übermacht der natürlichen oder höheren Kräfte bewusst, waren diese nun sichtbar oder unsichtbar, und die Menschheit unterwarf sich diesen Mächten, von denen sie gänzlich abhing.

Das Bestreben, über diese unkontrollierbaren Kräfte die Oberhand zu gewinnen, bedurfte vieler Jahrhunderte, um Erfolge zu zeitigen. In den vergangenen zwei Jahrhunderten jedoch hat sich diese Situation nach und nach gewandelt. Heute hängt umgekehrt das Überleben und Wohlergehen des Planeten mit all seinen Lebensformen vom Menschen ab. Trotzdem verhalten wir uns noch immer so wie unsere Vorfahren, ohne zu erkennen, dass heute wir es sind, die für die weitere Entwicklung des Lebens auf der Erde die Verantwortung tragen. In früheren Epochen galt die größte Sorge dem Wohlergehen unserer eigenen Spezies, die wie gesagt der ständigen Bedrohung durch Naturgewalten ausgesetzt war, denen der Mensch ohnmächtig gegenüberstand. Heute befinden wir uns in der umgekehrten Situation: Unser Planet mit all seinen Lebewesen ist von uns abhängig, aber bisher waren wir nicht in der Lage, die neue Verantwortung gänzlich zu erfassen, die uns damit auferlegt wurde oder die wir uns selbst auferlegt haben. Unsere anthropozentrische Weltsicht erweist sich als zerstörerisch für die Umwelt und alle Lebewesen. Damit nicht genug, wird sie schließlich zur Bedrohung für unsere eigene Zukunft, wenn wir nicht aufwachen und uns unserer heiligen Pflicht stellen, für das Wohlergehen aller Lebensformen Sorge zu tragen.

Im Großen und Ganzen sind all unsere sozialen Systeme und Strukturen Überbleibsel aus einer Zeit, als wir uns ganz auf unsere eigenen Bedürfnisse konzentriert haben, ohne Rücksicht auf andere Spezies und die Natur zu nehmen. Wenn wir aber die Realität des aktuellen Erdzeitalters namens Anthropozän[2] nicht anerkennen, mit dem uns die Verantwortung für den Planeten übertragen ist, werden diese Strukturen und Systeme unsere eigene Vernichtung bewirken. Indem wir die Natur zerstören, stellen wir unser eigenes Überleben infrage.

Aus diesem Grund darf sich kein neues Entwicklungsparadigma wie das Bruttonationalglück allein auf das Glück aller Menschen konzentrieren, sondern muss auch das Wohlergehen aller anderen Lebensformen miteinbeziehen.

Die meisten alten Kulturen wussten um das enge Verwobensein und die gegenseitige Abhängigkeit aller Lebensformen, einschließlich des Menschen, und waren sich ebenso der Heiligkeit der Elemente bewusst. In ihren Augen bestanden diese nicht nur aus Atomen und Molekülen oder waren lediglich Ressourcen zur Befriedigung der eigenen Bedürfnisse, sondern lebendige Wesen mit einem eigenen Recht auf Leben und Entfaltung. Diese Verbundenheit mit der Natur und dem Planeten muss dringend zu neuem Leben erwachen, wenn wir eine glückliche Gesellschaft mit glücklichen Menschen erschaffen wollen. Wir können es uns nicht mehr leisten, unser Augenmerk allein auf die menschlichen Bedürfnisse zu richten, sondern müssen lernen, diese Bedürfnisse als eine Teilmenge in der Gesamtheit der Bedürfnisse aller Lebewesen zu begreifen.

Wie ich schon in der Einführung erwähnt habe, war ein wesentlicher Grund, warum ich meine Arbeit beim Internationalen Komitee vom Roten Kreuz zugunsten des Umzugs nach Bhutan aufgab, die Einsicht, dass meine humanitäre Arbeit niemals die tieferen Ursachen der Probleme in Angriff nahm, deren Zeuge ich in den Konflikt- und Kriegsgebieten wurde. Die Krisen und die Art, wie sie sich zeigten, waren nur die Spitze des Eisbergs.

Sie waren lediglich Symptome tiefer liegender kollektiver oder sozialer Übel, die bei dem Versuch einer Konfliktlösung im Allgemeinen unberücksichtigt blieben. Diese tieferen Ursachen lassen sich vor allem auf einer strukturellen und systemischen Ebene ausmachen, in der Art, wie wir uns in den vergangenen Jahrzehnten gesellschaftlich, wirtschaftlich und in unseren internationalen Beziehungen organisiert haben. Nach dem Ende des Zweiten Weltkriegs lagen Europa und ein großer Teil der restlichen Welt in Schutt und Asche. Die Infrastrukturen waren weitgehend zerstört, die Wirtschaft lag am Boden, und die politischen Systeme versuchten, sich eine neue Basis in einer Welt zu schaffen, die nun in zwei miteinander konkurrierende Systeme gespalten war: die kommunistische Welt mit der Sowjetunion und China auf der einen Seite – und die sogenannte »freie Welt« mit den USA und Westeuropa auf der anderen. Die materiellen Bedürfnisse auf beiden Seiten des Eisernen Vorhangs waren immens, und die Notwendigkeit zum Wiederaufbau führte zwangsläufig zu einer starken Konzentration auf das wirtschaftliche Wachstum.

Im Jahr 1989 trat die Welt in eine neue Ära ein. Mit dem Fall der Berliner Mauer und dem Zerfall der Sowjetunion eröffneten sich neue Möglichkeiten. Offenbar waren wir damals aber nicht in der Lage, nachhaltige und innovative Lösungen zu finden, die sich in diesem entscheidenden Augenblick der Geschichte hätten zeigen können. Zu viele Ökonomen und Politiker interpretierten den Untergang des Sowjetimperiums als einen Sieg des kapitalistischen Systems, ohne sich im Klaren darüber zu sein, dass es die Selbstzerstörung dieses konsumorientierten kapitalistischen Systems bedeutet, wenn es sich weltweit ausdehnt. Der Grund dafür liegt in dem fundamentalen Widerspruch zwischen der Vorstellung von einem unbegrenzten Wirtschaftswachstum und einem begrenzten Planeten. Die Krise, die wir gegenwärtig in vielen Bereichen erleben – ob in Wirtschaft, Ökologie und Politik oder in Form von Kriegen und Hungersnöten, um nur einige zu nennen –, ist aus meiner Sicht daher symptomatisch für ein

System, das sich selbst überlebt hat und in eine Sackgasse geraten ist.

Bevor ich jedoch auf die Analyse der Probleme zu sprechen komme, die sich uns auf der Systemebene darstellen, möchte ich auf eine noch tiefere Ursache der Probleme eingehen, die wir gegenwärtig erleben, nämlich die Denkweise, der diese Systeme ihre Entstehung verdanken. All die gesellschaftlichen Systeme, in denen wir leben, wurden von uns Menschen als Manifestationen unseres eigenen Bewusstseins geschaffen: Sie sind Ausdruck der Art, wie wir denken, fühlen, handeln, miteinander umgehen, wie wir die uns umgebende Welt interpretieren, und der Geschichten, die wir uns selbst und anderen erzählen, um die Realität, in der wir leben, zu erklären. Gesellschaftliche Systeme sind weder gottgegeben, noch beruhen sie auf Naturgesetzen; sie sind menschengemacht und können daher verändert und transformiert werden. Um aber irgendein System nachhaltig verwandeln zu können, müssen wir zuerst unsere Denkweise, unser Bewusstsein transformieren. Um Einsteins berühmten Ausspruch zu zitieren:

> »Probleme kann man niemals mit derselben Denkweise lösen, durch die sie entstanden sind.«

Die ersten beiden Fragen, denen ich mich zuwenden möchte, lauten also: Welche Denkweise ist es, die diese Probleme geschaffen hat? Und noch wichtiger: Wie können wir unsere Art zu denken verändern?

Viele Denker und Philosophen, die in ihre Lehren eine spirituelle Dimension miteinbeziehen, beschreiben die Geschichte der Menschheit als eine Evolution des Bewusstseins. Auch wenn sie in unterschiedlichen Denktraditionen stehen und unterschiedliche Systeme entwickelt haben, stimmen Rudolf Steiner, C. G. Jung, Sri Aurobindo, Pierre Teilhard de Chardin, Jean Gebser und Ken Wilber doch in einem Punkt überein: dass die Menschheitsgeschichte eine Manifestation der Evolution des Bewusstseins ist.

Ich will nicht versuchen, hier ein umfassendes Bild dieser Evolution zu zeichnen. Auf eine Dimension jedoch, die eine zentrale Rolle spielt beim Verständnis der Situation, der wir uns heute als Menschheit gegenübersehen, möchte ich dabei hinweisen. Alle traditionellen Kulturen und Religionen haben eine bestimme Vision oder Vorstellung davon geschaffen, was es heißt, Mensch zu sein, ein Narrativ, das wir uns selbst und anderen – und über die Erziehung auch künftigen Generationen – erzählen und in dem es darum geht, wer wir sind und was es mit unserem Leben auf der Erde auf sich hat. Die verschiedenen Traditionen verwenden dabei unterschiedliche Worte, Bilder und Symbole und vertreten unterschiedliche Ideen, aber allen gemeinsam ist die Auffassung, dass der Mensch doppelten Wesens ist: Wir haben einen physischen Leib, der in der Welt der Materie verwurzelt ist, und wir haben eine spirituelle Dimension, die uns mit einer höheren Welt verbindet.

Innerhalb dieser Traditionen war man sich auch bewusst, dass Menschen einen inneren Verwandlungsprozess durchlaufen müssen, wenn sie Wissen und Weisheit erwerben wollen. Wissen wurde dabei niemals als etwas rein Rationales oder Intellektuelles betrachtet, sondern hatte immer auch eine ethische Dimension, zu der Herzensqualitäten gehörten wie Empathie, Mitgefühl, Selbstlosigkeit, Großzügigkeit und Fürsorglichkeit. Wissen und Weisheit waren nicht zweierlei. Ab dem Zeitalter der Aufklärung änderte sich diese Auffassung allmählich, bis die Einstellung gegenüber Wissen und Weisheit im 19. Jahrhundert mit der zunehmenden Vorherrschaft der Naturwissenschaften eine radikale Wendung erfuhr. Von nun an verlagerte sich die Zielrichtung beim Wissenserwerb von der inneren Verwandlung des Subjekts auf das Verständnis des Objekts. Mehr noch: Der Prozess des Wissenserwerbs musste von jeder Einmischung des Subjekts möglichst freigehalten werden – denn Subjektivität wurde nun als etwas angesehen, das im Widerspruch zu echtem Wissen stand, zu dem, was als objektiv galt. Zwar konnte die moderne Wissenschaft aufgrund dieser neuen und andersartigen Methodologie gewaltige Fortschritte und Erfolge erzielen, aber das hatte seinen Preis. Da ethische und humanistische Werte von wissenschaftlicher Erkenntnis ausgeschlossen waren, konnten die von der Wissenschaft erzielten Ergebnisse potenziell die größten Zerstörungen bewirken.

Die Grenzen und Gefahren einer ausschließlich rationalen Auffassung der Wirklichkeit zeigten sich anhand zweier geschichtlicher Ereignisse, die man als archetypisch betrachten kann, aus denen wir – als Menschheit – anscheinend aber nicht wirklich etwas gelernt haben.

Deutschland war in der ersten Hälfte des 20. Jahrhunderts wahrscheinlich das fortschrittlichste Land der Welt mit dem höchsten Bildungsniveau. Seine Universitäten, Wissenschaftler, Philosophen, Musiker, Künstler und Schriftsteller gehörten zu dem Besten, was die westliche Kultur je hervorgebracht hatte. Doch war all dies nicht hinreichend, um den Wahlerfolg der NSDAP und Hitlers Machtergreifung zu verhindern und damit die schlimmsten Zerstörungen, die die Welt je gesehen hat. Auschwitz und der Holocaust stehen für all die Gräuel des Nazi-Regimes und sind ein erschreckendes Beispiel dafür, wie moderne Bürokratie zusammen mit rationeller Organisation und Logistik für die abscheulichsten Zwecke eingesetzt werden kann.

Hiroshima und Nagasaki sind die ersten – und bislang einzigen – Städte, die von einer Atombombe zerstört wurden, und stehen als ein weiteres Symbol dafür, wie moderne Technologie, Wissen und Intelligenz dazu dienen können, um in beispielloser Weise Tod und Vernichtung zu bringen.

Mir ruft das ein herrliches und tiefsinniges Gedicht[3] von T. S. Eliot in Erinnerung:

> … Das Kreisen ohne Ende von Idee und Tat,
> Das endlose Erfinden, endlose Versuchen
> Führt uns zur Kenntnis der Bewegung, nicht des Stillstands;
> Kenntnis der Sprache, nicht des Stillschweigens;
> Kenntnis der Wörter, Unkenntnis des Worts.

All unsre Kenntnis führt uns näher an die Unkenntnis,
All unsere Unkenntnis führt uns näher an den Tod,
Doch Todesnähe nicht näher an G o t t.
Wo blieb das Leben, das im Leben uns entglitt?
Wo blieb die Weisheit, die uns in Beschlagenheit entglitt?
Wo ist die Beschlagenheit, die uns in Nachrichten entglitt?

Das sind fürwahr sehr tiefe Fragen:

Wo blieb die Weisheit, die uns in Beschlagenheit entglitt?
Wo ist die Beschlagenheit, die uns in Nachrichten entglitt?

Die Denkweise, die hinter diesem Dilemma steht, kann man als »materialistischen Reduktionismus« bezeichnen. Lange Zeit war dieses materialistische Verständnis des Menschen, der Erde und des Universums nicht mehr als eine Theorie. Im 20. Jahrhundert jedoch hat man die Theorie in die Praxis umgesetzt, was die unmenschliche Art und Weise zur Folge hatte, auf die wir einander und den Planeten seither behandeln. Menschliche Wesen wurden als rein materielle Wesen mit rein materiellen Bedürfnissen betrachtet, und die Gesellschaft als Ganzes war, gemeinsam mit Wirtschaft und Politik, einzig und allein auf die materielle Dimension des menschlichen Daseins ausgerichtet. Diese Vorstellung von menschlichem Verhalten, das rein aus instinktiven Antrieben zur Erfüllung unserer materiellen Bedürfnisse erklärt wird, hat zum Konzept des »Homo oeconomicus« geführt. In den meisten gängigen Theorien der Wirtschaftslehre wird der »Homo oeconomicus« oder der »Wirtschaftsmensch« als Modell (»rationaler Agent«) eingesetzt, um Voraussagen über menschliche Verhaltensweisen und Varianten der Marktentwicklung zu machen. Es beschreibt den Menschen als ein gänzlich rational orientiertes, allein auf den eigenen Vorteil bedachtes Wesen, das stets optimal im Sinne seiner selbstischen Interessen agiert. Generell ist der »Homo oeconomicus« bestrebt, als Konsument seinen Nutzen und als Produzent seinen

Profit zu maximieren, während er den »negativen Nutzen«, den die Arbeit darstellen soll, zu minimieren sucht.

Von einigen Denkern wie Rudolf Steiner und C. G. Jung wird die Evolution des Bewusstseins als ein Emanzipations- und Individualisierungsprozess beschrieben. Unsere Urahnen waren noch vollständig von Naturkräften abhängig, für die sie keine ausreichende Erklärung besaßen, und in ihren Handlungsweisen, Glaubenssätzen und Verhaltensregeln durch den Zufall der Geburt – beziehungsweise das Schicksal oder Karma, wenn man so will – festgelegt, was sich auf den sozialen Status, den Beruf und sogar die Form der Ernährung und Kleidung auswirkte. Erst mit der Entwicklung der Landwirtschaft, der Domestikation von Tieren und der Pflanzenzüchtung lernten unsere Vorfahren allmählich, ihre natürliche Umwelt zu beherrschen. Nun hat es zwischen Renaissance und Aufklärung zweifellos einen immensen Fortschritt im Sinne einer Befreiung des Individuums gegeben, der Errungenschaften wie Menschenrechte, Demokratie, Meinungsfreiheit und einen Zuwachs an Toleranz mit sich brachte; aber offenbar sind wir damit über das Ziel hinausgeschossen. Der Individualismus hat sich zum blanken Egoismus verkehrt, und die Emanzipation hat uns immer weiter in die Entfremdung geführt.

Bekanntlich hat sich die menschliche Evolution als eine Interaktion zwischen innerer Verwandlung (in Form mentaler Prozesse) und äußerem Wandel (in Form des Umweltgeschehens) abgespielt. Um nun den Sinn des Bruttonationalglücks zu verstehen, müssen wir unser Augenmerk sowohl auf die inneren Bedingungen des Glücks – also die Glücksfähigkeit – richten als auch auf die strukturellen und systemischen Veränderungen, mit deren Hilfe sich eine Umgebung schaffen lässt, die dem Glück aller Menschen und dem Wohlergehen aller Lebensformen dienlich ist.

Der erste Teil des Buches beschäftigt sich vor allem mit den inneren Dimensionen von Glück und Wohlbefinden und geht auch auf die äußeren Folgen ein, die mit diesem inneren Verwandlungsprozess einhergehen. Der zweite Teil des Buches befasst sich mit den strukturellen und systemischen Veränderungen, die wir erreichen müssen, um eine Umwelt zu schaffen, die allen Menschen und allen anderen Lebewesen den optimalen Entfaltungsraum bietet. Schließlich folgen einige praktische Umsetzungsbeispiele im Bildungs- und Unternehmensbereich, um Schritte aufzuzeigen, die geeignet sind, unsere bisherigen Systeme in Umgebungen zu verwandeln, die vom Geist des Bruttonationalglücks getragen sind.

Was ist echtes Glück?

Im Kontakt mit unserem wahren Selbst

Wenn wir die tiefere Bedeutung von Glück verstehen wollen, müssen wir zwischen zwei sehr unterschiedlichen Erlebnisqualitäten unterscheiden, die gemeinhin beide als »Glück« bezeichnet werden. In der griechischen Philosophie des Altertums gab es zwei Begriffe, um sie zu beschreiben: *hēdonḗ* und *eudaimonía*.

Unter *hēdonḗ* versteht man angenehme Erfahrungen wie sinnliche Genüsse oder positive Stimmungen, die von Natur aus kurzlebig und unbeständig sind. Nehmen wir zum Beispiel ein gutes Essen, so besteht kein Zweifel daran, dass uns eine schmackhafte Mahlzeit angenehme Gefühle bescheren kann. Wenn wir jedoch nicht aufhören zu essen, und handele es sich um ein noch so erlesenes Gericht, hört der Genuss irgendwann auf, und die angenehme Erfahrung macht alsbald einem Unbehagen Platz, das sich womöglich bis zum Krankheitsempfinden steigert.

Das soll nicht heißen, dass es falsch sei, sich innerhalb vernünftiger Grenzen angenehme Erfahrungen zu wünschen, dennoch ist nicht von der Hand zu weisen, dass sie zwangsläufig von kurzer Dauer sind. Die Konsumgesellschaft beruht auf diesem unaufhörlichen Genussstreben, und wir alle haben schon die Erfahrung gemacht, wie unbefriedigend dieses Bestreben letztendlich bleibt.

Eudaimonía setzt sich zusammen aus den griechischen Wörtern *eũ* (»in Harmonie« oder »wohl, gut, schön, reich«) und *daímōn*, ein Wort, mit dem Plato unser höheres Sein, unser wahres Selbst bezeichnete. *Eudaimonía* besagt also im Wesentlichen, im Einklang mit seiner höheren Bestimmung oder seinem höchsten Potenzial zu sein. Bei jener Art von Glück, von dem im Zusammenhang mit dem Bruttonationalglück die

Rede ist, steht nicht die hedonistische Befriedigung im Mittelpunkt, sondern die Frage, wie wir die inneren und äußeren Bedingungen für ein sinnerfülltes Leben schaffen können, das uns in die Lage versetzt, im Einklang mit unseren tiefsten Sehnsüchten und unserem höchsten Potenzial zu leben. Um jedoch die tieferen Bedingungen echten Glücks im eudämonistischen Sinne des Wortes zu verstehen, müssen wir uns den Ursachen des Leidens zuwenden, die sich unserer Glücksfähigkeit in den Weg stellen.

Die moderne westliche Gesellschaft zielt vor allem darauf ab, die äußeren materiellen Bedingungen für leibliches Wohlergehen zu schaffen, und wir müssen die gewaltigen Fortschritte anerkennen, die in den letzten einhundert Jahren in dieser Hinsicht durch die Entwicklungen in Wissenschaft und Technik erzielt wurden. Viele einst tödliche Krankheiten sind heute ohne Weiteres heilbar, die Lebenserwartung und der allgemeine Lebensstandard sind immens gestiegen – wenn auch der Wohlstand noch immer sehr ungleich verteilt ist –, und Hunderte von Millionen Menschen führen heute ein Leben, das zweifellos weit komfortabler ist als das ihrer Vorfahren. Zusammen mit der wirtschaftlichen Entwicklung hat der technologische und wissenschaftliche Fortschritt für viele Menschen technische Errungenschaften zugänglich gemacht. Aber wenn dies auch eine enorme Weiterentwicklung bedeutet, müssen wir ebenso bekennen, dass nicht jeder daran teilhat und dass ein syrischer oder afghanischer Flüchtling heute wahrscheinlich ein schwereres Leben hat als seine Vorfahren. Ganz offensichtlich hat der materielle Fortschritt als unerwünschten Nebeneffekt ganz neue Probleme mit sich gebracht, und zwar auch in den am höchsten entwickelten Gesellschaften.

Damit stellt sich die Frage, ob die alleinige Ausrichtung auf wirtschaftliche Entwicklung die inneren Dimensionen von Glück und Wohlbefinden in Vergessenheit geraten ließ. Mit anderen Worten: Ist das Resultat dieser einseitigen Entwicklung eine zunehmende Entfremdung von sehr wichtigen Aspekten des menschlichen Lebens?

Um nochmals T. S. Eliot zu zitieren:

> Das endlose Erfinden, endlose Versuchen
> Führt uns zur Kenntnis der Bewegung, nicht des Stillstands;
> Kenntnis der Sprache, nicht des Stillschweigens;
> Kenntnis der Wörter, Unkenntnis des Worts.

Aus der Forschung wissen wir, dass es in den frühen Stadien der ökonomischen Entwicklung eines Landes eine enge Korrelation zwischen steigendem Lebensstandard, Glück und Wohlbefinden gibt – eine Korrelation, die tendenziell gegen null geht, sobald die grundlegenden menschlichen Bedürfnisse abgedeckt sind. Jenseits eines bestimmten Lebensstandards ist ein erheblicher Zuwachs an materiellen Mitteln nicht mehr gleichbedeutend mit einem erheblichen Zuwachs an Glück und Wohlbefinden. Während sich zum Beispiel das Bruttosozialprodukt der USA in den vergangenen Jahrzehnten verdreifacht hat, ist das subjektive Wohlbefinden auf demselben Stand geblieben. Zudem sind aufgrund der wirtschaftlichen Entwicklung zahlreiche neue Probleme aufgetaucht. So versprach beispielsweise die zunehmende Mobilität in Form des Autobesitzes eine größere persönliche Freiheit und Unabhängigkeit für alle, und anfänglich war dies offenbar auch der Fall. Ab einem bestimmten Punkt in dieser Entwicklung jedoch – als nämlich die Zahl privater Pkws in Relation zur Bevölkerungszahl und Infrastruktur einer bestimmten Region immer weiter anwuchs – nahm die Mobilität wieder ab, da die Menschen nun stundenlang im Stau standen, wie wir es heute in den Großstädten auf der ganzen Welt beobachten können. Abgesehen davon führt die Zunahme des Individualverkehrs zu zwischenmenschlicher Entfremdung. Beobachtet man den Straßenverkehr in einer beliebigen Großstadt, so kann man sehen, dass die meisten Autos von nur einer Person besetzt sind – woraus sich das Bild vieler einsamer Individuen in schweren Metallkisten ergibt, die von ihren Mitmenschen isoliert sind, wobei aufgrund der angespannten Verkehrssituation, die sich aus dieser Tatsache ergibt, alle einander als Ärgernis wahrnehmen.

Vor Kurzem war ich in Bangkok, einer Stadt, die für ihre endlosen Verkehrsstaus berüchtigt ist. Als ich in einem Kino saß, wurden vor dem Hauptfilm einige Werbespots gezeigt, in denen schnittige, teure Autos angepriesen wurden. Beim Betrachten dieser perfekt inszenierten Werbefilme, in denen schöne junge Menschen in schicken Autos durch weite Landschaften brausen, musste ich lächeln: Denn so schnell und komfortabel diese Wagen auch sein mochten, die Realität sah so aus, dass ihre Besitzer in Bangkok auf dem Weg zur Arbeit und zurück im Schnitt gerade mal dreißig Stundenkilometer fahren können, Stoßstange an Stoßstange, tagein, tagaus. Um sich ihr Traumauto leisten zu können, müssen sie sich überdies hoch verschulden, was oft bedeutet, dass sie Überstunden leisten müssen, um die Bankkredite zurückzahlen zu können.

Und das ist nur ein Aspekt der paradoxen Situation, wie sie im Stadtleben inzwischen zur Regel geworden ist. Laut Statistik werden etwa 50 Prozent der Wohnungen in den großen europäischen Städten von nur einer Person bewohnt – ein weiteres Symptom für die wachsende Isolation, die das moderne Leben mit sich bringt.

Wenn man bedenkt, dass sich die Persönlichkeit des Menschen durch soziale Interaktion entwickelt, dann müssen wir uns fragen, was diese zunehmende Isolation in jedem Einzelnen bewirkt. Auf der Suche nach dem eigenen Lebenssinn erkennen wir, dass wir uns vor allem durch soziale Interaktion des Beitrags bewusst werden, den wir für die Gemeinschaft leisten können, indem wir Verständnis für die Bedürfnisse anderer entwickeln. Ein Leben in Isolation läuft daher fast immer Gefahr, seinen Sinn zu verlieren.

In den fortgeschrittenen Ländern sind psychosomatische Erkrankungen wie Stress, Depressionen, Schlaf- und Essstörungen sowie chronische Erschöpfung inzwischen führend in den Krankheitsstatistiken. Es sind reiche und im Frieden lebende Länder, die mit allem nur erdenklichen Komfort, den besten Versorgungseinrichtungen und den höchsten Lebensstandards aufzuwarten haben – und doch sehen wir hier auf persönlicher Ebene ein großes Ausmaß an Leid.

Wie lässt sich dieses Paradox verstehen? Kehren wir zum Begriff der *eudaimonía* zurück, also einem Leben im Einklang mit den eigenen tiefsten Sehnsüchten oder dem eigenen höchsten Potenzial, dann erkennen wir, dass die primäre Ursache des Leidens das Gefühl der Selbstentfremdung ist. In allen alten Kulturen des griechischen und orientalischen Raums war der Begriff der Selbsterkenntnis zentrales Element eines sinnerfüllten Lebens. Das entspricht auch der Sichtweise der buddhistischen Psychologie, in der als erste Ursache des Leidens die Unwissenheit gilt oder *ávidyā*, was auf Sanskrit so viel bedeutet wie »Abwesenheit von Licht«. In diesem Kontext bedeutet Unwissenheit jedoch nicht einen Mangel an Bildung oder wissenschaftlichen Kenntnissen, sondern die Entfremdung vom eigenen wahren Sein.

Mit ihrer einseitigen Ausrichtung auf die Außenwelt und der Vernachlässigung der inneren Dimension des Lebens hat die moderne Kultur des Materialismus jedoch ganz erheblich zu diesem Mangel an Selbstkenntnis beigetragen. Bei näherem Hinsehen begegnet uns ebenjene Bevorzugung der Außenwelt auf Kosten der Innenwelt auf Schritt und Tritt. Um objektive Informationen zu gewinnen, sieht zum Beispiel die wissenschaftliche Forschung zugunsten der Objektkenntnis vom Subjekt als einer sogenannten Fehlerquelle ab. In den meisten Familien, Schulen und Betrieben ist es üblich, sich auf äußere Erfolge zu konzentrieren, anstatt den Reichtum der Innenwelt zu würdigen. Kümmern wir uns aber vor allem um die äußeren Dimensionen des Daseins, indem wir Glück und Erfolg mit materiellem Wohlstand und der gesellschaftlichen Stellung gleichsetzen, dann verstärken wir damit das Gefühl der Entfremdung von uns selbst, und das ist weniger ein Problem von Einzelnen als ein gesellschaftliches und kulturelles Dilemma, mit dem sich viele Menschen konfrontiert sehen. Das Traurige daran ist, dass vielen Menschen erst dann, wenn das Leben eine unerwartete Wendung nimmt – durch plötzliche Krankheit, Arbeitslosigkeit oder den Tod eines Angehörigen –, bewusst wird, dass angesichts existenzieller Bewährungsproben äußere Errungenschaften von geringer Bedeutung sind.

Eine weitere unbeabsichtigte Konsequenz der Modernisierung ist unsere Entfremdung von den natürlichen Abläufen. Die Rhythmen unseres Planeten – Jahreszeiten, der Wechsel von Nacht und Tag, die Zyklen des Mondes und der Sonne und ebenso unser eigener innerer Rhythmus von Schlaf und Wachen – haben sich im Laufe von Jahrtausenden nicht wesentlich verändert. Im Gegensatz dazu hat unsere Lebensweise einen dramatischen Wandlungsprozess durchgemacht, der mit der industriellen Zivilisation einsetzte. Lebten die meisten Menschen bis dahin mit den Kreisläufen der Natur, so mussten sie nun vom Land in die wachsenden Städte ziehen, um sich als Arbeiter in den Fabriken zu verdingen. Eine berühmte Szene aus Charlie Chaplins Film »Moderne Zeiten« ist eine aufschlussreiche Metapher für diesen Wandel: Darin steht er am Fließband und versucht, mit dessen rasantem Tempo mitzuhalten, bis er schließlich von der Maschinerie verschlungen wird.

Unsere inneren Rhythmen befinden sich in vollkommenem Einklang mit den Zyklen der Natur. Unser Herzschlag und unsere Atmung sind lebendige Rhythmen, die für das harmonische Zusammenwirken all unserer Organe entscheidend sind und sich ständig an unsere körperlichen und seelischen Vorgänge und Befindlichkeiten anpassen. Der Takt der Maschinen hingegen läuft unseren organischen Rhythmen komplett zuwider und zwingt uns ein mechanisch vorgegebenes Tempo auf, das die natürlichen Abläufe des Lebens missachtet. Dieser Konflikt zwischen unseren inneren Rhythmen und den äußeren Erfordernissen der Arbeitswelt schafft eine Spannung, die sich schließlich als Stress und Burn-out manifestiert.

Einen noch viel radikaleren Wandel hat das Aufkommen der Computertechnologie bewirkt, die nicht nur die Arbeitswelt, sondern auch unser Privatleben durchdrungen hat. Wenn sich Fabrikarbeiter im vergangenen Jahrhundert am Fließband einem unmenschlichen Arbeitstempo beugen mussten, so entkamen sie ihm wenigstens am Ende des Arbeitstages. Die heutigen elektronischen Gerätschaften dagegen dringen in jeden Augenblick unseres wachen Daseins ein.

Ich kann mich noch gut daran erinnern, als die ersten Computer auf meiner Arbeitsstelle eingeführt wurden. Damals lautete das Argument, dass wir so dieselbe Arbeit in viel weniger Zeit erledigen könnten. Aber das Versprechen der Zeitersparnis hat sich nie erfüllt, im Gegenteil: Seit E-Mails und die sozialen Medien in unser Leben Einzug gehalten haben, hat es eine dramatische Beschleunigung erfahren. Vorbei sind die Zeiten, als ich noch mit einem schönen Füllfederhalter auf einem edlen Bogen Papier einen Brief verfasste und mir dabei die Zeit nahm, wohlformulierte Sätze zu Papier zu bringen, indem ich mir den Empfänger vor Augen führte, bevor ich das Blatt zusammenfaltete, in einen Umschlag steckte, diesen sodann mit Adresse und Briefmarke versah, zur Post trug, um der Antwort entgegenzusehen, die nach Tagen oder Wochen eintraf, wobei ich der Zeit ihren natürlichen Gang ließ. Wenn ich dagegen heute meinen Computer am Morgen hochfahre, habe ich vielleicht Dutzende von Mails im Posteingang, und viele der Absender werden ungeduldig, wenn ich nicht innerhalb von Stunden antworte.

Aber selbst E-Mails gehören mittlerweile schon der Vergangenheit an, und viele junge Menschen bedienen sich ihrer kaum noch, sondern bevorzugen das noch schnellere Instant-Messaging auf ihren Smartphones. Ich glaube, dass nichts auf so dramatische Weise das menschliche Verhalten verändert hat wie der weltweite Siegeszug des Smartphones. Und das Paradoxe daran: Die Tatsache, dass wir permanent miteinander in Verbindung stehen, hat ein gewaltiges Ausmaß an Beziehungslosigkeit bewirkt. Zum Beispiel gab es einmal eine Zeit, als ein paar Dutzend Freunde als ein großes soziales Umfeld galten. Als ich kürzlich auf meinem Facebook-Account nachsah, stellte ich fest, dass ich dort fünftausend Freunde habe. Aber wie viele davon kenne ich wirklich? Und wie viel Zeit kostet mich der Austausch mit diesen virtuellen »Freunden« – Zeit, die mir für den Umgang mit meinen realen Freunden verloren geht?

Wir alle kennen das typische Bild in öffentlichen Verkehrsmitteln, sei es Bus oder Bahn: Praktisch alle sind mit ihrem Handy oder Tablet beschäftigt, sodass eine reale Unterhaltung mit anderen Fahrgästen inzwischen eher die Ausnahme als die Regel ist. Eine ähnliche Szene bietet sich häufig in Restaurants, wenn Paare oder Familien an einem Tisch sitzen und jeder nur noch auf sein Display starrt, anstatt miteinander zu kommunizieren. Eine Konsequenz dieses radikalen Wandels im menschlichen Verhalten besteht in unserer veränderten Einstellung zur Zeit. Während es sich nämlich beim organischen Ablauf der Zeit um ein rhythmisches Fließen handelt, ist die elektronische Zeit ein punktuelles Jetzt.

Eines der häufigsten Phänomene im Zusammenhang mit Stress ist das Gefühl, nicht genug Zeit zu haben, unter ständigem Druck zu stehen. Eine der Ursachen dafür liegt in der Diskrepanz zwischen unserem organischen Zeiterleben, das auf dem Atem und dem Herzschlag beruht (der immer noch derjenige unserer Ahnen ist), und der Beschleunigung unseres Alltags, dessen Tempo immer mehr außer Kontrolle gerät. Die erste und wichtigste Maßnahme, um wieder mit uns selbst in Kontakt zu kommen, besteht deshalb darin, uns bewusst Momente zu schaffen, in denen wir entschleunigen und innehalten. Die Achtsamkeitsbewegung zum Beispiel hat sich denn auch in Kontexten etablieren können, die man auf den ersten Blick am wenigsten mit ihr in Verbindung bringen würde: vom Weltwirtschaftsforum in Davos über die Google-Büroetagen bis hin zum britischen Parlament. Wie wir aber noch sehen werden, ist diese Popularität gar nicht so überraschend.

Was ist Achtsamkeit?

»Achtsamkeit ist die Energie, mit der man des gegenwärtigen Augenblicks gewahr und ihm wach zugewandt ist. Sie ist die beständige Übung, in jedem Moment des Alltags das Leben auf tiefe Weise zu berühren. Achtsam zu sein heißt, wahrhaft lebendig, präsent und im Einklang mit den Menschen um sich herum und dem eigenen Tun zu sein.«
Thich Nhat Hanh

Achtsam zu sein bedeutet, in einer besonderen Weise aufmerksam zu sein: bewusst, im gegenwärtigen Augenblick und nicht wertend. Es bedeutet, von Augenblick zu Augenblick unserer Gedanken, Gefühle, körperlichen Empfindungen und unserer Umgebung gewahr zu sein.

Die Achtsamkeit schließt auch Akzeptanz ein, was heißt, dass wir auf unsere Gedanken und Gefühle achten, ohne sie zu bewerten – beispielsweise ohne zu glauben, dass es in einem bestimmten Augenblick eine »richtige« oder »falsche« Art zu denken oder zu fühlen gibt. Wenn wir Achtsamkeit praktizieren, stellen sich unsere Gedanken auf das ein, was wir im gegenwärtigen Moment wahrnehmen und spüren, anstatt die Vergangenheit nochmals durchzuspielen oder die Zukunft vorwegzunehmen.

Die Achtsamkeit hat ihre Wurzeln in der buddhistischen Meditation. In einer säkularen Form ist sie in den vergangenen Jahren jedoch sehr populär geworden, was zum Teil auf die Arbeiten von Jon Kabat-Zinn und das von ihm entwickelte Stressbewältigungsprogramm »Mindfulness-Based Stress Reduction« (MBSR, »Achtsamkeitsbasierte Stressreduktion«) zurückgeht, das er im Jahre 1979 an der University of Massachusetts Medical School eingeführt hat. Seither sind die positiven gesundheitlichen Auswirkungen der Achtsamkeit auf Körper und Geist in Tausenden von Studien dokumentiert worden, was die Entwicklung zahlloser Spezialprogramme unter anderem für Schulen, Gefängnisse, Krankenhäuser und Zentren für Kriegsveteranen nach sich zog.

Wozu die Übung der Achtsamkeit?

In vielen Studien[4] konnte belegt werden, dass die Übung der Achtsamkeit schon nach wenigen Wochen auf körperlicher, mentaler und sozialer Ebene zahlreiche positive Auswirkungen zeigt, die sich in vielen verschiedenen Zusammenhängen bewähren. Hier einige davon:

- *Achtsamkeit ist gut für den Körper:* In einer Grundlagenstudie konnte gezeigt werden, dass die Achtsamkeitsmeditation schon nach acht Übungswochen die Immunabwehr steigert.
- *Achtsamkeit ist gut für den Geist:* Mehrere Studien konnten belegen, dass die Achtsamkeit eine Zunahme positiver Gefühle bewirkt, während negative Gefühle und Stress abnehmen. Mindestens eine Studie deutet darauf hin, dass sie ebenso gut wie Antidepressiva gegen Depressionen wirkt und Rückfälle verhindern kann.
- *Achtsamkeit bewirkt Veränderungen im Gehirn:* Forschungen haben gezeigt, dass durch die Achtsamkeitsübung in Gehirnarealen, die für Lernen, Gedächtnis, Gefühlssteuerung und Empathie zuständig sind, die graue Substanz an Dichte gewinnt.
- *Achtsamkeit fördert die Konzentration:* Aus Studien geht hervor, dass wir durch die Übung der Achtsamkeit weniger abgelenkt sind, während die Gedächtnis- und Aufmerksamkeitsleistung zunimmt.

- *Achtsamkeit fördert Mitgefühl und Anteilnahme:* Forschungen zufolge erhöht sich mit der Übung der Achtsamkeit die Hilfsbereitschaft. In neuronalen Netzwerken, die für die Wahrnehmung fremden Leidens und die Gefühlssteuerung zuständig sind, ist die Aktivität erhöht. Auch das Mitgefühl mit sich selbst erfährt offenbar eine Steigerung.
- *Achtsamkeit verbessert Paarbeziehungen:* Wie Forschungen zeigen, entwickeln Paare aufgrund der Achtsamkeitsschulung eine größere Zufriedenheit mit ihrer Beziehung. Beide Partner fühlen sich optimistischer und entspannter, bringen dem anderen mehr Akzeptanz entgegen und erfahren eine größere Nähe.
- *Achtsamkeit ist gut für Eltern und werdende Eltern:* Studien zufolge kann sie schwangerschaftsbedingte Ängste, Stress und Depressionen abbauen helfen. Eltern, die sich in der Achtsamkeit üben, berichten von einer größeren Zufriedenheit mit ihrer Elternrolle und einer besseren Beziehung zu ihren Kindern, die ihrerseits auch mehr Sozialkompetenz entwickeln.
- *Achtsamkeit hilft Schulen:* Es gibt wissenschaftliche Belege dafür, dass es durch ein schulisches Achtsamkeitstraining zu weniger Aggressionen und Verhaltensauffälligkeiten unter Schülern kommt, während ihre Zufriedenheit und Konzentrationsfähigkeit zunimmt. Lehrer, die in der Achtsamkeit geschult sind, weisen einen niedrigeren Blutdruck auf, entwickeln weniger negative Gefühle und Symptome einer Depression, während Mitgefühl und Empathie eine Steigerung erfahren.
- *Achtsamkeit hilft Menschen in Gesundheitsberufen bei der Stressbewältigung:* Sie unterstützt sie darin, mit den Patienten im Kontakt zu sein und deren allgemeine Lebensqualität zu verbessern. Aber auch die Fach- und Pflegekräfte selbst profitieren von der Achtsamkeit, indem sie weniger negative Gefühle und Ängste und dafür mehr positive Gefühle und mehr Mitgefühl mit sich selbst entwickeln.
- *Achtsamkeit hilft gegen Übergewicht:* »Achtsames Essen« hilft

dabei, gesündere Ernährungsgewohnheiten zu entwickeln, die Mahlzeiten mehr zu genießen und auf diese Weise das Gewicht zu reduzieren.

Wieder in Kontakt mit dem Körper kommen

Es ist ein weiteres Paradox unserer Zeit, dass wir trotz unserer Ausrichtung auf die materielle Welt den Kontakt mit dem eigenen Leib weitgehend verloren haben. Wenn wir dagegen entschleunigen und innehalten, ist der erste positive Effekt, dass wir unseren Körper wieder spüren und wahrnehmen, wie wir uns in unserem Körper fühlen – ob verspannt oder entspannt, wohlig oder erschöpft. Ein sehr wirksames Mittel, um wieder mehr mit dem Körper im Kontakt zu sein, besteht darin, die Verbindung mit dem Atem aufzunehmen.

Die Atmung ist die elementarste Erfahrung des Lebendigseins; unser irdisches Dasein beginnt mit dem ersten Atemzug und wird eines Tages mit dem letzten Atemzug enden. In der Zeit zwischen diesen beiden Augenblicken atmen wir ununterbrochen Tag und Nacht, und zwar meistens, ohne uns dessen bewusst zu sein. Wenn wir uns ein paar Augenblicke Zeit nehmen, um unseren Atem wahrzunehmen, erinnern wir uns daher zur gleichen Zeit daran, dass wir leben.

Zusammen mit dem Herzschlag spielt der Atem eine zentrale Rolle in unserer Erfahrung von Wohlbefinden oder Unbehagen. Sie bilden die Schnittstelle von Körper und Geist, und jede Veränderung auf körperlicher Ebene schlägt sich auch im Rhythmus von Herzschlag und Atem nieder. Wenn wir laufen oder uns auf andere Weise körperlich anstrengen, stellen sich Atmung und Puls darauf ein, um die Harmonie im Körper wiederherzustellen. Auch wenn wir Kaffee oder Alkohol trinken oder andere Substanzen zu uns nehmen, die sich auf unser Organsystem auswirken, werden Herzschlag und Atmung entsprechend reagieren. Aber auch jede Gefühlsregung wirkt sich auf unsere inneren

Rhythmen aus. Wenn wir einmal darauf achten, was mit unserem Körper geschieht, wenn wir lachen oder weinen, sehen wir, dass es sich dabei im Wesentlichen um Veränderungen im Atemrhythmus handelt, und so beeinflusst jede Gefühlsregung, ob Traurigkeit, Freude, Wut, Schmerz oder Überraschung, auch unseren Atem und Herzschlag.

Aus diesem Grund hilft uns das Atemgewahrsein dabei, mehr Bewusstsein für unser körperliches und seelisches Wohlbefinden zu entwickeln. Hier folgt nun eine einfache Übung, die wir möglichst regelmäßig ausführen sollten, um unser Atemgewahrsein zu steigern.

Übung: Achtsames Sitzen

Das achtsame Sitzen ist wie ein inneres Nachhausekommen, um uns selbst unsere ganze Aufmerksamkeit und Fürsorge zu schenken. Wir sitzen aufrecht in einer würdevollen Haltung, kehren zu unserem Atem zurück und sind mit unserer ganzen Aufmerksamkeit bei dem, was in uns und um uns herum vorgeht. Wir lassen unseren Geist weit und unser Herz milde und sanft werden.

Die Sitzmeditation hat etwas sehr Heilsames. In ihr erkennen wir, dass wir mit allem, was in uns ist, einfach *sein* können – ob Schmerz, Zorn und Aufruhr oder Freude, Liebe und Frieden. Wir *sind* mit allem, was da ist, ohne uns davon forttragen zu lassen. Wir lassen es kommen, verweilen und wieder vergehen. Es gibt keinen Grund, etwas zu erzwingen, zu unterdrücken oder so zu tun, als wären unsere Gedanken nicht da. Wir beobachten die Gedanken und Bilder in unserem Geist mit einem annehmenden und liebevollen Blick. Auch angesichts der inneren Stürme, die in uns toben mögen, können wir still und friedlich sein.

Wenn uns beim Sitzen die Beine einschlafen oder zu schmerzen beginnen, dürfen wir behutsam die Position verändern. Dabei können wir unsere Konzentration beibehalten, indem wir dem Atem folgen und dann langsam und aufmerksam unsere Haltung korrigieren.

Übung: Mit dem Atem in Kontakt kommen

Warum üben wir uns darin, mit dem Atem in Kontakt zu kommen? Wir tun es,

- um den Atem als Freund wahrzunehmen, der immer da ist, damit wir dank seiner Hilfe im gegenwärtigen Moment zu uns selbst kommen und Inseln der Ruhe im Alltag schaffen;
- um unsere Konzentrationsfähigkeit zu verbessern und aufmerksamer für das zu werden, was im Hier und Jetzt geschieht;
- um Körper und Geist zu beruhigen und zu verankern, damit wir mit belastenden Gefühlen und Impulsen besser umgehen können;
- um Stress und Anspannung abzubauen;
- um besser wahrzunehmen, wie wir uns fühlen;
- um über den Atem Körper und Geist zu vereinen;
- um mit seiner Hilfe präsenter und besser in der Lage zu sein, anderen genau zuzuhören und auf empathische Weise zu kommunizieren.

Achtsames Atmen kann uns also dabei helfen, uns zu zentrieren. Indem wir unsere Aufmerksamkeit auf die Atmung lenken, können wir den abschweifenden Geist behutsam in den gegenwärtigen Augenblick zurückholen. Sobald wir von intensiven Gefühlen mitgerissen werden oder uns in Sorgen oder Zukunftsplänen verlieren, können wir zur Erfahrung des Atems zurückkehren, um mit seiner Hilfe den Geist einzufangen und im Hier und Jetzt zu verankern:

1. Einstimmung

Nehmen Sie eine bequeme, entspannte und stabile Sitzhaltung ein. Das kann auf einem Stuhl sein, auf einem Kissen oder womit immer Sie sich wohlfühlen. Spüren Sie dabei den Kontakt mit der Unterlage, ob Matte, Stuhl oder Kissen. Schließen Sie die Augen oder lassen Sie den Blick sanft vor sich auf dem Boden ruhen.

2. Machen Sie sich bewusst, dass Sie atmen

Nehmen Sie sich ein paar Augenblicke Zeit, um sich Ihres Atems bewusst zu werden. Es ist dabei nicht nötig, ihn in irgendeiner Weise zu verändern. Nehmen Sie Ihren Atem einfach bewusst in seinem natürlichen Ablauf wahr.

3. Folgen Sie dem Atem

Folgen Sie beim Einatmen mit Ihrer ganzen Aufmerksamkeit dem gesamten Atemablauf, während die Luft durch Mund oder Nase einströmt, durch die Kehle gleitet und die Lungen füllt. Folgen Sie dann beim Ausatmen ebenso aufmerksam dem gesamten Ablauf, während die Luft aus den Lungen entweicht und über die Kehle durch Mund oder Nase wieder ausströmt. Wenn Sie abgelenkt sind oder sich in Gedanken verlieren, stellen Sie dies einfach fest und bringen die Aufmerksamkeit zum Atem zurück.

4. Spüren Sie den Atem im Bauch

Legen Sie die Hände auf den Bauch und versuchen Sie, beim Ein- und Ausatmen zu spüren, wie er sich dabei hebt und senkt. Wieder geht es nicht darum, irgendetwas zu verändern. Bleiben

Sie einfach beim Gefühl des Ein- und Ausatmens und spüren Sie, wie sich Ihre Hände mit der Bauchdecke auf und ab bewegen, wenn auch fast unmerklich.
Nehmen Sie die Länge der Atemzüge wahr und den sanften Übergang zwischen Ein- und Ausatmen.

5. Ausklang

Hier einige Fragen, die Sie sich im Anschluss an die Übung stellen können. Lassen Sie die Antworten darauf einfach auf sich wirken:

- Wie fühle ich mich jetzt? Was geht in meinem Geist und meinem Körper vor sich? Fühle ich mich ruhig, klar, entspannt, angespannt, ängstlich?
- Wie ist mein Atem? Langsam, tief, schnell, flach?
- Welche Wirkung hatte die Übung auf mich, meinen Geist, meinen Körper, meine Atmung? Hat sich etwas verändert? Fühle ich mich ruhiger und mehr präsent? Ist mein Geist klar oder aufgewühlt?
- Ist es mir leicht- oder schwergefallen, mit meinem Geist beim Atem zu bleiben?
- Wie ist es mir mit der Übung insgesamt ergangen? Fand ich sie ungewohnt, gut, angenehm, schwierig, langweilig?

Übung: Gehmeditation

Bei jedem Gang, den wir machen, können wir uns in der Meditation üben. Das soll heißen, dass wir uns bewusst sind, jetzt zu gehen, einfach um des Gehens willen. Wir gehen mit einem Gefühl von Freiheit und Bestimmtheit, ohne es eilig zu haben, und sind in jedem einzelnen Schritt präsent. Und wenn wir dabei das Wort an jemanden richten, halten wir inne und sind mit

unserer ganzen Aufmerksamkeit bei der anderen Person, deren Worten und dem Vorgang des Zuhörens.
Wir sollten das in jedem einzelnen Augenblick tun können. Schauen Sie sich um in der weiten Welt: Bäume, weiße Wolken, die grenzenlose Weite des Himmels. Lauschen Sie dem Gesang der Vögel. Spüren Sie den kühlen Windhauch. Überall umgibt uns das Leben, und wir selbst sind auch lebendig, gesund und können in Frieden unseren Weg beschreiten.
Wir wollen uns als freie Menschen bewegen und spüren, wie unsere Schritte leichter werden. Jeden Schritt, den wir tun, wollen wir genießen, jeder Schritt ist heilsam und gibt uns Kraft. Und während wir unsere Schritte setzen, hinterlassen wir auf der Erde eine Spur der Dankbarkeit und Liebe.
Wer möchte, kann beim Gehen auch innerlich kurze Sätze sprechen, wobei auf jede Atemlänge (Ein- und Ausatmen) jeweils zwei oder drei Schritte kommen:

- Beim Einatmen: »Ich bin bei mir«, beim Ausatmen: »Ich bin daheim.«
- Beim Einatmen: »Ganz im Hier«, beim Ausatmen: »Ganz im Jetzt.«
- Beim Einatmen: »Ich bin heil«, beim Ausatmen: »Ich bin frei.«

Eine prägende Erfahrung der Verbindung mit dem Selbst

An dieser Stelle möchte ich von einer Erfahrung berichten, die ich mit kaum achtzehn Jahren hatte und die für mein weiteres Leben eine große Rolle spielte.

Im Jahr 1969 machte ich meinen Schulabschluss, und es war für mich an der Zeit, mich für ein Studium zu entscheiden. Aber nach dem, was ich während der Pariser Studentenrevolte im Jahr 1968 erlebt hatte, war ich wenig begeistert vom Gedanken, zur Uni zu gehen. Meine Eltern kehrten zurück nach Vietnam, und ich entschied mich dafür, sie zu begleiten. Als wir in Bangkok ankamen, wütete jedoch der Vietnamkrieg, und mein Vater, der wusste, dass ich in der Friedensbewegung engagiert war, riet mir, nicht nach Vietnam zurückzugehen, da ich als vietnamesischer Staatsbürger eingezogen werden würde. Anstatt also die Reise gemeinsam mit meinen Eltern fortzusetzen, reiste ich von Bangkok aus nach Nepal.

Nepal war erst seit 1965 für Ausländer zugänglich und Kathmandu noch eine mittelalterlich geprägte Stadt – sämtliche Häuser waren aus Holz, Stein und Lehm erbaut. Die Ankunft in dieser friedlichen Umgebung, die sich sosehr von den großen westlichen Städten unterschied, in denen ich den größten Teil meiner Kindheit verbracht hatte, machte großen Eindruck auf mich. Zwar war das Land weit weniger entwickelt als die Welt, aus der ich kam, aber die Lebensweise der Menschen hatte eine Qualität, die mich berührte. Das tägliche Leben war von religiösen Ritualen bestimmt, und jeden Morgen wachte ich auf beim Klang von Glocken, Gongs, Flöten und Trommeln, in den sich die Mantragesänge aus einem kleinen Tempel mischten, der nicht weit von dem kleinen Zimmer entfernt lag, das ich für eine Handvoll Rupien gemietet hatte.

Nachdem ich einige Wochen in Kathmandu verbracht hatte, entschied ich mich, mit einer Gruppe von Freunden eine Pilgerreise zu einem heiligen See namens Gosainkund zu unternehmen, der auf einer Höhe von 4380 Metern im Himalaja liegt. Nachdem wir mit dem Bus in einen kleinen Ort an den Bergausläufern gefahren waren, starteten wir von dort aus unsere Wandertour. Damals gab es noch kaum Ausländer und keine Auskunftsbüros oder Touristenführer, also stellten wir unsere Route selbst zusammen und erkundigten uns unterwegs bei den Einheimischen nach dem Weg.

Meine Ausrüstung war denkbar untauglich. Ich trug tibetische Stiefel mit glatten Ledersohlen, hatte eine Schultertasche aus Yakfell und für die Nacht eine der Wolldecken, wie sie in der Gegend hergestellt wurden. Am Ende des ersten Tages rutschte ich beim Überqueren eines Gebirgsbaches auf den nassen Steinen aus und fiel ins Wasser. So konnte ich meinen Weg unmöglich fortsetzen, denn all meine Sachen waren vollständig durchnässt. Nachdem ich die Nacht auf einem Bauernhof verbracht und mich, so gut es ging, an einem offenen Feuer getrocknet hatte, kehrte ich in den nächstgelegenen Ort zurück, um mich besser für die Wanderung auszurüsten.

Mit meinen Freunden hatte ich vereinbart, dass sie langsam vorausgehen und wir uns dann in einem Kloster treffen würden, das auf dem Weg zum See lag.

Am nächsten Tag brach ich erneut auf, dieses Mal allein, und erkundigte mich in Dörfern und Klöstern nach dem Weg. Das war nicht immer leicht, denn die Dorfbewohner kannten bestenfalls ein paar Brocken Englisch, und meine Kenntnisse des Nepali beschränkten sich umgekehrt auf die wenigen Worte, die ich in Kathmandu aufgeschnappt hatte. Dennoch verlief der erste Tag gut, und ich traf auf freundliche Dorfbewohner, die mir für die Nacht eine Unterkunft anboten. Am zweiten Tag verlor ich jedoch die Orientierung und konnte keine der Wegmarken ausfindig machen, auf die mich meine Gastgeber hingewiesen hatten, als ich am Morgen ihren Bauernhof verließ. Inzwischen war es später Nachmittag geworden, und wenn es auch noch immer Sommer war, fiel die Temperatur in dieser Höhe rapide. Ich hatte nicht die geringste Ahnung, was ich als Nächstes tun sollte.

Ich hatte ein Buch bei mir, es war *Siddhartha* von Hermann Hesse, das mir sehr gut gefiel, und ich hatte es etwa zur Hälfte gelesen. Als mir immer kälter wurde, wollte ich versuchen, ein Feuer zu machen. Aber im Sommer ist im Himalaja Monsunzeit, also Regensaison, und jedes Stück Holz, das ich einsammelte, erwies sich als sehr feucht. Um dennoch Feuer machen zu können, beschloss ich, dazu einige Seiten meines Buches zu verwenden, wobei ich mit den Kapiteln begann, die ich bereits gelesen hatte. Aber sosehr ich mich auch bemühte, das Feuer wollte einfach nicht angehen, und so musste ich für mein Vorhaben Teile des Buches opfern, die ich noch nicht gelesen hatte. Ich kann mich bis heute gut an das Dilemma erinnern, in das ich durch die Überlegung geriet, ob es wichtiger sei, das Feuer zum Brennen zu bringen oder mein Buch zu behalten. Es endete damit, dass ich nach und nach das gesamte Buch verbrannte, ohne dass es mir gelingen wollte, ein echtes Feuer zu entfachen. Zu allem Überfluss waren einige Blutegel in meine Schuhe und meine Unterwäsche gekrochen, sodass ich sie mit einer »Beedi«, einer zigarettenähnlichen indischen Tabakware, verbrennen musste, damit sie von mir abließen.

Ich hatte wirklich das Gefühl, in einer desperaten Lage zu sein, und durchlief die verschiedensten emotionalen Zustände von Verzweiflung über Selbstmitleid bis hin zu Wut und dem Gefühl der Hilflosigkeit. Es erschien mir so unfair, dass ich mit meinen gerade mal siebzehn Jahren mein Leben in diesen Bergen würde lassen müssen. Ich malte mir auch die Verzweiflung meiner Eltern aus, wenn sie von meinem Verschwinden erfahren würden, und fragte mich, wie lange es wohl dauern würde, bis man meinen Leichnam finden und identifizieren würde, um meine Eltern zu verständigen. Ich kann mich nicht entsinnen, wie lange ich diesen negativen Gedanken nachhing, aber damals kam es mir wie eine Ewigkeit vor.

Ich suchte angestrengt nach einer Lösung. Wahrscheinlich wäre es klüger gewesen, einfach loszulaufen in der Hoffnung, auf Menschen zu treffen oder in ein entlegenes Dorf oder Kloster zu gelangen, aber die Nacht brach schon herein, und ich hatte keine Ahnung, in welche Richtung ich mich wenden sollte. Ich fühlte mich wie gelähmt und saß einfach da, angelehnt an einen Fels. Mit zunehmender Verzweiflung wuchs auch das Gefühl der Ratlosigkeit, das mich schließlich völlig übermannte.

Doch dann geschah etwas völlig Unerwartetes. Es war, als hätte in vollständiger innerer Dunkelheit ein Licht zu leuchten begonnen. Anfänglich noch sehr schwach, wurde es allmählich stärker, bis es meinen Bewusstseinszustand völlig verwandelte. Und obwohl im Außen nichts geschehen war, stellte sich in mir ein Gefühl von Frieden, Stille, Vertrauen und Zuversicht ein. Es war, als hätte ich mich Schicht um Schicht durch negative Gefühle hindurchgearbeitet – Angst, Verzweiflung und Finsternis – und als sei es, als ich ganz unten angekommen war, im größten Dunkel zu einem Durchbruch in eine neue Dimension gekommen, die immer da gewesen war, ohne dass ich je von ihr gewusst hatte. Bis dahin gab es eine starke Diskrepanz und Dualität zwischen mir und dem, was mich umgab, aber nun war da ein Gefühl von Einheit und Zugehörigkeit. Nur Augenblicke zuvor war mir die Bergwelt noch wie ein Feind erschienen, der mich bedrohte und wahrscheinlich vernichten würde, nun aber fühlte sich die ganze Natur wie ein Ort an, an dem ich aufgehoben und in Sicherheit war. Ich fühlte mich geborgen, als würden die Berge eine väterliche oder mütterliche Hand schützend über mich halten. Und ich wusste, dass alles gut und nichts zu fürchten war. Was auch immer geschehen würde, es würde das Richtige sein, und ich konnte es willkommen heißen.

In diesem Zustand des Friedens, der Stille und des Einsseins verweilte ich eine ganze Zeit lang, ohne irgendetwas zu erwarten, mit einem vollkommenen Vertrauen in mein Schicksal, auch wenn das meinen Tod bedeuten würde.

Ich kann nicht sagen, wie lange ich in diesem friedlichen Zustand verharrte, aber einige Zeit darauf kam ein alter Mann vorbei. Es war ein Wandermönch, der von Dorf zu Dorf pilgerte, um dort religiöse Zeremonien und Rituale auszuführen. Als er mich sah, fing er an zu lachen; er dachte sich wohl, dass dieser junge Fremde einen sehr komischen und seltsamen Anblick abgibt, wie er da mitten in der Wildnis und Kälte an einen Fels gelehnt hockt, vor sich ein Feuer, das niemals wirklich gebrannt hat, und dabei trotzdem einen so glücklichen und zufriedenen Eindruck macht.

Er trat auf mich zu und begann, auf Tibetisch zu plaudern. Obwohl ich kein Wort verstand, gab es doch eine tiefe Form der Verständigung zwischen uns, und wir hörten nicht auf, uns anzulächeln und miteinander zu lachen. Ich zeigte ihm, dass ich an einigen Körperstellen Blutegel sitzen hatte. Daraufhin sammelte er ein paar Pflanzen, die in der Nähe wuchsen, und zeigte mir, wie man die Blätter um die Egel herum ausdrücken und verreiben muss, woraufhin die Egel abfielen, sobald sie mit dem grünen Pflanzensaft in Berührung kamen. Dann gab er mir ein Zeichen, ihm zu folgen, und nach einem zweistündigen Fußmarsch kamen wir in ein kleines Dorf.

Nach dieser Begegnung setzte ich meine Reise fort und erreichte schließlich mein Ziel, wo ich mich zusammen mit meinen Freunden und Hunderten anderer Pilger durch ein Bad im eiskalten See von Gosainkund einer rituellen Reinigung unterzog.

Nach dem Ende meiner Pilgerreise kehrte ich nach Kathmandu zurück und mietete ein kleines Zimmer außerhalb der Stadt in der Nähe des Affentempels in Swayambhunath. Ich war noch immer etwas perplex über mein Erlebnis in den Bergen und wollte verstehen, was da mit mir geschehen war. Ich verbrachte ziemlich viel Zeit mit dem Nachdenken darüber und hatte schließlich eine Einsicht, die mir sehr wichtig erschien: Offenbar war es möglich, ein tiefes Glück zu empfinden, das von keinerlei äußeren Bedingungen abhängig war, sondern auf der Begegnung mit den dunkelsten Seiten des eigenen Herzens und der Fähigkeit beruhte, diese zu transformieren. Ich fing an, buddhistische Bücher zu lesen und mich umzuhören, weil ich herausfinden wollte, ob auch andere Menschen ähnliche Erfahrungen gemacht hatten. Meine Hauptfrage dabei war: »Ist es möglich, den Bewusstseinszustand, den ich in den Bergen erlebt hatte, durch bewusste Übung zu erreichen? Oder ist diese Art von Erfahrung etwas, das sich nur im Angesicht des Todes von selbst und unbeabsichtigt einstellt?«

So wurde dieses Erlebnis der Verbindung mit einer tieferen Bewusstseinsdimension für mich zum Ausgangspunkt einer lebenslangen Suche.

Emotionen als Samen im Bewusstsein: Der Affenbrotbaum und die Rose

Mit Sigmund Freud und seinem topografischen Modell der menschlichen Psyche, die er in bewusste, vorbewusste und unbewusste Inhalte einteilte, gelang ein bedeutender Durchbruch in der westlichen Psychologie. Ihm nachfolgende Psychologen vertieften daraufhin seine Forschungen, so etwa C. G. Jung mit seinem Begriff des kollektiven Unbewussten, wobei er alte spirituelle Traditionen mit der aufkommenden Bewusstseinswissenschaft verband.

In den vergangenen zweieinhalbtausend Jahren erforschte auch die buddhistische Psychologie die menschliche Psyche durch Introspektion und Meditation in großer Tiefe und entwickelte ein Verständnis, das weit über das gegenwärtige psychologische Wissen hinausreicht. Einen wichtigen Platz nimmt dabei die Vorstellung des »Samens« ein (Sanskrit *bīja*). Ihr zufolge sind all unsere potenziellen Erlebnisse und Gefühle latent in tieferen Schichten des Bewusstseins in Form von Samen vorhanden (Speicherbewusstsein oder *ālaya vijñāna*) – ganz so, wie Pflanzensamen lange Zeit inaktiv im Boden liegen können, bis die richtigen Umstände und Bedingungen zusammenkommen, um sie keimen zu lassen. Ganz ähnlich bleiben alle möglichen emotionalen Reaktionen in uns verborgen, bis sie durch bestimmte innere oder äußere Auslöser zum Leben erwachen und sich im Bewusstsein manifestieren. In dem Buch *Der Kleine Prinz* benutzt Antoine de Saint-Exupéry eine schöne Metapher, um dieses Phänomen zu beschreiben: Wie auf allen Planeten gab es auch auf dem Planeten des kleinen Prinzen gute und schädliche Pflanzen, deren Samen unsichtbar in der dunklen Erde schliefen, bis einer von ihnen erwachte und einen unscheinbaren Trieb der Sonne entgegenstreckte. Die Triebe von Rosen dürfe man getrost wachsen lassen, so der kleine Prinz, nicht aber die von schädlichen Pflanzen. Am schlimmsten seien die Samen der Affenbrotbäume, die sich über den ganzen Planeten ausbreiten und ihn mit ihren Wurzeln zum Bersten bringen könnten, wenn er zu klein sei. Es sei daher eine Frage der Disziplin, sich jeden Morgen der Pflege des Planeten zu widmen und die Triebe der Affenbrotbäume auszureißen, sobald man sie von denen der Rosen unterscheiden könne, die ihnen sehr ähnlich seien.[5]

Diese poetische Metapher zeigt uns, wie Introspektion und Meditation uns helfen können, mit unseren Emotionen umzugehen. Meistens nehmen wir negative oder destruktive Emotionen erst dann wahr, wenn sie so mächtig geworden sind, dass wir sie nicht mehr kontrollieren oder verwandeln können, und wie in der Geschichte vom kleinen Prinzen kann auch unser eigener Planet zerstört werden, wenn die Affenbrotbäume in Form von Missgunst, Zorn und Depression überhandnehmen. Und wie viele Familien und Gemeinschaften sind durch negative Emotionen zersetzt worden, indem sie die Basis für Liebe, Vertrauen und Fürsorge unter ihren Mitgliedern zerstört haben? Wie der kleine Prinz richtig sagt, lassen sich die bedrohlichen Emotionen noch leicht verwandeln, wenn wir lernen, sie in ihrem ersten Aufkeimen zu beobachten; wenn wir sie aber erst einmal zu groß und mächtig haben werden lassen, können sie uns leicht überwältigen und uns zu Worten oder Taten verleiten, die wir später bereuen.

Eine Methode, die uns lehren kann, negative Emotionen in ihren ersten Regungen zu beobachten, ist die schon beschriebene Übung der bewussten Wahrnehmung des Atems. Emotionen setzen als körperliche Empfindungen ein, und wir können lernen, genau zu bestimmen, in welchem Bereich des Körpers sich unterschiedliche Emotionen manifestieren. Angst oder Traurigkeit zum Beispiel werden vielleicht als ein Engegefühl in der Brust erlebt, Zorn als ein Aufruhr im Bauch, und alle Emotionen gehen mit einer Veränderung von Atemrhythmus und Herzschlag einher. Im nächsten Stadium manifestieren sich diese körperlichen Empfindungen in Form von Gedanken oder Vorstellungen, die eine Geschichte ausspinnen, mit der die Emotion gerechtfertigt und für gewöhnlich etwas oder jemand dafür verantwortlich gemacht wird. Diese negative Geschichte nährt die Emotion, die ihrerseits die körperliche Empfindung verstärkt, was wiederum der Geschichte Nahrung gibt, und so beginnt ein Teufelskreis, der so weit eskalieren kann, dass es zu zerstörerischen oder selbstzerstörerischen Verhaltensweisen kommt.

Wenn wir aber lernen, das Aufkeimen eines »Affenbrotbaumsamens« als solches zu erkennen – oder der »schlechten Samenkörner von schlechten Gewächsen«, wie der kleine Prinz sagt –, dann können wir den Ablauf unterbrechen, indem wir das Licht des Bewusstseins auf diese sonst unbewussten Vorgänge richten. Die Energie der Achtsamkeit hat eine heilende und besänftigende Qualität, mit der wir jede destruktive Emotion auffangen können, wenn wir uns ihrer früh genug bewusst werden. Üben wir uns regelmäßig darin, zu entschleunigen und innezuhalten, indem wir uns auf den Atem besinnen und zum Körpergewahrsein zurückkehren, können wir damit zugleich unsere Emotionen steuern, indem wir negative Gefühle verwandeln und positive Gefühle wie Dankbarkeit, Mitgefühl, Milde und Großzügigkeit bewusst nähren.

Die Selbstkenntnis endet aber nicht mit der emotionalen Steuerung, sondern man kann mit ihr noch einen Schritt weiter gehen, um die tieferen Ursachen der in unserem Speicherbewusstsein latent vorhandenen Emotionen zu verstehen. Diese Ursachen können in unserer Kindheit liegen, in unserer Familiengeschichte, unseren Genen, in der Gesellschaft, der Kultur und sogar – wenn man an Wiedergeburt glaubt – in einem früheren Leben. Je mehr wir in der Lage sind, mit dem Licht des Bewusstseins in die Tiefen des Speicherbewusstseins zu leuchten, desto eher können wir uns von unbewussten Impulsen befreien, die sonst zu Verhaltensweisen führen, die sich für uns selbst und andere als zerstörerisch erweisen.

Wie der kleine Prinz so weise sagt, ist die Selbstkenntnis vor allem »eine Frage der Disziplin«,[6] bei der es darum geht, eine Gewohnheit regelmäßiger Innenschau zu entwickeln, durch die wir lernen, die Empfindungen im Körper, die Vorgänge im Geist und sich gerade erst anbahnende Emotionen auf immer subtilere Weise wahrzunehmen.

Eudaimonía, also ein Leben im Einklang mit den eigenen Wertvorstellungen und dem eigenen höchsten Potenzial, ist nur dann möglich, wenn wir lernen, die negativen Emotionen zu transformieren, die nur zu oft unser Verhalten im Alltag diktieren. Das Gefühl, von sich selbst abgetrennt zu sein, stellt sich dann ein, wenn wir unser Glück vor allem in äußeren Erfahrungen und im Erwerb materieller Dinge suchen. Das führt zwangsläufig zu einer tiefen Unzufriedenheit, zum Gefühl, dass irgendetwas fehlt und wir niemals Erfüllung finden, so viel wir auch besitzen und so erfreulich unsere Erlebnisse auch sein mögen. Für dieses Phänomen hat man auch den Begriff »hedonistische Tretmühle« geprägt. Das Konzept besagt, dass sich unser Glück durch den Zuwachs an finanziellen Möglichkeiten nicht dauerhaft steigern lässt, da unsere Erwartungen und Wünsche stets damit Schritt halten. Im Gegenteil: Da die erhoffte Befriedigung so kurzlebig ist, neigen wir dazu, uns in einer immer steiler werdenden Bedürfnisspirale zu verausgaben, ohne einen nennenswerten Gewinn davon zu haben.

Hier folgt nun eine Übung, mit der wir lernen können, mit starken Emotionen umzugehen.

Übung: Der bewusste und achtsame Umgang mit Emotionen

Der achtsame Umgang mit Affekten und schmerzlichen Gefühlen lässt sich in fünf Schritte untergliedern:

1. Der erste Schritt besteht darin, die Emotion als solche ***wahrzunehmen***. Wenn wir uns freuen, wissen wir um das Vorhandensein der Freude. Wenn wir uns ärgern, wissen wir um das Vorhandensein des Ärgers. Dabei ist es hilfreich, die Emotion ausdrücklich zu benennen. Wenn wir nicht wissen, welcher Art unsere Emotionen sind, ist es sehr schwierig, mit ihnen umzugehen.
2. Der zweite Schritt besteht darin, die Emotion in ihrem Vorhandensein ***anzunehmen***. Es ist in Ordnung, sich zu ärgern, und für uns Menschen ist das auch vollkommen normal. Wenn wir die unangenehme Gefühlsregung nicht als solche akzeptieren, werden unsere Gedanken wahrscheinlich weiter in eine Richtung gehen, in der sich die Emotion verstärkt. Daher sollten wir nicht versuchen, unangenehme Gefühle zu unterdrücken oder zu überspielen. Wahrnehmung und Akzeptanz sind etwas, das sich auf dem Weg der Achtsamkeit einstellt – nicht durch Unterdrückung und Abwehr. Zugleich ist es der Weg der Gewaltfreiheit, denn wir sind der Schmerz; er ist nicht unser Feind. Auch die Achtsamkeit sind wir selbst, und sie hilft uns dabei, den Schmerz zu verwandeln. Dasselbe gilt auch für positive Gefühle wie Glück. Wir müssen uns selbst die Erlaubnis erteilen, glücklich zu sein, und unser Glück nähren, so gut es geht, damit es lange anhält.

3. Der dritte Schritt besteht darin, die Emotion in Achtsamkeit zu *umfangen*, so, wie eine Mutter ihr weinendes Baby in den Armen hält. Wenn eine Mutter ihr Kind schreien hört, nimmt sie es auf und wiegt es sanft. Sie kennt noch nicht den Grund dafür, dass das Kind weint, aber indem sie es hält, verringert sie sein Leid. So wissen auch wir anfänglich noch nicht, woher unser Leiden kommt, aber indem wir es wahrnehmen, akzeptieren und behutsam umfangen, leiden wir schon etwas weniger.
4. Der vierte Schritt besteht darin, die Emotion in ihrer Tiefe zu *ergründen*. Das Licht unserer Achtsamkeit verhilft uns zu einem klaren Blick auf die Wurzeln unserer quälenden Gefühle und darauf, wie diese Wurzeln von unserer Denk- und Wahrnehmungsweise genährt wurden. Dieser klare Blick auf die Emotion ist eine wesentliche Voraussetzung, um auf dem Kompost quälender Gefühle die Blumen der Freude, des Friedens und des Glücks wachsen zu lassen.
5. Der fünfte Schritt besteht darin *einzusehen*, dass wir mehr sind als unsere Emotionen. Selbst angesichts einer heftigen Gefühlswallung können wir wissen, dass jede Emotion etwas Unbeständiges und Wandelbares ist. Wir erkennen, dass die Landschaft unseres Seins von einer großen Weite ist, in der jede einzelne Gefühlsregung nur einen winzigen Platz einnimmt. Mit dieser Einsicht ausgestattet wissen wir, dass Verwandlung möglich ist.

Die Kultivierung positiver Gefühle: Einige praktische Übungen

Neben dem Umgang mit negativen Gefühlen ist die zweite wichtige Dimension emotionaler Steuerung die bewusste Pflege positiver Gefühle.

Was ist Dankbarkeit, und wozu pflegen wir sie?

Dankbarkeit ist ein Gefühl, in dem die Wertschätzung für das zum Ausdruck kommt, was man hat – im Gegensatz etwa zu einer konsumorientierten Ausrichtung auf das, was man braucht oder haben will. Als eine Facette der positiven Psychologie erfährt die Dankbarkeit gegenwärtig sehr viel Aufmerksamkeit. Dankbarkeit ist das, was ein Glas halb voll anstatt halb leer erscheinen lässt. Wie Studien zeigen, lässt sich Dankbarkeit nicht nur üben, sondern kann auch bei denjenigen, die sie pflegen, das Wohlbefinden und Glückserleben steigern. Darüber hinaus steht die Haltung der Dankbarkeit mit einem Zuwachs an Energie, Optimismus und Empathie in Verbindung – insbesondere dann, wenn man sie anderen gegenüber zum Ausdruck bringt.

Entsprechende Studien[7] haben gezeigt, dass sich bei regelmäßiger Übung in der Dankbarkeit folgende positive Effekte einstellen:

- auf körperlicher Ebene:
  - Stärkung des Immunsystems,
  - Abnahme von Schmerzen und Beschwerden,
  - Senkung des Blutdrucks,
  - Verlängerung der Schlafdauer und Verbesserung der Schlafqualität;
- auf seelischer Ebene:
  - Zunahme positiver Gefühle,
  - Steigerung des Gefühls der Wachheit und Lebendigkeit,
  - Zunahme von Optimismus und Glückserleben;
- auf sozialer Ebene:
  - Steigerung von Hilfsbereitschaft, Großzügigkeit und Mitgefühl,
  - größere Vergebungsbereitschaft,
  - größere Offenheit,
  - Abnahme von Gefühlen der Einsamkeit und Isolation.

Dankbarkeit hat zwei Komponenten. Zunächst liegt in ihr eine grundsätzliche Bestätigung des Guten. Indem wir uns dankbar für das zeigen, was uns geschenkt wird und vergönnt ist, erkennen wir an, dass es Gutes in der Welt gibt. Das heißt nicht, dass wir das Leben für vollkommen erklären oder die Bürden und Ärgernisse übersehen, die es mit sich bringt. Aber wenn wir das Leben als Ganzes betrachten, ermutigt uns eine dankbare Haltung dazu, in ihm ein gewisses Maß an Gutem zu erkennen.

Die andere Komponente der Dankbarkeit besteht darin, nach der Herkunft des Guten zu fragen. Es muss nicht zwangsläufig aus unserem eigenen Tun stammen und etwas sein, auf das wir stolz sein können. Wir erkennen, dass die Quelle des Guten auch außerhalb unserer selbst liegt. So können wir das Positive in uns selbst würdigen und zugleich anerkennen, dass wir anderen Menschen vieles verdanken – wie bedeutend oder unbedeutend auch immer –, das uns geholfen hat, das Gute in unserem Leben zu verwirklichen.

Übung: Kreis der Dankbarkeit

Die Teilnehmer sitzen im Kreis, in dessen Mitte Sie eine Blume legen können. Präparieren Sie ein schönes Stück Holz oder Bambus, das als »Redeholz« dient und reihum weitergereicht wird. Wer es in der Hand hält, darf sprechen, ohne unterbrochen zu werden. Wer das Redeholz vom Vorredner zur Linken entgegennimmt, drückt diesem gegenüber seine Dankbarkeit aus, die sich auf eine persönliche Eigenschaft beziehen kann, auf etwas, was der andere geleistet hat, oder einfach auf seine Anwesenheit. Dann wird das Holz an die nächste Person weitergereicht, bis jeder seinen Dank ausgesprochen und empfangen hat.

Übung: Dankesbrief

Setzen Sie sich hin und schreiben Sie einen Brief an einen Menschen, der einen positiven Einfluss in Ihrem Leben hatte und dem Sie noch niemals wirklich dafür gedankt haben. Das kann ein Lehrer oder Ratgeber aus früherer Zeit sein, vielleicht Ihre Großmutter oder ein alter Freund oder irgendein anderer Mensch, der Ihnen einmal behilflich war. Der Brief muss nicht lang sein, aber kommen Sie konkret darauf zu sprechen, was die andere Person für Sie getan hat und warum es für Sie von Bedeutung war.

Übung: Dankbarkeits-Tagebuch

Nehmen Sie sich am Ende des Tages ein paar Minuten Zeit, um sich fünf Dinge zu notieren, für die Sie dankbar sein können. Denken Sie dabei auch an das, was Sie als selbstverständlich betrachten. Sie können sich dazu auch ausmalen, wie es wäre, etwas davon zu verlieren: Ihr Zuhause, Ihre Angehörigen, Ihre Freunde, Ihr Sehvermögen oder Gehör, Ihre Fähigkeit zu gehen oder irgendetwas anderes, auf das Sie jeden Tag zählen. Stellen Sie sich dann vor, zurückzuerhalten, was Sie verloren oder eingebüßt haben, eines nach dem anderen, und wie dankbar Sie für all das dann wären.

Was ist Wohltätigkeit, und wozu pflegen wir sie?

Mit selbstlosen Akten des Wohlwollens – sei es ein Lächeln, ein aufmunterndes Wort oder eine Hilfestellung – bereiten wir nicht nur anderen eine Freude, sondern auch uns selbst. Entsprechende Forschungen zeigen, dass Wohltätigkeit ganz erheblich zur Steigerung des Glückserlebens beitragen kann. Dabei kann man sich sehr wohl für bewusste Gesten des Wohlwollens entscheiden, aber die grundsätzliche Fähigkeit und Bereitschaft dazu scheint angeboren zu sein und sich schon in der frühen Kindheit zu zeigen.

Michael Tomasello vom Max-Planck-Institut für evolutionäre Anthropologie in Leipzig konnte in Studien belegen, dass sich Kinder schon in einem frühen Lebensalter als hilfsbereit erweisen. Zum Beispiel will ein vierzehn Monate altes Kind spontan helfen, wenn es einen Erwachsenen mit einer alltäglichen Situation kämpfen sieht, etwa wenn es ihm nicht gelingen will, mit vollen Händen eine Tür zu öffnen.

Mit anderen Worten: Wenn wir uns wohltätig und hilfsbereit zeigen, handeln wir damit im Sinne unserer wahren Natur und entwickeln darüber ein natürliches Wohlgefühl. Dabei bleibt es aber nicht beim Wohlgefühl, das wir uns selbst und anderen bereiten, sondern der positive psychologische Effekt wohltätigen Verhaltens spiegelt sich Forschungen zufolge auch in der neuronalen Vernetzung des Gehirns wider. Wenn wir uns selbst zugestehen, freundlich zu sein, und uns regelmäßig zu spontanen Gesten des Wohlwollens bereitfinden, schaffen wir damit neue Nervenverbindungen, die das Wohlbefinden steigern, indem sie den natürlichen Fluss des Glückshormons Endorphin und anderer stimmungsaufhellender Neurotransmitter fördern.

Eine andere faszinierende Eigenschaft der Wohltätigkeit ist, dass sie ansteckend zu sein scheint. Wenn wir uns selbst wohlwollend und hilfsbereit verhalten, ermutigen wir andere dazu, es uns gleichzutun. Indem wir also freundlich zu anderen sind, machen wir die Welt zu einem insgesamt freundlicheren und lebenswerteren Ort. Ein von Martin Seligman geleitetes Forscherteam an der University of Pennsylvania untersuchte die positiven Effekte der Dankbarkeit in einer Spezialstudie. Die Teilnehmer sollten einen Dankesbrief an eine Person schreiben, die sich ihnen gegenüber als besonders wohltätig erwiesen hatte, ohne dass dies jemals wirklich gewürdigt worden war, und diesen Brief daraufhin persönlich übergeben. Die Verfasser des Briefs erfuhren daraufhin einen erheblichen und unmittelbaren

Zuwachs an Glückserleben, dessen positive Auswirkungen bis zu einen Monat anhielten.

Auf unserem Weg zu wahrem und anhaltendem Glück zählt Wohltätigkeit zu den wichtigsten Eigenschaften, die es zu entwickeln gilt. Sie ist eine entscheidende Vorbedingung für ein gutes Leben: ein Leben, in dem wir auf körperlicher, geistiger und seelischer Ebene bleibende Gesundheit erfahren.

Wohltätigkeit in der Praxis

Hier folgen einige konkrete Beispiele für wohltätiges Verhalten, wie wir es selbst praktizieren und zu dem wir auch unsere Kinder anhalten können. Sie können sich dazu auch ein Tagebuch anlegen, in dem Sie regelmäßig notieren, in welcher Weise Sie sich anderen Menschen gegenüber zuvorkommend verhalten und wie diese darauf reagiert haben.

- Halten Sie anderen die Tür auf.
- Wünschen Sie Ihren Kollegen, Ihrem Lehrer oder Ihren Mitschülern einen guten Morgen und lächeln Sie Ihr Gegenüber dabei an.
- Lassen Sie anderen den Vortritt beim Besteigen des Busses oder beim Eintritt in ein Geschäft oder das Klassenzimmer.
- Bieten Sie sich freiwillig als Tutor an, vor allem, wenn es einen Bereich gibt, in dem Sie andere Schüler oder Studenten besonders unterstützen können.
- Sprechen Sie wenigstens einmal am Tag jemandem ein Kompliment aus.
- Machen Sie Ihrem Großvater, Ihrer Großmutter oder einem anderen alten Menschen eine Freude mit einem kleinen Präsent, zum Beispiel in Form eines selbst gemalten Bildes oder einer Schachtel Pralinen.
- Verschenken Sie Ihr altes Spielzeug oder Ihre Kinderbücher an notleidende Kinder.

- Schreiben Sie eine Dankeskarte an Ihre Lehrerin, Ihren Trainer oder eine andere Person, die Sie persönlich gefördert hat.
- Sorgen Sie auf dem Schulgelände, im Büro oder in einem Park in Ihrer Nähe für Sauberkeit, indem Sie den Abfall einsammeln und zur Mülltonne bringen.
- Rufen Sie Ihre Großeltern oder andere Familienmitglieder an, die Sie nur selten sehen.
- Schreiben Sie Ihren Großeltern oder Eltern eine Karte, um ihnen zu sagen, warum sie Ihnen etwas bedeuten.
- Lächeln Sie. Ein Lächeln kostet nichts, und Glück ist ansteckend!

Wenn wir positive Gefühle wie Wohlwollen, Dankbarkeit und Mitgefühl in uns pflegen, hat das nicht nur eine heilsame Wirkung auf uns selbst, sondern ebenso auf unsere Umgebung: auf Angehörige, Freunde, Kollegen und die größere Gemeinschaft, in der wir leben.

Die Verwandlung von Hass und Gewalt in Mitgefühl und liebende Güte

Ich möchte diesen Abschnitt mit dem Bericht von einem Erlebnis beginnen, das mein Verständnis davon, wie wir jenseits unserer Vorurteile und unserer oberflächlichen Wahrnehmung zusammenkommen und füreinander da sein können, entscheidend geprägt hat.

Eine bedeutsame Begegnung in einem Militärgefängnis im Mittleren Osten

Während der Zeit, als ich für das Internationale Komitee vom Roten Kreuz (IKRK) arbeitete, bildete ich auch Felddelegierte aus, deren Aufgaben es war, Kriegsgefangene zu besuchen. Um die Lage in den Kriegsgebieten besser einschätzen zu können, nahm ich in vielen verschiedenen Ländern am täglichen Leben der Felddelegierten teil.

Mein erster Besuch in einem Gefangenenlager fand im Mittleren Osten statt, und ich traf mich mit Häftlingen in einem Sicherheitstrakt eines Militärgefängnisses. Ich hatte fast den ganzen Tag »Interviews ohne Zeugen« geführt und dabei mit Dutzenden von Häftlingen gesprochen, von denen der jüngste fünfzehn und der älteste über achtzig Jahre alt war. Ich hatte mir eine Geschichte nach der anderen angehört, Berichte über Gewalt, Angst, Ungerechtigkeit, Hass und Verzweiflung. All diese Geschichten gingen mir zu Herzen, und es war nicht schwer, Mitgefühl mit den Häftlingen aufzubringen, während es umgekehrt schwierig war, nicht in Zorn gegen die Soldaten zu geraten, die die Macht, die Waffen und das Sagen hatten.

Als ich eine kurze Pause im Gefängnishof machte, um mich etwas von der Intensität der Begegnungen, dem Gestank und der bedrückenden Enge in den Zellen zu erholen, kam ein junger Soldat auf mich zu und setzte sich neben mich. Ich spürte, dass er das Gespräch mit mir suchte; er war sehr jung – die meisten Soldaten sind sehr jung, denn im Krieg handelt es sich immer darum, dass alte Männer junge Männer voranschicken, um das zu tun, was sie selbst nicht tun wollen.

Ich fragte ihn nach seinem Alter, und wie sich herausstellte, war er um einige Jahre jünger als mein eigener Sohn. Er begann, mir von seinem Leben in der Zeit vor dem Militärdienst zu berichten, von Reisen, die er unternommen, und Ländern, die er besucht hatte, und erzählte auch von seinem sozialen Engagement in seinem Heimatort, wo er Teenagern half, die Konflikte mit ihren Familien hatten. Er sagte, dass er im Anschluss an die Zeit in der Armee Pädagogik studieren und etwas Sinnvolles für junge Menschen tun wolle. Für mich war spürbar, dass er mir eine andere Seite von sich zeigen wollte – es war ihm wichtig, dass ich hinter die Uniform und die Maschinenpistole sah, die er trug. Dennoch muss ich zugeben, dass ich wenig geneigt war, ihm zuzuhören und mich auf ein wirkliches Gespräch mit ihm einzulassen. Nachdem er eine Weile von sich erzählt hatte, sah er mich direkt an und fragte: »Denken Sie, dass ich ein schlechter Mensch bin?«

Von dieser Frage war ich tief berührt. Mir wurde klar, wie leicht es ist, nur den Soldaten wahrzunehmen, denjenigen, der die Macht hat und die Gefangenen unterdrückt. Blitzartig wurde mir bewusst, dass unter anderen Voraussetzungen und Bedingungen genauso gut ich derjenige mit der Maschinenpistole hätte sein können und er der Abgesandte einer humanitären Organisation, der das Emblem des Roten Kreuzes trägt. Und wenn ich derjenige mit der Waffe gewesen wäre, hätte ich mir da absolut sicher sein können, dass ich nicht barscher und grausamer mit den Gefangenen umgegangen wäre, als er es vielleicht tat? Also gab ich ihm die aufrichtige Antwort: »Nein, ich glaube nicht, dass Sie ein schlechter Mensch sind. Ich verstehe, dass Sie sich in einer schwierigen Situation befinden, die Sie sich nicht selbst ausgesucht haben. Aber Sie haben die Wahl, sich angesichts der Umstände so menschlich wie möglich zu verhalten.«

Dieses Erlebnis öffnete mir die Augen und erinnerte mich an ein Gedicht des vietnamesischen Zen-Meisters Thich Nhat Hanh,[8] das ich nahezu auswendig kannte und sehr liebte, auch wenn es mir nicht gelang, seinen Inhalt in realen Situationen, wie das Leben sie mit sich brachte, in die Praxis umzusetzen:

Bitte nenne mich bei meinen wahren Namen

Sage nicht, dass ich morgen fortgehe –
denn ich komme doch heute gerade erst an.

Betrachte es ganz tief: Jede Sekunde komme ich an –
sei es als Knospe an einem Frühlingszweig
oder als winziger Vogel mit noch zarten Flügeln,
der im neuen Nest erst singen lernt;
ich komme als Raupe im Herzen der Blume
oder als ein Juwel, verborgen im Stein.

Ich komme stets gerade erst an, um zu lachen und zu weinen,
mich zu fürchten und zu hoffen.
Der Schlag meines Herzens ist Geburt und Tod
von allem, was lebt.

Ich bin die Eintagsfliege, die an der Wasseroberfläche
des Flusses schlüpft.
Und ich bin auch der Vogel,
der herabstürzt, um sie zu schnappen.

Ich bin der Frosch, der vergnüglich
im klaren Wasser eines Teiches schwimmt.
Und ich bin die Ringelnatter, die in der Stille
den Frosch verspeist.

Ich bin das Kind aus Uganda, nur Haut und Knochen,
mit Beinchen so dünn wie Bambusstöcke;
und ich bin der Waffenhändler,
der todbringende Waffen
nach Uganda verkauft.

Ich bin das zwölfjährige Mädchen,
Flüchtling in einem kleinen Boot,
das von Piraten vergewaltigt wurde
und nur noch den Tod im Ozean sucht;
und ich bin auch der Pirat –
mein Herz ist noch nicht fähig, zu erkennen und zu lieben.

Ich bin ein Mitglied des Politbüros
mit reichlich Macht in meinen Händen;
und ich bin der Mann, der seine »Blutschuld«
an sein Volk zu zahlen hat
und langsam in einem Arbeitslager stirbt.

Meine Freude ist wie der Frühling, so warm,
dass sie Blumen auf der ganzen Erde erblühen lässt.
Mein Schmerz ist wie ein Tränenstrom, so mächtig,
dass er alle vier Meere auffüllt.

Bitte nenne mich bei meinen wahren Namen,
damit ich all mein Weinen und Lachen
zugleich hören kann,
damit ich sehe,
dass meine Freude und mein Schmerz eins sind.

Bitte nenne mich bei meinen wahren Namen,
damit ich erwache,
damit das Tor meines Herzens
von nun an offen steht –
das Tor des Mitgefühls.

Eine zentrale Frage, die es zu klären gilt, lautet: Wie können wir, abgesehen von der psychologischen Ebene der inneren Verwandlung des Leidens in Mitgefühl und Wohltätigkeit, dazu beitragen, soziale und ökonomische Systeme zu schaffen, die für die Entwicklung dieser sozialen Kompetenzen eine geeignete Umgebung bilden?

Fürsorge für andere

Die umfassendste Langzeitstudie, die je in Harvard durchgeführt wurde, kommt zum Ergebnis, dass der wichtigste Bestimmungsfaktor für Glück, Wohlbefinden, Gesundheit und Erfolg die Qualität unserer Beziehungen ist:

> »Unsere Studie zeigt, dass es denjenigen Menschen am besten erging, die stabile Bindungen hatten, sei es in der Familie, im Freundeskreis oder im weiteren sozialen Umfeld.«[9]

Auch wenn wir intuitiv wissen, dass unser Glück und Unglück in hohem Maß von der Qualität unserer menschlichen Bindungen abhängt, werden die sozialen Kompetenzen, welche die Basis guter zwischenmenschlicher Beziehungen bilden, paradoxerweise nur selten bewusst an Schulen und Universitäten oder am Arbeitsplatz vermittelt und trainiert. Lassen Sie uns daher einige der Zutaten gesunder und erfüllender Beziehungen in Augenschein nehmen.

Wie schon erwähnt, ist der Mensch im Vergleich mit vielen anderen Tierarten auf dem Planeten ein eher kleines, langsames und schwaches Wesen. Dennoch sind wir die unbestrittenen Sieger im »Wettbewerb der Spezies« um die globale Vorherrschaft. Was hat uns, als die körperlich klar Unterlegenen, zu diesem erstaunlichen Triumph befähigt?

Diese Frage lässt sich auf sehr unterschiedliche Weise beantworten, aber die Psychologen neigen immer mehr zu der Ansicht, dass es vor allem die interpersonellen Fähigkeiten sind, insbesondere unser Vermögen der Zusammenarbeit und des gegenseitigen Verstehens, die den Erfolg unserer Spezies begünstigt haben. Diese Fähigkeiten wiederum werden von dem facettenreichen psychologischen Phänomen der Empathie unterstützt.

Empathie ist die Fähigkeit, die Gefühle eines anderen Menschen wahrzunehmen. Wie entsprechende Forschungen zeigen, handelt es sich bei der Empathie um eine natürliche Gabe, die sich schon im frühen Kindesalter zeigen kann, da sie an eine Gehirnfunktion gekoppelt ist, die von den sogenannten Spiegelneuronen erfüllt wird.

Bereits Säuglinge sind in der Lage, die Emotionen der Mutter oder einer anderen Betreuungsperson wahrzunehmen und auf sie zu reagieren. Es ist nachvollziehbar, dass diese Fähigkeit, die Gemütsverfassung eines anderen Menschen wahrzunehmen, im Laufe der Evolution für das Überleben eine entscheidende Rolle gespielt hat. Wir können also davon ausgehen, dass Empathie nicht nur etwas Naturgegebenes ist, sondern auch trainiert werden kann, sich weiterentwickeln und verfeinern lässt.

Empathie ist die eigentliche Grundlage sozialen Bewusstseins.

Zwar ist Empathie sehr wichtig, um das Gefühlsleben anderer Menschen zu verstehen, aber wenn es um fremdes Leiden geht, kann sie auch eine Kehrseite haben. Sind wir mit zu großem Leid konfrontiert – was häufig bei Mitarbeitern in Gesundheits- und Sozialberufen oder humanitärer Organisationen der Fall ist –, kann das »empathischen Stress« bedeuten, aus dem sich ein Burn-out-Syndrom entwickeln kann. Als man in den vergangenen Jahren lernte, zwischen Empathie und Mitgefühl zu unterscheiden, war das ein wichtiger wissenschaftlicher Durchbruch, aus dem sich praktische Konsequenzen für Angehörige der »helfenden« Berufe wie Ärzte, Krankenpfleger, Erzieher und Lehrer ergaben.

Wenn wir empathisch sind, haben wir Anteil an den Gefühlen eines anderen Menschen; zeigen wir dagegen Mitgefühl, müssen wir nicht zwangsläufig die fremden Gefühle teilen. Gleichwohl kann aus Empathie Mitgefühl erwachsen. Bei der Empathie handelt es sich darum, zu verstehen, wie sich jemand fühlt, und sich vorzustellen, wie man sich an seiner Stelle fühlen würde; es ist eine Form der inneren Beziehung. Mitgefühl hingegen entsteht aus dem inneren Antrieb zu helfen, aus der Einsicht, dass sich ein Mensch in einer Notlage befindet. Mitgefühl schafft Empathie und umgekehrt. Empathie allein kann jedoch belastend sein, während uns Mitgefühl erlaubt, das Leiden in etwas Positives zu verwandeln. Zusammenfassend können wir sagen, dass das harmonische Zusammenleben mit anderen auf drei Vorgängen beruht, die, obgleich eng miteinander verwandt, drei verschiedenen Gehirnfunktionen zuzuordnen sind:

- Die *Erlebnis-Teilhabe* beruht auf emotionaler Empathie, unserer angeborenen Fähigkeit, die Gefühle anderer Menschen wahrzunehmen. Sie weist einen Bezug zur Fähigkeit auf, sich von fremden Gefühlen anstecken zu lassen, und kann zu empathischem Stress führen, wenn man mit zu großem Leid konfrontiert ist.

- Unter *Mentalisierung* versteht man die Fähigkeit zur kognitiven Empathie. Dabei handelt es sich also nicht allein darum, die Gefühle anderer Menschen wahrzunehmen, sondern auch das Was und Warum fremder Erlebnisinhalte zu verstehen. Sie befähigt uns darüber hinaus dazu, fremde Vorstellungen, Meinungen und Standpunkte nachzuvollziehen, auch wenn sie von unseren eigenen abweichen. Der Begriff beschreibt also das, was man gemeinhin unter der Fähigkeit zum Wechsel der Perspektive versteht, und entstammt dem psychologischen Konzept der »Theory of Mind«. Innerhalb der kognitiven Psychologie hat man diese Vorgänge insbesondere anhand der kindlichen Entwicklung umfassend erforscht.
- *Mitgefühl* oder empathische Anteilnahme weist einen Bezug zur Empathie auf, da es auf unserer Fähigkeit beruht, die Erlebnisse anderer Menschen zu teilen und nachzuvollziehen. Allerdings geht das Mitgefühl über die Empathie hinaus, weil es uns dazu motiviert, Hilfe zu leisten, fremdes Leid zu lindern und uns aktiv auf soziale Weise zu verhalten.

Die Fähigkeit zum vertieften Zuhören trainieren

Die Fähigkeit, vertieft zuzuhören, ist die Basis jeder Schulung von Empathie und Mitgefühl; und ein guter Ausgangspunkt, sie zu erlernen, besteht darin, uns selbst dabei zu beobachten, wie wir anderen zuhören.

Meistens sieht das im Alltag so aus, dass uns dabei unsere eigenen Gedanken durch den Kopf gehen. Wir reagieren in wertender Weise auf das Gehörte, indem wir ihm zustimmen oder widersprechen. Häufig haben unsere Reaktionen mit unserem Vorwissen und früheren Erfahrungen zu tun, sie hängen zudem von der Meinung ab, die wir über unseren Gesprächspartner hegen, davon, ob wir ihn respektieren oder nicht und seiner Person Bedeutung beimessen. Während des Gesprächs stellen wir vielleicht auch fest, dass wir im Kopf bereits unsere

Antwort oder unser Argument vorformulieren, während der andere noch spricht, und daher nicht mehr wirklich auf das achten, was er zu sagen hat.

Beobachten wir uns einmal in aufrichtiger Weise selbst, dann bemerken wir möglicherweise, dass dies die Art ist, wie wir die meiste Zeit zuhören – oder eben nicht wirklich zuhören. Wenn wir uns aber dieser Tendenz bewusst werden, ist das der erste Schritt zum vertieften Zuhören.

Die erste Ebene des Zuhörens könnte man als *diffuses Zuhören* bezeichnen. Wenn es uns aber durch die Übung der Achtsamkeit gelingt, unser Gewahrsein bewusst auszurichten, beherrschen wir damit auch die Kunst, still zu sein, während der andere spricht.

Diese innere Stille erlaubt uns zu praktizieren, was man *sachliches Zuhören* nennen könnte: Das heißt, wir nehmen die Informationen wertungsfrei auf, ohne sofort mit Zustimmung oder Ablehnung auf das Gesagte zu reagieren oder bereits unsere Antwort darauf vorzubereiten. Das heißt nicht, dass wir nicht auch irgendwann eine Bewertung des Gesagten vornehmen und für uns entscheiden, ob wir ihm zustimmen können oder nicht. Aber bevor wir zu einem Urteil darüber kommen, müssen wir wirklich zugehört haben. Das *sachliche Zuhören* ist die Basis jedes wissenschaftlichen Vorgehens, weil es uns erlaubt, Informationen aufzunehmen, die im Widerspruch zu unserem Vorwissen stehen, und somit unser Verständnis potenziell zu erweitern und zu vertiefen.

Die nächste Ebene des Zuhörens ist das *empathische Zuhören,* das über die bloße Aufnahme von Fakten, Daten und Informationen hinausgeht. Bei ihm nehmen wir außerdem die emotionale Dimension der Unterredung wahr: also Stimmung, Emotionen, Gefühle und Körpersprache unseres Gesprächspartners. Wir sind uns des Gesagten bewusst, aber auch dessen, was nicht gesagt wird. Die Fähigkeit zum empathischen Zuhören ist die Basis sozialen Bewusstseins und echter Anteilnahme.

Um die Ebenen des Zuhörens zusammenzufassen:

- *Diffuses Zuhören:* Während wir zuhören, sind wir mit unseren eigenen Gedanken und inneren Kommentaren beschäftigt. Wir neigen dazu, solchen Aussagen beizupflichten, die uns in unseren eigenen Ansichten bestärken, und davon abweichenden zu widersprechen, ohne deren Stichhaltigkeit wirklich zu erwägen. Wir sind ständig dabei, zu reagieren und zu bewerten. Zudem lassen wir uns durch äußere Störfaktoren wie den Blick aufs Handy und eingehende Nachrichten ablenken.
- *Sachliches Zuhören:* Es gelingt uns, von einem Ort innerer Stille und Aufmerksamkeit aus zuzuhören, wir sind mit voller Konzentration bei dem Gesagten, ohne sofort zu reagieren und zu bewerten, und können so alle Informationen vollständig aufnehmen.
- *Empathisches Zuhören:* Wir sind nicht nur in der Lage, unsere kognitive Aufmerksamkeit ganz auf unseren Gesprächspartner zu richten, sondern öffnen auch unser Herz für die Gefühle und Emotionen, die dabei vermittelt werden. Wir achten auf Körpersprache und Stimmlage, spüren, was den Sprecher innerlich bewegt, und nehmen seine Gemütsverfassung wahr. Wir achten dabei auch auf das, was nicht gesagt wird, auf die Gesprächspausen und die tieferen Beweggründe.

Zu lernen, uns beim Zuhören zu beobachten, indem wir einfach wahrnehmen, wie wir von einer Ebene des Zuhörens zu einer anderen wechseln, ist eine wesentliche Voraussetzung, um Anteilnahme an anderen zu entwickeln.

Die heilende Kraft anteilnehmenden Zuhörens

Vor ein paar Jahren verstarb meine Mutter in Südfrankreich. Zu jener Zeit hielt ich mich in der Behinderteneinrichtung »Peaceful Bamboo Family« in Vietnam auf. Eines Morgens erhielt ich einen Anruf von meiner Schwester, in dem sie mir mitteilte, dass meine Mutter in der Nacht gestorben sei. Sie war eine alte Dame und seit Jahren schwer krank gewesen, sodass ihr Tod für uns nicht überraschend kam. Dennoch erfüllte mich die Nachricht mit Traurigkeit und löste in mir auch Schuldgefühle aus, weil ich in den letzten Momenten, die sie auf Erden weilte, nicht an ihrer Seite hatte sein können.

In unserer Gemeinschaft haben wir ein Ritual namens »Sharing from the heart«, das einmal in der Woche abgehalten wird. Jeden Donnerstagabend stellen sich alle Mitglieder der Gemeinschaft im Anschluss an ihr Tagewerk unter die Dusche und ziehen sich frische Kleider an. Um eine festliche Atmosphäre zu schaffen, wird an diesem Abend der Tisch mit besonderer Sorgfalt gedeckt und auch das Essen in feierlicher Weise aufgetragen. Wir rezitieren einige Verse, in denen wir der Natur und den vielen Menschen danken, die dazu beigetragen haben, unsere Teller mit gesunder und köstlicher Nahrung zu füllen. Anschließend nehmen wir unsere Mahlzeit schweigend zu uns und essen so achtsam wie möglich, um den Geschmack der natürlichen Zutaten wahrhaft zu würdigen, dankbar für das, was uns täglich beschieden ist.

Im Anschluss an das Abendessen versammeln sich alle um einen Brunnen, in den wir zuvor schwimmende Kerzen gesetzt haben. Nach einer kurzen Achtsamkeitsmeditation kann sich jeder den anderen Mitgliedern der Gemeinschaft mit den Erlebnissen, Gefühlen, Freuden und Leiden mitteilen, die ihn gerade beschäftigen. Der Kreis setzt sich aus Betreuern und jungen Menschen mit unterschiedlichen Behinderungen zusammen, und es ist jedes Mal sehr bewegend, zu erleben, wie in diesen Momenten tiefer persönlicher Mitteilung und anteilnehmenden Zuhörens der Unterschied zwischen den sogenannten »Behinderten« und den sogenannten »normalen« Menschen vollständig aufgehoben ist und einer tiefen Erfahrung gemeinsamer Menschlichkeit Platz macht. Trotz der Unterschiede in Bezug auf Alter, Geschlecht, Nationalität, kulturellen Hintergrund und

Behinderungsgrad teilen wir grundlegende menschliche Erlebnisqualitäten der Freude und des Leids miteinander, die eine gemeinsame Basis für die Begegnung auf einer tieferen Herzensebene schaffen.

An jenem Abend sprach ich zu den anderen über den Tod meiner Mutter, über meine Trauer und auch über die Schuldgefühle, die ich hatte, weil ich in diesem wichtigen Augenblick des Übergangs nicht bei ihr gewesen war. Alle hörten mit großer innerer Beteiligung und Empathie zu, und nach einem langen Moment des Schweigens gab Duc, ein junger Mann mit Downsyndrom, zu erkennen, dass er etwas sagen wolle. Er meinte, dass er meine Gefühle sehr gut verstehen könne, da auch er seine Mutter vor einigen Jahren verloren habe und sie jeden Tag vermisse. Dann wandte er sich zu den anderen und sagte: »Wenn ihr das Glück habt, dass eure Mutter noch lebt, dann seht das bitte nicht als selbstverständlich an. Nutzt die Zeit, um mit ihr zusammen zu sein und ihr zu sagen, dass ihr sie liebt, sonst werdet ihr es bereuen, wenn sie nicht mehr da ist.« Auch wenn dieser junge Mann Mühe hatte, die richtigen Worte zu finden, war doch sehr klar, was er uns mitteilen wollte, und ich konnte spüren, wie jeder in unserem Kreis tief davon bewegt war und es sich zu Herzen nahm.

Auf mich hatte diese Bekundung der Empathie und des Mitgefühls eine zutiefst beruhigende Wirkung. Sie erinnerte mich daran, dass Verlust und Trauer etwas sind, das uns alle betrifft, und dass ich in diesem Moment nicht allein damit war, sondern Teil unserer menschlichen Gemeinschaft.

Kurz darauf flog ich zurück nach Europa, um an den Bestattungsfeierlichkeiten für meine Mutter teilzunehmen. Die gesamte Familie, meine Kinder und Enkelkinder hatten sich versammelt, um meiner Mutter die letzte Ehre zu erweisen. Mir fiel die Aufgabe zu, vor dem großen Kreis der Angehörigen und Freunde die Gedenkrede zu halten, in der ich auf einige Aspekte ihrer Lebensgeschichte Bezug nahm und die eine oder andere

Anekdote zum Besten gab. Wieder war es ein sehr bewegender Moment, sich von einem nahestehenden Menschen für immer zu verabschieden. Als ich zu Ende gesprochen hatte, setzte ich mich zu anderen Mitgliedern der Familie auf eine Bank. Neben mir saß mein kleiner Enkelsohn Alexis, der damals sechs Jahre alt war. Behutsam nahm er meine Hand, streichelte sie leicht, und als er mich ansah, sagte er sanft: »Geht es dir gut, Opa? Bist du nicht zu traurig?«

Es war ein sehr berührender Moment, zu erleben, wie ein sechsjähriges Kind nicht nur zu dieser Art von Mitgefühl fähig war, sondern auch dazu, ihm Ausdruck zu verleihen. In diesem Augenblick besah ich mir genau meine eigenen Gefühle und versuchte herauszufinden, worum es in meiner Trauer eigentlich ging. Einerseits ergab sie sich natürlich aus dem Wissen, dass ich meine Mutter nie wieder in ihrer leiblichen Gestalt zu Gesicht bekommen würde, aber ich begriff auch, dass dies nicht der tiefste Grund meiner Trauer war. In den Jahren zuvor war ich viel auf Reisen gewesen, und auch wenn ich in dieser Zeit regelmäßig bei ihr zu Besuch war, hatte doch ihre physische Anwesenheit in meinem Erwachsenenleben keine so bedeutsame Rolle gespielt. Mir wurde klar, dass die Trauer mehr mit dem Gefühl zu tun hatte, ihre Fürsorge und Liebe, die ich seit meiner Geburt genossen hatte, für immer verloren zu haben.

Für die meisten Menschen ist die Mutter dasjenige menschliche Wesen, von dem sie von Geburt an auf Jahre hinaus abhängig sind. Auch wenn sich unser sozialer Radius nach und nach erweitert und wir möglicherweise viele andere tiefe Bindungen in unserem Leben entwickeln, bildet die mütterliche Liebe, die wir genossen haben, als wir hilflos und bedürftig waren, weiterhin die Basis für alle Beziehungen, die wir im späteren Leben eingehen.

Seit Freud und der von ihm begründeten Psychoanalyse ist es in westlichen Gesellschaften üblich geworden, die Mutter für einen großen Teil unserer psychischen Probleme verantwortlich zu machen. Auch wenn ich die Argumentation, die hinter dieser Einstellung steht, nachvollziehen kann, ist das für mich ein sehr trauriges Phänomen unserer Zeit, weil dabei außer Acht bleibt, dass es unsere Mutter ist, von der wir das wunderbare Geschenk des Lebens empfangen haben. Denn auch wenn man einräumt, dass nicht alle Mütter in gleicher Weise dazu befähigt sind, ihre mütterliche Liebe und Fürsorge zum Ausdruck zu bringen, ist sie es doch, die uns hat wachsen und gedeihen lassen.

Gerade im Verhältnis zu Mutter und Vater besteht zwischen westlichen und asiatischen Kulturen ein beachtlicher Unterschied. Noch niemals habe ich erlebt, dass ein Asiate nicht mit der größten Dankbarkeit, Verehrung und Zuneigung von seiner Mutter spricht, wohingegen mir bei sehr vielen Begegnungen mit meinen Freunden aus dem Westen die Vorwurfshaltung gegenüber ihren Eltern aufgefallen ist. Zwar glaube ich nicht, dass asiatische Frauen im Vergleich zu europäischen Frauen unbedingt die besseren Mütter sind. Was ich jedoch glaube, ist, dass gemeinhin in asiatischen Kulturen das Gefühl der Dankbarkeit gegenüber den Eltern auf gesündere Weise gepflegt wird, als es bei der im Westen so verbreiteten kritischen Haltung gegenüber den eigenen Eltern der Fall ist.

Um aber zu den Ereignissen jenes Tages zurückzukehren: Als mein Enkel meine Hand nahm und mir klar wurde, dass meine Trauer viel mit dem Gefühl zu tun hatte, die Liebe meiner Mutter verloren zu haben, ging mir plötzlich auch auf, dass zwar ihr Körper in wenigen Minuten eingeäschert werden würde, ihre Liebe und Fürsorge aber noch immer gegenwärtig waren, und zwar in Gestalt ihres Urenkels, der neben mir saß und mir auf so herzliche Weise seine Hand reichte. Diese Einsicht half mir dabei, meine Traurigkeit zu verwandeln, und ich spürte tief in mir, dass der Strom der Liebe und Fürsorge, der über die Generationen hinweg reicht, nicht mit dem Tod eines Menschen abreißt. Ich wusste, dass der beste Weg, die Dankespflicht zu erfüllen, die ich meiner Mutter gegenüber fühlte, darin bestand, die von ihr empfangene Liebe und Fürsorge an meine Kinder, Enkelkinder, Studenten und Freunde weiterzugeben. Wenn mir das gelänge, würde sie darin weiterleben. Ihr Tod wäre dann nur eine Illusion, und ich könnte auf einer tieferen Ebene weiterhin ihre Anwesenheit spüren.

In den Jahren seit ihrem Dahinscheiden habe ich an jedem einzelnen Tag an meine Mutter gedacht, und das vorherrschende Gefühl, das ich dabei empfinde, ist nicht Traurigkeit, sondern das des Begnadetseins.

Vertieftes Zuhören, soziales Bewusstsein und Beziehungspflege: Zwei Übungen

Bei der Übung »Dialog im Gehen« geht es darum, die Teilnehmer beim Zuhören zu einer Ebene erhöhter Aufmerksamkeit hinzuführen sowie mehr Bewusstsein und Verständnis für eine fremde Perspektive zu entwickeln. Die Rolle des Zuhörers besteht darin, sich ganz auf die Aussagen seines Gesprächspartners zu konzentrieren, ohne ihn zu unterbrechen, und sich dabei selbst beim Zuhören zu beobachten: Bin ich ganz aufmerksam? Wann bemerke ich, dass eigene Gedanken dazukommen? An welcher Stelle bewerte ich das Gesagte? Wann verspüre ich den Drang, mich dazu zu äußern?

Wie bei jeder anderen Achtsamkeitsübung werden derartige Reaktionen als normaler Teil des Aufmerksamkeitsprozesses betrachtet. In dieser Übung besteht ihre Funktion darin, sie möglichst ohne Wertung wahrzunehmen und dann sogleich loszulassen, um sich wieder mit ganzer Aufmerksamkeit auf die sprechende Person zu konzentrieren. Die Rolle des Sprechers besteht darin, sich in die eigenen Gedanken zu vertiefen und diese im Entstehen zu formulieren, um so zu einem tieferen Verständnis seiner selbst zu gelangen.

Übung: Dialog im Gehen

Jeder »Dialog im Gehen« dauert etwa 30 bis 50 Minuten. Dabei ist es ratsam, das Ziel der Übung zuvor genau zu umreißen und darauf hinzuweisen, dass es eine gewisse Zeit erfordert, um über einen bloßen Austausch von Informationen hinauszugelangen und eine tiefere Besinnungsebene zu erreichen. Denken Sie auch daran, gegebenenfalls Zeit für eine Nachbesprechung in der Gruppe einzuplanen. Falls die Übung erstmalig in der Gruppe ausgeführt wird, sollten Sie zuvor eine kurze Einführung in die drei Ebenen des Zuhörens geben (siehe oben).
Als Moderator haben Sie außerdem die Aufgabe, das Ziel der Übung und die Rollenaufteilung in Sprecher und Zuhörer zu erläutern. Die Übungspartner wechseln sich dabei ab, wobei jeweils der eine für 15 bis 20 Minuten spricht, während der andere zuhört. Nach Ablauf dieser Zeit gehen die Gesprächspartner 2 bis 3 Minuten schweigend miteinander umher, bevor sie die Rollen tauschen.
Diese Schweigephase ist ein sehr wichtiges Element der Übung, das nicht übersprungen werden sollte. Eine weitere »Regel« der Übung kann darin bestehen, die Übungspartner auch während der Gesprächsphase einen gemeinsamen Spaziergang unternehmen zu lassen. Dadurch entsteht ein geschützter Rahmen, in dem die sich mitteilende Person ihre Gedanken so ungefiltert wie möglich zum Ausdruck bringen kann, was eine offenere Form von Kommunikation ermöglicht, die häufig zu tieferen Einsichten führt.
Nachdem sich die Übungspartner in den Rollen abgewechselt haben, können Sie sie zu einem freien Dialog über Themen auffordern, die ihnen gerade durch den Kopf gehen, woraus sich dann ein echtes Zwiegespräch entwickeln kann.
Als Moderator können Sie die Übungsinhalte auch an das Thema Ihres Workshops oder Stundenplans anpassen. Gezielte Fragen sollten die Teilnehmer dabei dazu anhalten, über persönliche Erfahrungen zu berichten. Sinnvoll wäre auch, auf den vertraulichen Umgang mit den Gesprächsinhalten hinzuweisen.

Jeder Teilnehmer sollte sich der Verpflichtung bewusst sein, keine der erhaltenen Informationen ohne ausdrückliche Erlaubnis an Dritte weiterzugeben.
Vor dem Beginn der Nachbesprechung ist es ratsam, zunächst einige Minuten für ein stilles Brainstorming zu reservieren, bei dem sich die Teilnehmer Einsichten, Erlebnisse oder Beobachtungen notieren können, die ihnen im Verlauf der Übung wichtig erschienen. Während des eigentlichen Nachgesprächs sollten sich die Teilnehmer dann möglichst frei und ungezwungen äußern können, ohne sich unter Druck gesetzt zu fühlen. Zum Beispiel können Sie sich danach erkundigen, wie sie sich in den unterschiedlichen Rollen gefühlt haben und was für sie dabei die wichtigsten Ergebnisse waren.

Etwas zu paraphrasieren heißt, eine fremde Aussage in eigenen Worten wiederzugeben. Das Paraphrasieren ist ein wirkungsvolles Mittel, um das Verständnis einer anderen Person und seiner selbst zu vertiefen, und kann die Bezugnahme auf das Gesagte in ihrer Wirkung erheblich steigern. Es kann auch als eine Art Übersetzungshilfe dienen, durch die sich noch mehr Menschen der Sinn des Gesagten erschließt.

Übung: Paraphrasieren oder umformulieren

Orientieren Sie sich am tatsächlichen Aussagegehalt, nicht an dem, was Sie der Aussage entnehmen wollen. Sagen Sie zum Beispiel nicht: »Was Sie sagen wollen, ist also ...«, sondern: »Wenn ich Sie richtig verstehe, meinen Sie, dass ...?«
Paraphrasieren Sie das Gesagte in Form einer Frage, damit Ihr Gegenüber gezwungen ist und Gelegenheit hat, seine ursprüngliche Aussage gegebenenfalls zu präzisieren.
Weisen Sie sich als Urheber der Paraphrasierung aus, indem Sie zum Beispiel sagen: »Fasse ich das richtig so auf, dass ...?« Oder: »Wenn ich Sie recht verstehe, dann ...?«

Weisen Sie Ihr Gegenüber als Urheber der ursprünglichen Aussage aus, indem Sie zum Beispiel sagen: »Wenn ich Sie recht verstehe, sagen Sie, dass ...?« Oder: »Sie glauben also/haben das Gefühl, dass ...?«
Beurteilen oder bewerten Sie die Aussage Ihres Gegenübers nicht. Sagen Sie zum Beispiel nicht: »Ich frage mich, ob Sie wirklich glauben, dass ...?« Oder: »Haben Sie nicht das Gefühl, damit etwas zu weit zu gehen?«
Sie können eine Paraphrasierung auch dazu verwenden, um die Richtigkeit Ihrer Auffassung zu überprüfen, indem Sie zum Beispiel sagen: »Sie waren also frustriert, als ...?«
Die Paraphrasierung sollte kürzer als die ursprüngliche Aussage Ihres Gegenübers sein.
Falls Ihr Gegenüber Ihre Wiedergabe dennoch für fehlerhaft hält, können Sie ihm eine oder zwei weitere Gelegenheiten geben, seine Position anders zu formulieren. Danach sollten Sie keinen weiteren Paraphrasierungsversuch unternehmen, um Ihren Gesprächspartner nicht in Verlegenheit zu bringen oder zu verärgern.

Die gegenseitige Abhängigkeit der Fürsorge für andere und der Fürsorge für den Planeten

»Liebhaben von Mensch zu Mensch, das ist vielleicht das Schwerste, was uns aufgegeben ist, das Äußerste, die letzte Probe und Prüfung, die Arbeit, für die alle andere Arbeit nur Vorbereitung ist.«
Rainer Maria Rilke

Unserem Bemühen, zu verstehen, was echtes Glück ist, stellen sich zwei Hindernisse entgegen: die Unwissenheit beziehungsweise Entfremdung vom Selbst und die Habgier, die uns von unserer natürlichen Umwelt trennt. Die Habgier wiederum schafft eine Situation, in der wir unsere Mitmenschen nicht mehr als

Schwestern und Brüder wahrnehmen, sondern als Konkurrenten im Kampf um begrenzte Ressourcen. Diese Unersättlichkeit treibt jeden Einzelnen von uns dazu, einen weit größeren Anteil der natürlichen Ressourcen für sich zu beanspruchen, als ihm legitimerweise zusteht, und das führt zu Gewalt. Das gegenwärtige ökonomische System basiert auf der Voraussetzung der Ressourcenknappheit und der Vorstellung vom Menschen als des »Homo oeconomicus«, eines rein rational bestimmten Wesens, das stets danach strebt, den eigenen Profit um jeden Preis zu maximieren. Diese Vision von einer profitorientierten Menschheit ist zu einer sich selbst erfüllenden Prophezeiung geworden, was dazu geführt hat, dass Solidarität, Großmut und Selbstlosigkeit durch Egoismus, Habgier und einen zerstörerischen Konkurrenzkampf ersetzt wurden.

Diese Situation kam mir während meiner Missionen in Darfur deutlicher zu Bewusstsein, in der Zeit also, als ich für das Internationale Komitee vom Roten Kreuz (IKRK) arbeitete. Auch wenn als Erklärung von Kriegen vielfach ideologische, politische, religiöse und ethnische Gründe herangezogen werden, ist bei einem vergleichenden Blick auf die Landkarten nicht zu übersehen, dass die Kriegsschauplätze nahezu deckungsgleich mit den Produktionsstätten und Transportwegen von Öl sind.

Bei meinem Besuch in Darfur wurde mir bewusst, dass es in dieser Region im Westen des Sudans keine Ölvorkommen gibt. Auch sonst gibt es kaum etwas in dieser Wüste, und doch ist sie der Schauplatz eines blutigen Konflikts, der über eine Million Menschen das Leben gekostet und noch weit mehr vertrieben hat. Bei den meisten bewaffneten Auseinandersetzungen unserer Zeit geht es um Öl, aber im Darfur-Konflikt geht es um eine Ressource, die noch weit kostbarer ist: Wasser.

Seit Menschengedenken leben in dieser Wüste zwei Bevölkerungsgruppen: arabische Hirtenvölker, die in diesem unfruchtbaren Landstrich Kamele, Pferde und Schafe züchten, und afrikanische Bauern, die hier Getreide anbauen. Wasser ist von jeher ein knappes Gut, um das häufig Konflikte entbrannt sind. Durch den

Klimawandel und die Erderwärmung hat sich die Lage in letzter Zeit noch verschärft, und in dem Konflikt, der früher mit Stöcken und Steinen, Schwertern und Speeren ausgetragen wurde, kommen nun dank der internationalen Rüstungsindustrie moderne Waffen zum Einsatz. Die internationalen strategischen Interessen mächtiger Nationen haben so zur weiteren Eskalation beigetragen.

Immer wieder sind brutale Kriege um Öl geführt worden – sei es in Afghanistan, im Irak, in Libyen oder Syrien –, aber während Menschen ohne Öl leben können, wenn auch vielleicht nicht so komfortabel, können sie ohne Wasser nur wenige Tage existieren. Das machte mir klar, dass die Kriege der Zukunft ein bisher unbekanntes Ausmaß an Gewalt annehmen könnten, wenn wir nichts unternehmen, um den Klimawandel in den Griff zu bekommen. Mir wurde bewusst, dass unser gegenwärtiges ökonomisches System, indem es auf den Profit um jeden Preis setzt, eine der Hauptursachen für bewaffnete Auseinandersetzungen ist. Indem ich über die Zusammenhänge von Entwicklung und Fortschritt nachdachte, wuchs in mir die Überzeugung, dass die Art und Weise, in der das Prinzip des Wirtschaftswachstums von den meisten internationalen Organisationen vorangetrieben wird, zu dem Ausmaß an Leiden und Zerstörung beiträgt, wie ich es an so vielen Orten gesehen habe. Also habe ich mir die Frage gestellt, ob es möglich ist, Entwicklung und Fortschritt auf eine Weise neu zu definieren, die wirklich dem Wohl aller Menschen und zugleich dem Wohl unseres Planeten dient.

Bei der Beschreibung des Bruttonationalglücks als eines alternativen Entwicklungsparadigmas werde ich auf diese Überlegungen noch zurückkommen. Bevor wir jedoch fortfahren, möchte ich Sie an einigen Gedanken zur Heiligkeit des Wassers teilhaben lassen.

Wasser ist Leben

Vor einigen Jahren durchquerte ich im Rahmen einer Mission für das Internationale Komitee vom Roten Kreuz eine Wüste im Mittleren Osten. Die Landschaft war öde und trostlos: Sand, Steine und Staub. In der Nacht fing es an zu regnen, und als wir unsere Reise am nächsten Morgen fortsetzten, wurden wir Zeugen eines kleinen Wunders: Nach und nach erschienen überall kleine Blüten und grüne Triebe, bis der Wüstenboden mit einem bunten, lebendigen Teppich aus Blumen bedeckt war. Dieses seltene Naturschauspiel rief mir eine grundlegende, aber nur zu oft vergessene Wahrheit in Erinnerung: Wasser ist der Ursprung allen Lebens.

Alle Lebensformen entspringen dem Wasser – einschließlich des Menschen, der als Embryo in einer Wasserblase im Mutterleib heranwächst. Als Wasserwesen sind wir Teil des irdischen Wasserkreislaufs und können uns auch dadurch der Tatsache bewusst werden, dass wir mit allen lebenden Wesen und dem Planeten selbst in einer engen Wechselbeziehung stehen.

Wenn wir uns fragen, warum die Erde der einzige Planet ist, der eine solche Vielfalt des Lebens beherbergt – vom einfachen Einzeller bis hin zum Menschen in seiner Komplexität –, dann finden wir den Grund darin, dass die Erde ein einzigartiges Gut besitzt, das kein anderer Planet im Universum in dieser Form aufzuweisen scheint: das Geschenk des Wassers. Wasser ist etwas, über das die Erde in erheblichem Maße verfügt und das die Grundlage allen Lebens bildet. Ohne Wasser wäre Leben in der uns bekannten Form unmöglich.

Wasser findet sich im Boden, in der Luft, die wir atmen, in Flüssen, Gletschern und Wolken. Wasser erfüllt die Meere und Ozeane und macht alles Leben auf dem Planeten erst möglich. Auch unser Körper besteht zum größten Teil aus Wasser. Beim Embryo macht der Wasseranteil 85 Prozent aus und beim Erwachsenen 70 Prozent. Und das gilt nicht nur für den Menschen, sondern für alle lebenden Wesen. Auch die Nahrung, die wir zu uns nehmen, besteht hauptsächlich aus Wasser: eine Tomate zu 95 Prozent und eine Kartoffel zu 78 Prozent.

Die schockierende Realität sieht heute aber so aus, dass mehr als eine Milliarde Menschen weltweit keinen Zugang zu sauberem Trinkwasser hat, was jedes Jahr fast zwei Millionen Todesopfer fordert, von denen die meisten Kinder sind. Gleichzeitig wollen multinationale Konzerne Wasser als Privatbesitz für sich reklamieren, um es als bloße Ware zu behandeln. Zusammen mit dem Klimawandel, der wachsenden Weltbevölkerung und der weltweiten Ausbreitung westlichen Konsumdenkens ergibt sich aus all dem der nächste Konflikt um Ressourcen, bei dem es dieses Mal um Wasser geht. Da Menschen und Tiere wie gesagt nun einmal nicht länger als ein paar Tage ohne Wasser überleben können, fällt es nicht schwer, sich auszumalen, welche Konsequenzen eine dramatische Wasserverknappung haben und welche Auswüchse der Gewalt sie nach sich ziehen könnte. Es liegt also auf der Hand, dass sich unser Verhältnis zum Wasser wandeln muss.

Ich glaube, wir müssen das Konfliktthema Wasser in einem größeren Zusammenhang sehen. Es ist lediglich ein Symptom dafür, dass sich die gegenwärtig vorherrschenden ökonomischen, sozialen, politischen und ideologischen Systeme von der Natur als Ganzes entfremdet haben. Diese Naturentfremdung zeigt sich in vielen Formen: in der Umweltzerstörung, in der Vergiftung des Bodens, des Wassers, der Luft, in der Ausbeutung und Misshandlung der Tiere.

Aber auch die Entfremdung unserer gegenwärtigen sozialen und ökonomischen Systeme von der Natur ist wiederum nur Ausdruck einer allgemeineren Tendenz: Denn die Entfremdung findet in Wahrheit in unserem eigenen Bewusstsein statt, und nur über unseren Geist kann die Verbindung zur Natur wiederhergestellt werden, nämlich durch die bewusste Übung der Achtsamkeit und des Mitgefühls. Die Achtsamkeit befähigt uns zu einer besseren Wahrnehmung dessen, was in uns und auch um uns herum vor sich geht, und das Mitgefühl ermöglicht es uns, weniger ausbeuterisch mit der Welt umzugehen. Wenn wir uns der grundlegenden Wechselbeziehung zwischen allen Lebensformen bewusst werden, erkennen wir auch, dass Wasser – als der Ursprung des Lebens – heilig ist und auch so behandelt werden muss.

Es steht außer Zweifel, dass unsere moderne Welt mit ihrer Wissenschaft und Technik beeindruckende Fortschritte erzielen konnte, die vielen Menschen ein besseres Leben beschert hat. Aber der Fortschritt hat auch seinen Preis: Durch die fast vollständige Ausrichtung auf die Befriedigung unserer materiellen Bedürfnisse haben wir viele andere Wertdimensionen aus den Augen verloren, die ebenso große Bedeutung besitzen, wie die psychologischen, sozialen, spirituellen und künstlerischen Aspekte unseres Menschentums. Und wir haben darüber vergessen, dass auch die materiellen Bedürfnisse des Menschen nicht auf Dauer zu erfüllen sind, wenn wir nicht das Wohl anderer Lebensformen und des Planeten selbst im Auge behalten.

Leider wird diese tiefere Wirklichkeit der gegenseitigen Abhängigkeit von den vorherrschenden Systemen im Großen und Ganzen nicht respektiert. Bei meinem letzten Aufenthalt in Vietnam wurde ich Zeuge eines verheerenden Beispiels für die Folgen dieser besinnungslosen Naturentfremdung: Seit Anfang April des Jahres 2016 wurden an den Küsten von vier zentralvietnamesischen Provinzen über eine Länge von rund 200 Kilometern Millionen tote Fische angeschwemmt. Laut einer am 5. Mai 2016 offiziell verkündeten Zahl hatte die Katastrophe mindestens 100 Tonnen Fische getötet.

Gleichzeitig ist es ermutigend zu sehen, dass es besonders unter jungen Menschen ein wachsendes Bewusstsein dafür gibt, wie dringend wir eine Lösung für unsere ökologischen Probleme finden müssen. Auch viele spirituelle Lehrer verschiedener Traditionen erheben dazu ihre Stimme und tragen so zu einem neuen Bewusstsein bei, das unsere Abhängigkeit von der natürlichen Umwelt respektiert. In einem seiner »Liebesbriefe an die

Erde« gibt der Zen-Meister Thich Nhat Hanh[10] ein Beispiel für diese Art spiritueller Führerschaft:

> »Liebe Mutter Erde,
> ich verneige mich vor Dir, da ich in tiefer Weise schauend erkenne, dass Du in mir gegenwärtig bist und ich ein Teil von Dir bin. Aus Dir bin ich geboren; Du bist immer gegenwärtig und bietest mir alles, was ich brauche, um mich zu ernähren und wachsen zu lassen. Auch meine Mutter, mein Vater und alle meine Vorfahren sind Deine Kinder. Wir atmen Deine frische Luft. Wir trinken Dein klares Wasser. Wir essen Deine kraftspendende Nahrung. Deine Kräuter heilen uns, wenn wir krank sind.
> Du bist die Mutter aller Wesen. Ich rufe Dich mit dem Menschennamen Mutter und weiß doch, dass Deine mütterliche Natur umfassender und älter als die Menschheit ist. Wir sind nur eine junge Gattung unter Deinen vielen Kindern. All die Millionen anderen Arten und Lebewesen, die auf Dir leben – oder gelebt haben –, sind ebenfalls Deine Kinder. Du bist keine Person, aber ich weiß, dass Du auch nichts Geringeres als eine Person bist. Du bist ein lebendes, atmendes Wesen in Gestalt eines Planeten.«

Es ist an der Zeit, unser Konzept von Entwicklung zu überdenken und uns neu zu orientieren: weg vom alles bestimmenden Prinzip des wirtschaftlichen Wachstums um jeden Preis und hin zu einem Denken, in dem das Glück aller Menschen und das Wohl aller Lebensformen im Zentrum stehen.

Wenn wir unsere Entwicklungsstrategie auf diese Weise neu definieren, wird nicht nur das Wasser, sondern der gesamte Planet mit all seinen Lebewesen die Chance haben, in neuer Kraft und Gesundheit zu erstrahlen.

Zufriedenheit versus Habgier: Von der Selbstfürsorge zur Fürsorge für den Planeten

»Im Wesentlichen bedeutet Nachhaltigkeit, Wohlstand und Umweltschutz auf eine Weise miteinander zu verbinden, die nicht zulasten künftiger Generationen und der Befriedigung ihrer Grundbedürfnisse geht. Eine nachhaltige Welt ist eine solche, in der die Menschen der Armut entkommen und einer sinnvollen Arbeit nachgehen können, ohne den grundlegenden Ökosystemen des Planeten zu schaden und dessen Ressourcen zu vernichten; in der Menschen ihre Gesundheit bewahren können und Zugang zu der Nahrung und den Wasservorräten haben, die sie zum Leben brauchen; in der jeder Zugang zu sauberer Energie hat, ohne damit zum Klimawandel beizutragen, und in der Frauen und Mädchen die gleichen Rechte und Chancen haben.«
Ban Ki-moon

Wie wir gesehen haben, zieht die Entfremdung von sich selbst eine Grundunzufriedenheit nach sich, die ihrerseits ein unstillbares Verlangen nach Erfüllung schafft, die durch äußere Mittel nicht zu erreichen ist. Das Suchtphänomen, das verbreitet in vielen verschiedenen Formen auftritt, ist ein Beispiel für diese Dynamik.

Hören wir noch einmal, wie sich dieser Zusammenhang im Erleben des kleinen Prinzen darstellt: Auf einem anderen Planeten begegnete der kleine Prinz einem Trinker, der von lauter Flaschen umgeben war. Auf die Frage, was er da tue, antwortete dieser, dass er trinke. »Aber warum?«, fragte der kleine Prinz. »Um zu vergessen«, entgegnete der Trinker. »Aber um was zu vergessen?«, fragte wieder der kleine Prinz. »Dass ich mich schäme«, war die Antwort. »Aber wofür schämst du dich?«, fragte der kleine Prinz. »Dafür, dass ich trinke«, antwortete daraufhin der Trinker.[11]

Zugleich liefert uns der kleine Prinz damit eine perfekte Beschreibung des Teufelskreises der Habgier. Aber die Habgier ist nicht nur eine Quelle großen Leidens für den Einzelnen, sie ist auch die Hauptursache für die Zerstörung der Umwelt und unseres Planeten. Ich schreibe diese Zeilen am 2. August 2018, und gestern, am 1. August, war der sogenannte Earth Overshoot Day. Er bezeichnet das Datum, an dem die Menschheit der Natur bereits alles entnommen hat, was der Planet innerhalb eines ganzen Jahres zu erneuern imstande ist. 2018 haben wir demnach die natürlichen Ressourcen, die die Erde innerhalb von zwölf Monaten bereitstellen kann, in nur sieben Monaten aufgebraucht. Das bedeutet, dass wir unseren Konsumbedarf von August bis Dezember auf Kosten der Biosphäre und künftiger Generationen decken werden. Diese unersättliche Gier ist eine direkte Konsequenz unserer Entfremdung von uns selbst und der Natur – die nur noch als »natürliche Ressource« wahrgenommen wird, als ein Mittel zum Zweck, um unser entgleistes und unablässig wachsendes Verlangen nach einem grenzenlosen »Mehr« zu erfüllen.

In allen alten Kulturen wusste man um die Wechselbeziehung aller Lebensformen untereinander, um den großen Zusammenhang des Lebens, und unsere Ahnen waren sich bewusst, dass sie nur eine Spezies unter vielen anderen sind, mit denen wir gemeinsam diesen Planeten bewohnen. Darüber hinaus wussten sie auch um die Heiligkeit der Erde – des Wassers, der Luft, des Feuers, der Flüsse, Berge, Meere und aller lebenden Wesen. Auch wenn der wissenschaftliche Kenntnisgewinn uns dazu befähigt hat, uns die Naturgesetze zunutze zu machen und die materiellen Abläufe zu beherrschen, ist uns darüber doch das Wissen um die Heiligkeit der Natur verloren gegangen – ein Vergessen, für das wir jetzt einen sehr hohen Preis zu zahlen beginnen. Tatsächlich steht heute möglicherweise das Überleben der nachfolgenden Generationen auf dem Spiel. Jedoch ist es bei alledem wichtig, sich klarzumachen, dass die eigentliche Ursache für diese Situation nicht in Regierungen oder multinationalen Konzernen liegt, sondern in unserem eigenen Bewusstsein. Indem wir wieder wahrhaftig mit uns selbst in Kontakt kommen und erkennen, dass wir mit allen Lebensformen in Wechselbeziehung stehen, treten wir erneut in den großen Zusammenhang des Lebens ein. So kann die grenzenlose Habgier sich allmählich in Dankbarkeit und Zufriedenheit verwandeln.

Darüber hinaus müssen wir bei unserer Suche nach Glück die tieferen Ursachen des Leidens verstehen lernen. Wir haben gesehen, dass die eigentliche Ursache dafür in der Entfremdung von uns selbst liegt und der Heilungsprozess damit beginnt, dass wir uns mit unseren tiefsten Sehnsüchten und unserem höchsten Potenzial in Verbindung setzen. Wie wir außerdem gesehen haben, schafft der mangelnde Kontakt mit uns selbst einen Bodensatz an Unzufriedenheit, aus dem eine unersättliche Habgier erwächst, die sich wiederum zerstörerisch auf die Umwelt und den gesamten Planeten auswirkt. Aber auch wenn die Entfremdung von der Natur vielleicht nicht so eindeutig als Leidensursache erfahren wird wie die Entfremdung von uns selbst, gibt es doch reichlich wissenschaftliche Belege für die negativen Auswirkungen, die die Naturentfremdung hat, und zwar insbesondere auf Kinder.

Das Natur-Defizit-Syndrom bedarf der Heilung

»Tausende von ausgelaugten, nervlich überreizten, überzivilisierten Menschen fangen an zu entdecken, dass ein Gang in die Berge bedeutet, nach Hause zu kommen. Unberührte Natur ist eine Notwendigkeit.«
John Muir

»Nature Deficit Disorder« oder »Natur-Defizit-Syndrom« ist ein von dem amerikanischen Journalisten Richard Louv geprägter Begriff, der für den Preis steht, den der Mensch für seine Entfremdung von der Natur bezahlt. Zu den Gründen für diese Entfremdung gehören: die rasante Ausweitung der elektronischen Kommunikation, mangelhafte Stadtplanung und das Verschwinden von Grünflächen, die Zunahme des Straßenverkehrs, die zunehmende Naturferne des Schulunterrichts und besorgte Eltern, deren Ängste durch die Medien geschürt werden.

Wie eine wachsende Zahl wissenschaftlicher Belege zeigt, trägt das Natur-Defizit-Syndrom zu einem verminderten Gebrauch der Sinne, zu Konzentrationsstörungen, Übergewicht und einer Zunahme seelischer und körperlicher Erkrankungen bei. Forschungen deuten ebenfalls darauf hin, dass der fehlende Naturbezug auch das ökologische Bewusstsein und das Verantwortungsbewusstsein gegenüber der Natur schwächt – Probleme, die im weiteren Sinne mit der von Gesundheitsexperten bemängelten »Inaktivitäts-Epidemie« und dem Wertverlust des eigenständigen Spiels in Verbindung stehen.

Das Natur-Defizit-Syndrom ist jedoch heilbar, und neuere Studien konzentrieren sich weniger auf das, was durch das Schwinden des Naturerlebens verloren geht, als darauf, was sich durch den verstärkten Kontakt mit Naturräumen gewinnen lässt, wozu auch größere Naturnähe in urbanen Umgebungen zählt. Der sorgsame Umgang mit der Natur kann nur dann zu einer Realität werden, wenn schon die Kinder ausreichend unmittelbaren Kontakt mit ihr haben. Denn es hat erhebliche Vorteile, wenn sie mehr Zeit in der Natur verbringen:

- *Die Kinder kommen besser miteinander aus.* Forschungen zeigen, dass Kinder, die in der Natur spielen, mehr positive Gefühle füreinander entwickeln. Offenbar fördert der Aufenthalt in einer natürlichen Umgebung die soziale Interaktion. In einer Studie zeigte sich, dass durch das gemeinsame Spiel in einer vielfältigen natürlichen Umgebung die Tendenz zum Mobbing nachlässt oder ganz verschwindet. Aus verschiedenen weiteren Studien geht außerdem hervor, dass gerade Kinder mit Aufmerksamkeitsstörungen und Lernschwierigkeiten am meisten vom Aufenthalt in der Natur profitieren.

- *Die Fantasie wird gefördert.* Kommen Kinder schon früh mit der Natur in Kontakt, hat das einen positiven Einfluss auf ihre Begeisterungsfähigkeit. Im Freien wird die Fantasie der Kinder stärker angeregt.
- *Die kognitiven Fähigkeiten werden verbessert.* Neugier und Staunen bieten Kindern starke Lernanreize. Wenn sie in einer natürlichen Umgebung spielen, werden die Spielinhalte reichhaltiger, und das kreative Spiel wiederum fördert das sprachliche Ausdrucksvermögen und die Teamfähigkeit. Der Aufenthalt in der Natur schult überdies das Denkvermögen sowie die Auffassungs- und Beobachtungsgabe.
- *Die Gesundheit wird gefördert.* Kinder, die regelmäßig in einer naturnahen Umgebung spielen, weisen eine bessere Körperbeherrschung im Sinne der Koordination, Balance und allgemeinen Beweglichkeit auf und werden weniger häufig krank.
- *Die Kinder stehen weniger unter Stress.* Der Aufenthalt in der Natur wirkt als Puffer gegen den Alltagsstress und hilft beim Umgang mit äußeren Widerständen und Hindernissen. Dabei nehmen diese positiven Effekte mit der Dauer des Aufenthalts in der Natur zu. Aufnahmefähigkeit und Kreativität werden geschult, und in den Kindern stellt sich ein Gefühl inneren Friedens und der Verbundenheit mit dem Planeten ein.
- *Die Kinder zeigen mehr seelische Reife.* Die größere Unabhängigkeit und Selbstbestimmung, die sich aus dem freien Spiel in der Natur ergibt, bewirkt einen Zuwachs an innerer Reife. Kinder, die intensiveren Kontakt mit der Natur haben, schneiden außerdem besser bei Tests zur Konzentrationsfähigkeit und Selbstdisziplin ab.
- *Die Kinder sind naturverbundener und eher bereit, ihre Umwelt zu schützen.* Wer Kinder dazu anleiten will, die Natur wertzuschätzen, muss ihnen die Möglichkeit bieten, sie auf ihre eigene Weise zu erkunden, muss ihnen Zeit und Gelegen-

heit geben, in die Natur und ihre Geheimnisse »einzutauchen«. So, wie eine perfekte Mutter es tun würde, empfängt die Natur uns alle mit offenen Armen.

In unserer Gemeinschaft in Huế, der Peaceful Bamboo Family, heißen wir in jedem Monat Hunderte von Schulkindern willkommen, die hier Gelegenheit haben, wieder in Kontakt mit der Natur zu kommen, indem sie den ökologischen Gartenbau kennenlernen. Die Erfahrungen damit zeigen, wie sehr Kinder sich dafür begeistern lassen, die Erde in die Hände zu nehmen, Gemüse zu setzen, den Garten zu pflegen und die Tiere zu füttern. Es ist eine zutiefst bewegende Erfahrung mitzuerleben, wie glücklich und fröhlich es die Kinder machen kann, wenn sie draußen in der Natur arbeiten. Auch wenn nicht jede Schule einen eigenen Gemüsegarten anlegen kann, so können doch zumindest in jeder Klasse auf den Fensterbänken Töpfe stehen, in denen Blumen, Kräuter und ein paar kleinere Gemüsesorten wachsen. Darüber hinaus könnten Schulen Partnerschaften mit Garten- und Landbaubetrieben in der Nähe eingehen, um dort wenigstens einmal im Jahr ein sogenanntes »Green Camp« zu organisieren.

Was für Kinder gilt, das gilt nicht minder für Erwachsene. Shinrin-yoku oder »Waldbaden« bedeutet, die Atmosphäre des Waldes in sich aufzunehmen. Der Begriff entstand in den 1980er-Jahren und wurde innerhalb der japanischen Medizin seither zu einem Eckpfeiler der Gesundheitsvorsorge und Heilkunde. Insbesondere japanische Forscher haben zu einem großen Fundus an wissenschaftlichen Veröffentlichungen beigetragen, der die positiven gesundheitlichen Effekte des Aufenthalts unter dem Blätterdach eines lebendigen Waldes belegt.

Dem liegt die einfache Beobachtung zugrunde, dass schon ein entspannter Spaziergang in einer natürlichen Umgebung einen beruhigenden, erholsamen und stärkenden Effekt auf Körper und Geist hat. Gewusst haben wir das freilich schon immer intuitiv, aber in den vergangenen Jahrzehnten konnten zahlreiche

Studien die Zusammenhänge aufzeigen, die hinter dem heilsamen Effekt des Aufenthalts in unberührter Natur stehen. Zu den wissenschaftlich erwiesenen positiven Wirkungen zählen unter anderen:

- Stärkung des Immunsystems,
- Senkung des Blutdrucks,
- Stressabbau,
- Stimmungsaufhellung,
- beschleunigter Heilungsverlauf nach Krankheit oder Operation,
- höheres Energieniveau und
- verbesserte Schlafqualität.

Übung: Shinrin-yoku oder Waldbaden

Die Übung ist wirklich sehr einfach und mit wenigen Worten beschrieben: Gehen Sie langsam im Wald spazieren, nehmen Sie dabei tiefe Atemzüge und öffnen Sie dabei all Ihre Sinne.

Wenn wir uns erneut mit der Natur verbinden, wirkt sich das auf dreifache Weise positiv aus: Zunächst kommen wir dadurch wieder mehr mit uns selbst in Kontakt. Sodann entwickeln wir durch den Umgang mit der Natur mehr Respekt vor unserer natürlichen Umwelt und lernen, für unseren kostbaren Planeten Sorge zu tragen. Und schließlich entwickeln wir dadurch – was ebenfalls sehr wichtig ist – mehr Anteilnahme an anderen, was der Gesellschaft insgesamt zugutekommt.

Von der inneren Verwandlung zum gesellschaftlichen Wandel

Bei unserer Frage danach, was wahres Glück ausmacht, haben wir gesehen, dass wir als Erstes zwischen oberflächlichen und kurzlebigen angenehmen Erlebnissen einerseits und dauerhaften und grundlegenden Bedingungen für ein glückliches Leben andererseits unterscheiden müssen – beziehungsweise zwischen *hēdonḗ* und *eudaimonía.*

Der französische Philosoph Paul Ricœur beschreibt als Ziel des menschlichen Daseins »ein gutes Leben mit anderen und für andere innerhalb fairer Institutionen«, und es scheint notwendig, dem hinzuzufügen: »im Einklang mit der Natur«.

Im ersten Teil des Buches haben wir unsere Aufmerksamkeit auf die inneren Bedingungen des Glücks gelenkt, was uns auch dazu geführt hat, einen Blick auf die Hauptursachen des Leidens zu werfen. Wahres Glück ist nicht zu erreichen, indem wir die Wirklichkeit des Leidens leugnen, sondern indem wir lernen, Leidenserfahrungen in bedeutungsvolle Lernerfahrungen zu verwandeln. Wenn der vietnamesische Zen-Meister Thich Nhat Hanh wiederholt sagt: »Ohne Schlamm kein Lotos«, so meint er damit, dass wir ohne Leidenserfahrungen nicht in der Lage wären, Mitgefühl zu entwickeln.

In der buddhistischen Tradition heißt es, dass jeder Buddha ein Buddhaland hat, als eine Emanation seines reinen Geistes, der so eine herrliche Landschaft voller Harmonie erschafft. In vielen Sutren werden diese Landschaften sehr detailreich beschrieben, als wunderschöne Gegenden unberührter Natur mit Bäumen, Blumen, klaren Bächen und all den vielen Lebewesen, die harmonisch in ihr zusammenleben.

Damit verbindet sich die Vorstellung, dass unser Planet Erde das Buddhaland des historischen Buddhas namens Gautama Shakyamuni sei. Einer wohlbekannten Legende zufolge soll Buddha einmal gefragt worden sein: »Wie kommt es, dass all die anderen Buddhas vollkommene Buddhaländer voller Frieden,

Harmonie und Glück haben, während dein eigenes Buddhaland, der Planet Erde, so voll von Leiden, Kriegen und Krankheiten ist?«, worauf der Buddha zur Antwort gab: »Mein Buddhaland ist der Ort, an dem ihr lernt, mitfühlend zu sein, denn wenn es kein Leiden gäbe, wer sollte da Mitgefühl und liebende Güte entwickeln können?«

Diese Anekdote macht deutlich, dass ein wesentlicher Aspekt der Suche nach dem Glück darin besteht, sich nicht vom realen Leben und den Problemen unserer Zeit abzuwenden. Vielmehr können wir nur dann hoffen, eine bessere Zukunft zu erschaffen, wenn wir diesen Problemen ins Auge sehen und lernen, sie zu verwandeln.

Wie wir gesehen haben, ist die erste Ursache des Leidens in einer gewissen Entfremdung von uns selbst zu suchen, die durch unsere moderne Lebensweise tendenziell noch verstärkt wird. Daher ist das Erste, um das wir uns auf unserem Weg zum Glück bemühen müssen, die Verbindung mit unseren tiefsten Sehnsüchten und unserem höchsten Potenzial wiederherzustellen und unser Leben und unsere Arbeit mit den Werten, die uns am Herzen liegen, in Einklang zu bringen.

Als ersten Schritt in diese Richtung haben wir die Notwendigkeit erkannt, zu entschleunigen, innezuhalten und den Blick nach innen zu wenden. Solange nämlich unser Bewusstsein permanent von äußeren Reizen abgelenkt ist, bleibt unsere Innenwelt fremdes und unbekanntes Terrain.

Sobald wir wieder mit uns selbst in Kontakt kommen, werden wir feststellen, dass wir schon mehr als genug haben und dass die Bedingungen, um zufrieden zu sein, bereits mehr als erfüllt sind. Es gibt so viele positive Aspekte unseres Lebens, die wir als selbstverständlich hinnehmen und die zu einer Quelle tiefer Dankbarkeit werden könnten: Wir haben Augen, um die Schönheit der Natur oder das Lächeln auf dem Antlitz unserer Angehörigen zu erblicken; wir haben Ohren, um dem Vogelgesang in der Morgendämmerung oder einer majestätischen Symphonie zu lauschen; wir haben Beine und Füße, um einen Gang in die Berge zu unternehmen; wir haben eine Zunge, um das volle Aroma einer reifen Frucht zu schmecken, die wir gerade von einem Baum gepflückt haben. Dankbarkeit schafft Zufriedenheit, und Zufriedenheit erlaubt uns, ein einfacheres, erfüllteres Leben zu führen, was wiederum zu einer Lebensweise »von eleganter Schlichtheit« führt – wie der indische Umweltaktivist Satish Kumar sagt –, die es nicht nötig hat, die Schätze der Natur zu plündern, sondern mit dieser im Einklang ist.

Indem wir die Verbindung mit uns selbst wiederherstellen, nehmen wir auch wieder Verbindung mit unserer Umwelt und unserem Planeten auf, erkennen den unermesslichen Reichtum der Natur und gelangen vom Bewusstsein des Mangels zum Bewusstsein der Fülle.

Die Wiederentdeckung der Heiligkeit aller Lebensformen bildet auch die Grundlage dafür, uns auf einer tieferen Ebene mit unseren Mitmenschen zu verbinden, als unseren Schwestern und Brüdern, die sich mit uns auf einer gemeinsamen Reise auf diesem so wunderschönen und doch verletzlichen Planeten befinden. Wie wir gesehen haben, ist das vertiefte Zuhören die Basis für alle anderen sozialen Kompetenzen; und um anderen auf tiefe Weise zuhören zu können, müssen wir auch in der Lage sein, uns selbst auf tiefe Weise zuzuhören.

Alle sozialen Systeme sind Schöpfungen des menschlichen Geistes; sie sind weder gottgegeben, noch beruhen sie auf Naturgesetzen, und weil wir sie erschaffen haben, sind wir auch in der Lage, sie zu verändern. Aber diese Veränderungen müssen in unserem eigenen Bewusstsein ihren Ausgangspunkt haben.

Unter den verschiedenen neuen Entwicklungsparadigmen ist das Bruttonationalglück wahrscheinlich das ganzheitlichste, da es sowohl die inneren als auch die äußeren Bedingungen für ein gesamtgesellschaftliches Glück berücksichtigt. Auch ist es das einzige alternative Gesellschaftssystem, das bereits auf nationaler Ebene umgesetzt und sogar in einer Landesverfassung verankert wurde.

Damit will ich keineswegs behaupten, dass man in Bhutan schon alle Ziele des Bruttonationalglücks erreicht hätte oder dass dessen Umsetzung in irgendeiner Form perfekt wäre. Vielmehr lässt sich Bhutan als eine Art »Labor« auf Landesebene betrachten, aus dessen Erfolgen wie Misserfolgen wir etwas lernen können.

Viele Ausländer, die zum ersten Mal nach Bhutan kommen, projizieren auf das Land die Fantasie von einem Paradies auf Erden, von einem im Himalaja verborgenen Shangri-La, aber diese Projektion wird der Realität des Landes nicht gerecht. Viele von uns hegen den Traum von einem vollkommenen Ort irgendwo auf Erden, an dem alle unsere Hoffnungen und Sehnsüchte in Erfüllung gehen, aber das ist nicht das, worum es uns in Bhutan geht. Bhutan ist ein kleines Land, das mit vielen Problemen zu kämpfen hat und gleichwohl versucht, mutig einen anderen Weg der Entwicklung zu beschreiten.

Wenn Wissenschaftler ein Laborexperiment durchführen, lernen sie dabei nicht nur aus ihren Erfolgen, im Gegenteil: Einen großen Teil des Wissenszuwachses verdanken sie dabei dem, was misslingt. Um also dem Experiment von Bhutan Gerechtigkeit widerfahren zu lassen, sollten wir ihm sowohl seine Erfolge als auch seine Mängel zugestehen, weil wir aus beidem eine Menge lernen können, wenn wir versuchen wollen, ein neues Entwicklungsparadigma in unterschiedlichen Kontexten zu verwirklichen.

Empathie, Mitgefühl, Wohltätigkeit und Großzügigkeit können zur Grundlage einer neuen sozialen und ökonomischen Ordnung werden, die sich zugleich als fair gegenüber allen heute auf der Erde lebenden Menschen und als nachhaltig im Hinblick auf das Wohl künftiger Generationen erweist.

Nachdem wir im ersten Teil des Buches einige Aspekte der inneren Verwandlung erkundet haben, die notwendig sind, um den Herausforderungen unserer Zeit zu begegnen, werden wir uns im zweiten Teil mit dem strukturellen Rahmen beschäftigen, der notwendig ist, um eine Umgebung zu schaffen, in der alle Menschen und ebenso alle anderen Lebensformen gedeihen können. Dazu betrachten wir sowohl das Bruttonationalglück, wie es als Gesamtkonzept in Bhutan umgesetzt wird, als auch einzelne Aspekte, die in anderen Kontexten zu verwirklichen sind – von Familien über kleinere Lebensgemeinschaften bis hin zum Bildungssystem, der Geschäftswelt oder ganzen Nationen.

Teil 2

Das Bruttonationalglück als ein neues Entwicklungsparadigma

Vom Bruttonationalprodukt (BNP) zum Bruttonationalglück (BNG)

Nach den Verheerungen des Zweiten Weltkriegs waren die Länder Europas in ihrer Wirtschaft und Infrastruktur schwer beschädigt. Aus diesem Grund stand der wirtschaftliche Wiederaufbau im Zentrum der politischen Bemühungen der damaligen Zeit. Und tatsächlich war die ökonomische Entwicklung Europas in den dreißig Jahren nach Ende des Krieges spektakulär. Aber bereits in den Sechzigerjahren begann eine junge Generation, ein Gesellschaftsmodell zu hinterfragen, das einseitig auf Wirtschaftswachstum und materiellen Fortschritt setzt und darüber andere Dimensionen des menschlichen Lebens wie psychologische, emotionale, soziale und spirituelle Bedürfnisse vernachlässigt. Die sogenannte 68er-Studentenrevolte war eine klare Botschaft, dass echtes Glück nicht durch eine rein materielle Bedürfnisbefriedigung zu erreichen ist.

Die Schwierigkeit, welcher sich die jungen Menschen damals gegenübersahen, bestand darin, dass es in der westlichen Welt keine glaubwürdige Alternative zu dem einseitigen materialistisch-kapitalistischen Modell gab. Daher wandten sich viele von ihnen dem Sozialismus und Kommunismus zu, ohne sich klarzumachen, dass trotz der scheinbaren Verschiedenheit der Ideologien das tatsächliche Ziel dasselbe war, nämlich Glück auf dem Weg materieller Befriedigung zu erreichen. Die tiefe Sehnsucht, die Millionen junger Menschen auf der ganzen Welt dazu brachte, die bestehende Gesellschaftsordnung zu hinterfragen, ergab sich, wie ich glaube, aus dem intuitiven Wissen, dass ein anderes Leben möglich ist: eines, das uns erlaubt, unsere höchsten Werte und größten Hoffnungen in unsere Arbeit und unser Leben einfließen zu lassen.

Es verdient Beachtung, dass Robert Kennedy – der damals als Präsident der Vereinigten Staaten kandidierte – im März 1968 in einer Rede[1] zum Ausdruck brachte, was seinerzeit viele so empfanden:

»Aber auch wenn wir daran arbeiten, die materielle Armut zu besiegen, erwartet uns doch noch eine andere, noch größere Aufgabe, die darin besteht, dem Mangel an Zufriedenheit – an Sinnerfüllung und einem würdevollen Leben – zu begegnen, der uns alle betrifft. Offenbar haben wir die Werte persönlicher Entfaltung und der menschlichen Gemeinschaft zu lange und zu gründlich der bloßen Anhäufung materieller Dinge zum Opfer gebracht. Unser Bruttonationalprodukt beträgt nun mehr als achthundert Milliarden Dollar im Jahr, aber dieses Bruttonationalprodukt – wenn wir die Vereinigten Staaten von Amerika danach beurteilen wollen –, dieses Bruttonationalprodukt schließt auch die Luftverschmutzung und die Zigarettenwerbung und die Rettungswagen ein, die unsere Autobahnen von den Unfalltoten befreien. In ihm sind die Sicherheitsschlösser für unsere Türen eingerechnet und die Gefängnisse für die Menschen, die sie aufbrechen. Es schließt die Zerstörung der Mammutbaumwälder ein und den Verlust unserer Naturwunder durch das regellose Wachstum der Städte. Es umfasst Napalmbomben und nukleare Sprengköpfe und die Panzerwagen, mit der die Polizei gegen die Krawalle in unseren Städten vorgeht. Es schließt die Fernsehprogramme ein, in denen Gewalt verherrlicht wird, um unseren Kindern Kriegsspielzeug zu verkaufen. Aber umgekehrt berücksichtigt es weder die Gesundheit unserer Kinder noch die Qualität ihrer Schulbildung noch ihre Freude am Spiel. Es erfasst weder die Schönheit unserer Dichtung noch die Dauerhaftigkeit unserer Ehen, weder die Intelligenz unserer öffentlich geführten Debatte noch die Unbestechlichkeit unserer Beamten. Weder unser Esprit noch unser Mut kommen in ihm vor, weder unsere Weisheit noch unsere Bildung, weder unser Mitgefühl noch unsere Treue gegenüber unserem

Land. Kurzum: Es misst alles außer dem, was das Leben lebenswert macht.«

In nur einem Satz verdeutlicht Robert Kennedy das grundlegende Problem des BNP: »*Kurzum: Es misst alles außer dem, was das Leben lebenswert macht.*« Darüber hinaus verweist er auf die beiden Grundunzulänglichkeiten des BNP als eines Maßstabs für den Entwicklungsstand einer Gesellschaft. Die erste besteht in der Voraussetzung, dass alles, was das Wirtschaftswachstum vermehrt, *per se* nützlich sei, obwohl sogar Simon Kuznets, auf den der Begriff des Bruttosozialprodukts zurückgeht, ausdrücklich sagte, dass »das Wohlergehen eines Landes schwerlich aus dem Nationaleinkommen herzuleiten« sei.[2]

Das BNP misst nichts als die nackte Wirtschaftsleistung eines Landes in Form von Produktion und Konsum und macht keinen Versuch, dabei den Raubbau an den natürlichen Ressourcen oder die Zerstörung der Umwelt miteinzubeziehen, und es kümmert sich weder um die Einkommensungleichheit noch um all die Übel, die diese mit sich bringt. Es unterscheidet nicht zwischen wohltätiger Wirtschaftsleistung (wie die Investition in Bildung, eine verbesserte medizinische Versorgung oder die Erneuerung von Infrastrukturen) und negativer Wirtschaftsleistung (wie die Kosten von Verbrechen und Verbrechensbekämpfung, Umweltverschmutzung und ökologische Schäden). Wie Robert Kennedy es klar benennt, werden Luftverschmutzung, Zigarettenwerbung, Napalmbomben und nukleare Sprengköpfe – trotz ihrer negativen Folgen für die Gesellschaft – ausnahmslos als positive Beiträge zum Wirtschaftswachstum gerechnet.

Um dafür ein Beispiel aus neuerer Zeit zu nennen: Vor einigen Jahren hat die Europäische Union entschieden, Drogen- und Menschenhandel in ihr BNP einzurechnen. Vom rein rationalen Standpunkt ökonomischen Denkens aus betrachtet ist das ein logischer Schritt, denn diese illegalen Aktivitäten bringen erhebliche finanzielle Transaktionen mit sich. Der weltweite

Drogenhandel wird auf einen Umfang von über 500 Milliarden Dollar geschätzt, während mit dem Menschenhandel schätzungsweise mehr als 150 Milliarden Dollar erwirtschaftet werden.[3] Mit der Einbeziehung der Gewinne aus dem Drogen- und Menschenhandel in das Bruttosozialprodukt der Mitgliedsländer der EU ergibt sich also eine erhebliche Zunahme des Wirtschaftswachstums. Zugleich liegt es natürlich auf der Hand, dass Zugewinne aus dem Drogen- und Menschenhandel nicht mit einem Zuwachs an Glück einhergehen, sondern mit einem Zuwachs an Leiden. Der erste grundlegende Mangel bei der Berechnung des BNP besteht also darin, dass sie wirtschaftliche Transaktionen mit einer negativen Auswirkung auf die Gesellschaft als positive, der Wirtschaft dienliche Größen erfasst.

Das andere Problem bei der Verwendung des BNP als alleiniger Messgröße besteht darin, dass es jede menschliche Aktivität außer Acht lässt, die nicht an eine finanzielle Transaktion geknüpft ist. Wir alle wissen aus eigener Erfahrung, wie wichtig Freundschaft und Liebe oder auch nur ein Gang in der Natur im Sinne der Steigerung unseres Wohlbefindens sein können. Aber nichts davon wird im BNP berücksichtigt, weil dabei keine finanzielle Transaktion im Spiel ist. Um ein praktisches Beispiel zu geben: Nehmen wir an, ein Elternpaar entscheidet sich dazu, die Gesundheit und das Wohlergehen seiner Kinder an erste Stelle zu setzen, und reduziert daher die Zahl seiner Arbeitsstunden, um mehr Zeit zu Hause verbringen zu können. Vielleicht gehen diese Eltern lieber mit ihren Kindern im Wald spazieren, anstatt ihnen Smartphones oder Tablets in die Hand zu geben, um damit zu spielen, oder sie schaffen den Fernseher ab, um stattdessen Spieleabende zu veranstalten oder gemeinsam etwas zu lesen. Vielleicht kaufen sie auch frisches Biogemüse auf dem Markt und nehmen sich Zeit, zu Hause gesunde Mahlzeiten zu kochen, damit die Kinder innerhalb einer harmonischen familiären Atmosphäre in körperlicher und seelischer Gesundheit aufwachsen können. All diese Bemühungen klingen nach einem gesunden und heilen Familienleben, aber da sie nur sehr wenig zum BNP des Landes beitragen, finden sie darin keine Berücksichtigung.

Nehmen wir nun ein dazu entgegengesetztes Beispiel. Denken wir uns eine Familie, die sich genau umgekehrt verhält: Beide Elternteile arbeiten so viel wie möglich, um mehr Geld zu verdienen, und haben so wenig Zeit für ihre Kinder, dass sie zu deren Betreuung eine Hilfe einstellen müssen. Jeden Abend kommen sie erschöpft nach Hause und lassen die Kinder lieber vor dem Fernseher hocken oder sich mit einem Videospiel beschäftigen, anstatt Zeit mit ihnen zu verbringen. Um Zeit für das Kochen einzusparen, bestellen sie sich bei einem Lieferservice Fast Food nach Hause. Als Folge dieses Lebensstils zeigen sich bei den Kindern wahrscheinlich irgendwann körperliche oder seelische Probleme, mit denen sie dann bei verschiedenen Therapeuten landen, und um etwas von dem Stress loszuwerden, nehmen die Eltern vielleicht Medikamente oder lassen sich eventuell sogar scheiden, weil es keine echte Kommunikation mehr zwischen ihnen gibt und auch keine gemeinsam verbrachte Zeit. Aber obwohl dieses letztere Szenario ziemlich trostlos wirkt, trägt dieses Elternpaar aus dem Blickwinkel des BNP weit mehr zum Wirtschaftswachstum bei. Sein zusätzlich erwirtschaftetes Einkommen verwendet es unter anderem darauf, Unterhaltungselektronik anzuschaffen, eine Babysitterin einzustellen, teure Therapeuten zu bezahlen und die hohen Rechnungen der Scheidungsanwälte zu begleichen.

Auch wenn die beiden Szenarien etwas von einer Karikatur haben mögen, verdeutlichen sie doch grundlegende Aspekte der Problematik, wie sie der Berechnung des BNP zu eigen ist, das weit davon entfernt ist zu messen, was das Glück und das Wohlergehen der Menschen und des Planeten ausmacht.

Es ist sehr wichtig, sich klarzumachen, dass der Maßstab, den wir bei der Bewertung von Entwicklung zugrunde legen, eine sehr große Rolle bei der Art unserer Entscheidungen spielt. »Was wir zählen, das zählt«, denn was wir messen, ist das, worauf wir unser Augenmerk richten und was damit unseren Entscheidungsprozessen die Richtung vorgibt. Hinter vielen politischen Entscheidungen steht als treibende Kraft die einseitige Fixierung auf das wirtschaftliche Wachstum; und welchen anderen Zweck hätte die Ausbeutung der natürlichen Ressourcen des Planeten haben sollen, wenn nicht das wirtschaftliche Wachstum? Weil aber unsere Aufmerksamkeit so vollständig den Wachstumsfaktoren der Wirtschaft zugewandt ist, werden die schädlichen Nebenwirkungen dieser Entscheidungen zumeist übersehen. Eine der grundlegenden Bedingungen gesellschaftlichen Wandels besteht also darin, den Fortschritt einer Gesellschaft in einer ganzheitlicheren Weise zu erfassen. Da das BNP als Messinstrument dient, können wir es nicht einfach durch eine neue Vision oder einen anderen Wertbegriff ersetzen; sondern wir müssen ein alternatives Messinstrument entwickeln, um es dem BNP als Ergänzung zur Seite zu stellen. Das Bruttonationalglück ist daher nicht nur ein Entwicklungsparadigma, sondern auch ein Indikationssystem, das ein ganzheitliches Verständnis der Entwicklung einer Gesellschaft ermöglichen kann.

Entstehung und Konzept des BNG

Die Geschichte ließe sich wie ein Märchen erzählen: »Vor langer Zeit lebte einmal ein junger Prinz in einem fernen Königreich hinter sieben Meeren und sieben Bergen ...«

Jigme Dorji Wangchuck (1929–1972), der dritte König von Bhutan, regierte das Land zwanzig Jahre lang und gilt als Vater des modernen Bhutan. Ihm gelang nicht nur die Umstrukturierung von Gesellschaft und Regierung, sondern er gewährleistete auch die Unabhängigkeit und Sicherheit des Landes, indem er internationale Geldgeber gewann und Beziehungen zu anderen Ländern aufbaute. Außerdem reformierte er das Bildungssystem und führte die westliche Wissenschaft und Technologie ein, während er zugleich die traditionelle Kultur Bhutans bewahrte und förderte. Nach seinem plötzlichen Tod im Jahre 1972 wurde sein Sohn Jigme Singye Wangchuck (geboren 1955) der vierte König von Bhutan. Als er mit nur siebzehn Jahren den Thron bestieg, war dem jungen König klar, dass er nicht wusste, wie er sein Land regieren solle. Zu wissen, dass man nichts weiß, ist den alten Weisen zufolge der Beginn der Weisheit, und so gesehen stellte der neue König trotz seiner jungen Jahre eine große Weisheit und Reife unter Beweis. Während der folgenden zwei Jahre bereiste er das ganze Land, meist zu Fuß, da das Königreich von Bhutan in den frühen Siebzigerjahren nur wenige von Autos befahrbare Straßen aufzuweisen hatte. So ging er von Dorf zu Dorf, von Kloster zu Kloster – und hörte, was seine Untertanen ihm zu sagen hatten, ließ sich von ihren Wünschen und Hoffnungen berichten und dem, was sie sich von der Zukunft erwarteten.

Als im ersten Teil des Buches von den inneren Bedingungen der Glücksfähigkeit die Rede war, habe ich auch das vertiefte Zuhören als eine grundlegende Sozialkompetenz angesprochen. Leider scheint die Fähigkeit zum Zuhören unter Politikern und Führungspersönlichkeiten nicht sehr ausgeprägt zu sein, weil sie oftmals glauben, dass es in Spitzenpositionen vielmehr darauf ankomme, zu reden und den Ton anzugeben. Daher könnten viele unserer heutigen politischen Führer sich ein Beispiel an dem jungen König nehmen, der sich die Zeit nahm, dem Volk zuzuhören, bevor er seiner Regentschaft eine klare Richtung gab.

Als er aus den vielen Aussagen, die er vernommen hatte, die Bilanz zog, stellte er fest, dass all die verschiedenen Menschen viele unterschiedliche Dinge wollen – Frauen und Männer, Junge und Alte, Städter und Landbewohner –, mit all ihren so verschiedenartigen Träumen, Hoffnungen und Zielen. Was aber alle miteinander gemein haben, ist der Wunsch, glücklich zu sein und Leiden von sich fernzuhalten. So entschied der junge König, dass unter seiner Regentschaft das Glück aller Menschen und das Wohlergehen aller Lebewesen das höchste Ziel sein sollen.

An sich war das keine neue Einsicht. Ob Buddha oder Aristoteles: Die größten Denker der Menschheit sind zu ähnlichen Schlussfolgerungen gekommen. Das Neuartige daran war, aus dieser Grundidee eine politische Philosophie – ein Paradigma – zu entwickeln. Allerdings dauerte es mehrere Jahrzehnte, um den Weg von einer umfassenden Vision des Glücks zu einem konkreten politischen und gesellschaftlichen Konzept zurückzulegen, und er konnte nur Schritt für Schritt realisiert werden. Schon früh jedoch definierte der junge König das BNG in einem einzigen Satz, als er in Indien von einem Journalisten in einem ziemlich sarkastischen Tonfall zur wirtschaftlichen Entwicklung seines Landes interviewt wurde. Der Journalist war sich dabei sehr wohl bewusst, dass Bhutan ein sehr bescheidenes BNP vorzuweisen hatte, zumal im Vergleich mit einem großen Land wie Indien, woraufhin der junge König entgegnete: »Das Bruttonationalglück ist wichtiger als das Bruttonationalprodukt.«

Wie ein Samenkorn, in dem die ganze spätere Entwicklung des Bruttonationalglücks angelegt ist, verweist dieser eine Satz auf die einfache, aber tiefe Wahrheit, dass die wirtschaftliche

Entwicklung eines Landes nicht Selbstzweck ist, sondern nur ein Mittel, um das zu erreichen, was wahrhaftig wichtig ist, nämlich Glück und Zufriedenheit.

Kehren wir zu unseren Überlegungen zum BNP zurück, so gelangen wir zu der Einsicht, dass exakt hierin, in der Verwechslung des Mittels mit dem Zweck, das Grundproblem liegt. Das wird noch deutlicher, wenn wir die Sache aus einer persönlichen Perspektive betrachten. Wenn wir nach dem Grund dafür fragen, warum so viele Menschen nach mehr Geldbesitz streben, dann stellen wir fest, dass ein größeres Vermögen ein besseres Leben ermöglichen soll – mehr Komfort, Sicherheit und Absicherung, eine bessere Ausbildung für die Kinder und so weiter. Der Geldbesitz ist also ein Mittel zur Verwirklichung einer höheren Lebensqualität. Seltsamerweise verlieren wir dabei aber das glücklichere Leben als eigentliches Ziel häufig aus den Augen, und die Anhäufung von Besitz wird zum Selbstzweck, auch wenn er auf Kosten unserer Zufriedenheit, unserer Gesundheit und des Glücks unserer Angehörigen geht.

Auch auf nationaler Ebene spielt das Wirtschaftswachstum offensichtlich eine sehr große Rolle, insbesondere dann, wenn ein Land nicht in der Lage ist, den elementaren materiellen Bedürfnissen seiner Bewohner gerecht zu werden. Aber innerhalb der reichen Industrieländer ist es offenbar nicht leicht, die Frage zu stellen: »Wie viel ist genug?« Weil sie außerstande sind, dafür eine Grenze zu benennen, verfolgen Einzelne, Unternehmen und Nationen das Ziel eines endlosen Wachstums, das ab einem gewissen Punkt keinen Zuwachs mehr an Glück und Zufriedenheit mit sich bringt, sondern sich im Gegenteil zerstörerisch auf den Menschen und den Planeten auswirkt.

In allen alten Weisheitslehren wusste man um die Bedeutung von Zufriedenheit und Mäßigung. Außer der berühmten Maxime »Erkenne dich selbst« trug der Apollotempel von Delphi noch eine andere Inschrift: »Nichts im Übermaß«. Auch in der buddhistischen Weisheitslehre spricht man von dem mittleren

»edlen« Pfad, der in der Mitte zwischen Askese und dem ausschweifenden Sinnengenuss verläuft. In gewisser Weise ist das Bruttonationalglück also eine alte Weisheit in moderner Neuformulierung für unsere Zeit.

Von der ursprünglichen Eingebung des jungen Königs war es ein langer Weg zu einem schlüssigen gesellschaftlichen, politischen und ökonomischen Konzept, auf dem viel Forschungs- und Experimentierarbeit geleistet werden musste. Im Jahr 2011 formulierte schließlich der damalige bhutanische Ministerpräsident Jigme Y. Thinley sein Verständnis des BNG wie folgt:

> »Das BNG oder Bruttonationalglück ist die Philosophie, die den Entwicklungsprozess Bhutans seit nunmehr vierzig Jahren angeleitet hat. Es basiert auf dem Glauben, dass Entwicklung einem Zweck dienen muss und dass die Rolle der Entwicklung nicht darin bestehen kann, ein permanentes und grenzenloses Wirtschaftswachstum zu fördern, wie es das BNP oder herkömmliche Wirtschaftsmodelle tendenziell tun. Wir leben in einer begrenzten Welt und Umwelt, und daher kann es Wachstum nur innerhalb gewisser Grenzen der natürlichen und gesellschaftlichen Ressourcen und so weiter geben. Darum basiert das BNG auf dem Glauben, dass Entwicklung den Menschen ins Zentrum stellen und ihr Ziel darin bestehen muss, die Bedingungen dafür zu schaffen, dass der Einzelne erreichen kann, was ihm am wichtigsten ist, und das ist nun mal das Glück.
>
> Wir glauben, dass Glück ein erreichbarer Zustand ist, wenn es uns gelingt, die körperlichen, seelischen und geistigen Bedürfnisse des Einzelnen miteinander in Einklang zu bringen und gleichermaßen für ein ausgewogenes Verhältnis zwischen den spirituellen und materiellen Bedürfnissen des Menschen zu sorgen. Daher stellt das BNG einen ganzheitlichen, nachhaltigen und umfassenden Ansatz dar, bei dem der Mensch im Mittelpunkt steht. Mehr als je zuvor sind die Men-

schen heute unzufrieden mit den Ergebnissen einer Wirtschaftspolitik, die nicht mehr tragbar ist, und sie sehen im BNG ein Entwicklungsparadigma, das dazu eine Alternative bietet.«[4]

Das BNG außerhalb Bhutans

Bis zum Beginn des 21. Jahrhunderts blieb die Idee des BNG auf die Landesgrenzen des kleinen Königreichs Bhutan beschränkt. Nur sehr wenige Menschen hatten bis dahin davon gehört, und wer davon wusste, hielt es für die exotische Utopie eines kleinen buddhistischen Königreichs im Himalaja, die wenig mit der realen Welt internationaler Politik und Wirtschaft zu tun hatte.

Verschiedene Gründe mögen dazu beigetragen haben, ein breiteres Interesse am Bruttonationalglück zu wecken. Als Erstes sind hier die Erderwärmung, der Klimawandel und die ökologischen Probleme zu nennen, die allmählich mehr ins Bewusstsein einer größeren Öffentlichkeit gerückt waren, und zweifellos hat Al Gore mit seiner Filmdokumentation »Eine unbequeme Wahrheit« stark zu dieser Bewusstseinsbildung beigetragen. Zweitens hat die Bankenkrise des Jahres 2008 deutlich gemacht, wie wenig nachhaltig unser gegenwärtiges Wirtschaftssystem ist, und immer mehr Menschen dazu gebracht, über die Notwendigkeit eines neuen ökonomischen Paradigmas nachzudenken. Drittens hat durch die Glücksforschung der Diskurs über das Glück zunehmend an wissenschaftlicher Legitimation gewonnen, und am 19. Juli 2011 verabschiedete die Generalversammlung der Vereinten Nationen die folgende Resolution (65/309):

»*Die Generalversammlung,*
eingedenk der in der Charta der Vereinten Nationen verankerten Ziele und Grundsätze der Vereinten Nationen, zu denen die Förderung des wirtschaftlichen und sozialen Fortschritts aller Völker gehört,
in dem Bewusstsein, dass das Streben nach Glück ein grundlegendes menschliches Ziel ist,
sich dessen bewusst, dass Glück als universelles Ziel und Bestreben den Geist der Millenniums-Entwicklungsziele verkörpert,

in der Erkenntnis, dass der Indikator »Bruttoinlandsprodukt« seinem Wesen nach nicht darauf angelegt war, das Glück und das Wohlbefinden der Menschen in einem Land zu messen, und dass er sie auch nicht angemessen erfasst,
in dem Bewusstsein, dass nicht nachhaltige Produktions- und Konsummuster die nachhaltige Entwicklung hemmen können, und in Anbetracht der Notwendigkeit eines inklusiveren, gerechteren und ausgewogeneren Konzepts für Wirtschaftswachstum, das die nachhaltige Entwicklung, die Armutsbeseitigung, das Glück und das Wohlbefinden aller Völker fördert,
in Anerkennung der Notwendigkeit, die nachhaltige Entwicklung zu fördern und die Millenniums-Entwicklungsziele zu erreichen,

1. *bittet* die Mitgliedstaaten, zusätzliche Maße zu entwickeln, die die Bedeutung des Strebens nach Glück und Wohlbefinden bei der Entwicklung besser erfassen, damit sie sich in ihrer nationalen Politik davon leiten lassen;
2. *bittet* diejenigen Mitgliedstaaten, die Initiativen zur Erarbeitung neuer Indikatoren und andere Initiativen ergriffen haben, diesbezügliche Informationen als Beitrag zur Entwicklungsagenda der Vereinten Nationen, einschließlich der Millenniums-Entwicklungsziele, an den Generalsekretär weiterzugeben;
3. *begrüßt* das Angebot Bhutans, während der sechsundsechzigsten Tagung der Generalversammlung eine Podiumsdiskussion zum Thema Glück und Wohlbefinden abzuhalten;
4. *bittet* den Generalsekretär, die Auffassungen der Mitgliedstaaten und der maßgeblichen regionalen und internationalen Organisationen zum Streben nach Glück und Wohlbefinden einzuholen und der Generalversammlung auf ihrer siebenundsechzigsten Tagung zur weiteren Behandlung zu übermitteln.«[5]

Auf einmal war das Bruttonationalglück von einer exotischen Utopie zum Gegenstand einer internationalen Resolution der Vereinten Nationen avanciert. Am 2. April 2012 lud die Königliche Regierung von Bhutan zu einer hochrangigen Konferenz an den Sitz der Vereinten Nationen in New York ein und entsprach damit dem in der UN-Resolution formulierten Beschluss. Wie ich schon in der Einführung beschrieb, war die Teilnahme an dieser Zusammenkunft meine erste Amtshandlung als Programmdirektor des BNG-Zentrums von Bhutan, in deren Verlauf ich auch meine erste denkwürdige Begegnung mit dem damaligen bhutanischen Ministerpräsidenten Jigme Y. Thinley hatte. Am Tag vor der UN-Versammlung hatte das Earth Institute der Columbia University unter der Leitung von Professor Jeffrey Sachs ein internationales Gremium aus achtzig namhaften Fachleuten aus dem Bereich der Glücksforschung einberufen. Es war ein eintägiges Treffen, bei dem die Teilnehmer nacheinander die Ergebnisse ihrer wissenschaftlichen Forschungen vortrugen. Der stärkste Eindruck, der mir davon noch in Erinnerung ist, war wohl die Einsicht, dass wir das Phänomen Glück nicht durch die Optik einer einzigen wissenschaftlichen Disziplin verstehen können, sondern nur durch einen interdisziplinären, wenn nicht transdisziplinären Ansatz. Weder Psychologie noch Soziologie noch Ökonomie oder Neurowissenschaft können für sich allein ein brauchbares Verständnis der inneren und äußeren Bedingungen von Glück und Wohlbefinden liefern. Für mich war das eine wichtige Erkenntnis, weil sie mich in der Überzeugung bestärkte, dass wir – wenn wir das Glücksprojekt voranbringen wollen – den Rahmen für einen intensiven, offen geführten Dialog schaffen müssen, der über das begrenzte Wissen einzelner Disziplinen hinausreicht, um uns das Wesen Mensch in seiner Ganzheit zu betrachten, einschließlich der Biosphäre als der elementaren Lebensgrundlage aller Wesen.

Am folgenden Tag, dem 2. Mai 2012, wurde die UN-Konferenz zum Thema »Glück und Wohlbefinden – die Definition eines ökonomischen Paradigmas« im Hauptgebäude der Vereinten Nationen abgehalten, und wiederum war ein besonderes Merkmal der Konferenz die bunte Mischung der Teilnehmer: Unter ihnen waren sowohl Staatsoberhäupter, Minister, Nobelpreisträger und Ökonomen als auch Philosophen und spirituelle Führer. Der damalige UN-Generalsekretär Ban Ki-moon veranstaltete die Tagung zusammen mit dem Ministerpräsidenten von Bhutan und dem Präsidenten von Costa Rica. Nach vielen Jahren eines isolierten Daseins hatte das Bruttonationalglück die Weltbühne betreten.

Das Grundkonzept des Bruttonationalglücks

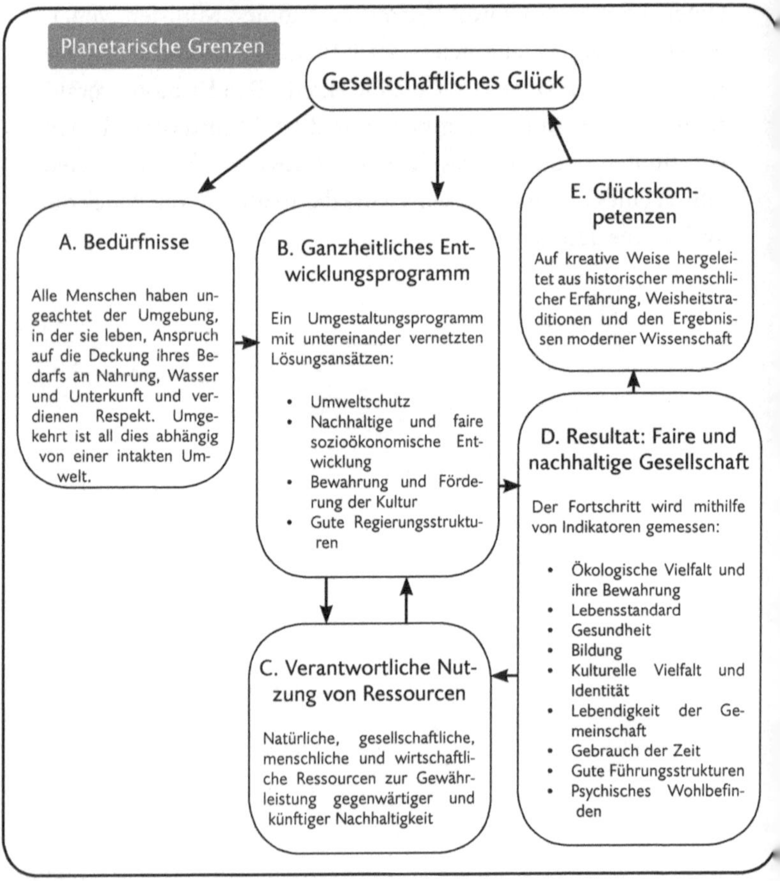

Ein wichtiges Ergebnis dieser UN-Konferenz war die Bildung einer Arbeitsgruppe aus internationalen Fachleuten, welche die Aufgabe hatten, für die UN einen Bericht zum Thema »Glück und Wohlbefinden: Auf dem Weg zu einem neuen Entwicklungs-Paradigma«[6] zu verfassen. Fast zwei Jahre lang arbeitete dieses Gremium aus namhaften Experten zusammen, um mit vereinter Kraft ein schlüssiges Konzept zu erstellen, das auch außerhalb von Bhutan nachvollziehbar und umsetzbar wäre. Dieser Bericht spielte eine bedeutsame Rolle bei der Abfassung der »Ziele für nachhaltige Entwicklung« (Sustainable Development Goals, SDG), die von der UN als Ersatz für die »Millenniums-Entwicklungsziele« (Millennium Development Goals, MDG) formuliert wurden. Einer der wichtigsten Unterschiede besteht darin, dass die »Millenniums-Entwicklungsziele« hauptsächlich dazu bestimmt waren, von den sogenannten »Entwicklungsländern« umgesetzt zu werden, wobei man von der Voraussetzung ausging, dass die sogenannten »entwickelten Länder« diese Ziele bereits erreicht hatten. Die »Ziele für nachhaltige Entwicklung« hingegen gelten für alle Länder, einschließlich der »entwickelten«, da sie auf der Einsicht beruhen, dass es gerade die führenden Volkswirtschaften sind, die am meisten zu einer Entwicklung beitragen, die nicht nachhaltig ist.

Aber werfen wir einen Blick auf einige der Hauptergebnisse des Bhutan-Berichts. Das neue Entwicklungsparadigma beruht auf zwei Grundvoraussetzungen: 1. dem universalen Ziel des Strebens nach Glück und 2. der Existenz planetarischer Grenzen. Dieses neue Paradigma unterscheidet sich von dem gegenwärtigen insofern, als es die Nachhaltigkeit zum Hauptanliegen macht und die Richtung der Entwicklung so korrigiert, dass dabei das Leben – des Menschen, aller anderen Spezies und der Erde – Wertschätzung erfährt und an oberster Stelle steht. Die Prinzipien des neuen Paradigmas lauten wie folgt:

1. *Transformation unseres Wertesystems:* Die Orientierung weg von einem Denken, in dem die Produktion und der Konsum von Wirtschaftsgütern als die wichtigsten Dimensionen der Gesellschaft angesehen werden, und hin zu einem Denken, das die psychologischen, emotionalen und spirituellen Bedürfnisse des Menschen sowie die grundlegende Würde aller Lebewesen ins Zentrum der Entwicklung stellt.
2. *Überprüfung des Entwicklungsziels:* Anscheinend haben wir

vergessen, dass Wirtschaftswachstum, Geldbesitz und materielle Güter nur Mittel zum Zweck sind, der darin besteht, Glück, Wohlbefinden und Lebensqualität zu steigern. Der gegenwärtige Entwicklungstrend neigt dazu, das Wirtschaftswachstum und die Anhäufung materieller Güter als Selbstzweck zu betrachten, ohne Rücksicht darauf, ob dieses Wachstum tatsächlich zum vermehrten Glück und Wohlbefinden aller Menschen und Lebewesen beiträgt.

3. *Neuorientierung im Sinne der Dienlichkeit:* Darin kommen zwei Bedeutungen zum Ausdruck: erstens die Tatsache, dass wir uns bei der Produktion materieller Güter bisher vor allem darauf konzentriert haben, sie bereitzustellen, anstatt zu erwägen, wozu diese Dinge überhaupt gut sind. Als Folge davon sind wir überhäuft mit Produkten, die oft schnell veralten und nach Ersatz verlangen. Zweitens bedeutet die Orientierung im Sinne der Dienlichkeit, die eigene Arbeit unter dem Aspekt ihres Beitrags zum Allgemeinwohl zu sehen. Im gegenwärtigen ökonomischen Modell wird Arbeit als ein notwendiges Übel betrachtet, woraus die Überzeugung folgt, dass Menschen bestrebt sind, ihren Profit zu maximieren und ihren Arbeitseinsatz auf ein Minimum zu reduzieren. Das wiederum führt zu einem selbstsüchtigen Konkurrenzdenken anstatt zu einer Haltung der Großzügigkeit, Selbstlosigkeit und Wohltätigkeit. Wenn wir das eigene Leben betrachten, stellen wir vielleicht fest, dass die finanzielle Vergütung nur einer der Gründe ist, warum wir arbeiten. Der tiefere Sinn unserer Arbeit besteht darin, anderen dienlich zu sein und somit unserem Dasein Sinn zu verleihen.
4. *Anerkennung unserer Allverbundenheit:* Die westliche Gesellschaft hat sich auf der Grundlage eines dualistischen Weltbilds entwickelt, das Geist und Materie, Subjekt und Objekt und vor allem Mensch und Natur als getrennt begreift. In Wirklichkeit stehen wir als menschliche Spezies mit der Natur und unseren Mitmenschen in enger Wechselbeziehung. Das Phänomen der Globalisierung und die verheerenden

Auswirkungen unseres Wirtschaftsprinzips auf die Biosphäre (durch Klimawandel, Ausbeutung von Ressourcen, Ausrottung von Arten und mehr) machen diese Abhängigkeit heute weit deutlicher als zu Lebzeiten irgendeiner anderen Generation vor uns. Da wir mit keinem unserer Eingriffe in einem Vakuum agieren, müssen wir, um mit unseren Mitgeschöpfen koexistieren zu können, die Ursachen und Folgen unserer täglichen Handlungs- und Wirtschaftsweise erkennen. In einer Zeit, in welcher der Nationalismus offenbar wieder auf dem Vormarsch ist, müssen wir uns der Tatsache bewusst werden, dass dieses »Wir« weder in einer Nation besteht noch in einer Rasse noch einer religiösen Gruppierung, sondern in den mehr als siebeneinhalb Milliarden Menschen, die sich auf einer gemeinsamen Reise auf diesem so herrlichen wie zerbrechlichen Planeten, unserer Mutter Erde, befinden.

5. *Ethos der Zusammenarbeit:* Ausgehend von der Erkenntnis, dass wir alle Teil eines einzigen großen Zusammenhangs sind, müssen wir zu einer neuen Grundhaltung als Richtschnur für jedes menschliche Handeln finden, nämlich die der Kooperation und Solidarität. Innerhalb der geltenden Wirtschafts- und Sozialordnung hingegen heißt die Losung Wettbewerb, aber diese Mentalität führt zwangsläufig zu mehr Zerstörung, zu mehr Gewalt und wird letztlich zur Bedrohung für das Überleben unserer eigenen Spezies und aller anderen Lebensformen.

Die vier Säulen des BNG

Was uns das BNG als Alternative zu bieten hat, ist ein neues Paradigma, auf dessen Grundlage wir andere Entwicklungsansätze erkunden können. In diesem Modell ist die Vision von einem gesellschaftlich verankerten Glück in eine weitere Perspektive gerückt, um menschlichen Fortschritt im Rahmen der planetarischen Grenzen zu sehen und somit den Bedürfnissen aller Menschen gerecht zu werden, anstatt nur einiger weniger. Betrachten wir uns das Gesamtkonzept des Bruttonationalglücks etwas genauer, können wir darin vier tragende »Säulen« oder Grunddimensionen erkennen:

1. *Schutz der Umwelt und Bewahrung der Natur:* Inzwischen sollte klar geworden sein, dass die Grundlage eines jeden Entwicklungsplans nur in der Gesunderhaltung und Bewahrung der gesamten Biosphäre bestehen kann. Eine gesunde Umwelt ist nicht nur für das Überleben der Menschheit, sondern aller Lebewesen von entscheidender Bedeutung. Für den Schutz des Planeten benötigen wir entsprechende Strukturen, Grundsätze und politische Strategien wie:

   - die konsequente Anwendung des Vorsorgeprinzips sowie
   - Investitionsmechanismen zur Förderung von Naturräumen, geeigneten Technologien, erneuerbaren Energien, nachhaltigen Infrastrukturen und der ökologischen Landwirtschaft sowie zur Behebung bereits eingetretener Schäden,
   - die Schaffung von Steuerungsmechanismen zum Schutz planetarischen Allgemeinguts einschließlich der Atmosphäre und der Meere sowie
   - die Schaffung eines Systems von Anreizen und Sanktionen, um die Nutzung von Kohle und anderen nicht erneuerbaren Energiequellen zu reduzieren.

Die grundsätzliche Wertorientierung und Einsicht, die uns in unserer Beziehung zur Natur leitet, ergibt sich aus der tiefen Erfahrung, dass wir Teil eines großen Zusammenhangs sind oder, wie Thich Nhat Hanh es ausdrückt, des »Interbeing«, der wechselseitigen Verbundenheit allen Seins.

2. *Nachhaltige und gerechte Entwicklung der Gesellschaft und Wirtschaft:* Es steht außer Zweifel, dass die sozioökonomische Entwicklung ein wesentlicher Bestandteil der Gesellschaft bleiben wird. Die materiellen Bedürfnisse müssen erfüllt sein, um anderen menschlichen Betätigungsfeldern eine solide Basis zu bieten. Trotzdem sollten wir darüber wieder nicht vergessen, dass die Wirtschaft dem Wohl aller Menschen dienen soll und sich nur innerhalb der natürlichen Grenzen unseres Ökosystems auf gesunde Weise entwickeln kann. Daher sollte die unserem Wirtschaftssystem zugrunde liegende Wertorientierung in der Brüderlichkeit und Schwesterlichkeit wurzeln, der Einsicht also, dass alle Menschen die ihnen zugänglichen Ressourcen auf faire Weise teilen müssen.
3. *Bewahrung und Förderung der Kultur:* Blicken wir auf alte Zivilisationen zurück, erkennen wir, dass die Kultur die Grundlage einer jeden Gesellschaft ist. Das gesamte europäische Mittelalter hindurch bildeten Kirchen und Kathedralen das Zentrum der Städte. In unserer Zeit hingegen sind es Banken, Kaufhäuser und Geschäftszentren, welche die markantesten urbanen Akzente setzen, und die Kultur wird geradezu zu einem Subsystem der Ökonomie. Das hat zu einer Verarmung des kulturellen Lebens geführt, obwohl doch die Kultur in ihren verschiedenen Ausprägungen als Wissenschaft, Philosophie, Kunst und Spiritualität den Kern unserer Menschlichkeit ausmacht. Dies sind die Bereiche, in denen sich der menschliche Geist in seiner Kreativität offenbart, und Freiheit ist der Wert, auf dem sie aufbaut.
4. *Gute Führungsstrukturen:* Umfragen zufolge bilden Politiker in den meisten Ländern jene soziale Klasse, der die breite Öf-

fentlichkeit am wenigsten vertraut. Aus verständlichen Gründen nehmen viele Menschen die Arbeit von Politikern als etwas wahr, was meist deren eigenem Interesse anstatt dem Allgemeinwohl dient. Auch im 21. Jahrhundert ist es eine traurige Wirklichkeit, dass viele in dem, was ein selbstloser Dienst am Volk sein sollte, eher ein egoistisches Streben nach Geld und Macht erblicken. Eine gute Staatsführung bedeutet nichts anderes als das Bestreben, dem Wohle aller zu dienen, und diese edle Aufgabe muss ihrer ursprünglichen Definition wieder gerecht werden, um ihren Dienst an der Gesellschaft wahrhaftig zu erfüllen. Besondere Bedeutung kommt auch dem Gleichheitsgrundsatz als einem gesetzlich verankerten Grundwert zu, der die Gleichbehandlung aller Staatsbürger garantiert.

Zusammenfassend lassen sich die vier Säulen des Bruttonationalglücks als Umsetzung der drei Ideale der Französischen Revolution »Freiheit, Gleichheit, Brüderlichkeit« *(Liberté, Égalité, Fraternité)* verstehen – und zwar im größeren Kontext der wechselseitigen Verbundenheit als Grundlage allen menschlichen Lebens auf Erden. Um diese Ziele und eine Nachhaltigkeit zu erreichen, die sich in Gegenwart und Zukunft bewährt, benötigen wir eine Politik, die den verantwortlichen Umgang mit den natürlichen, menschlichen, sozialen und wirtschaftlichen Ressourcen sicherstellt.

Die neun Domänen des BNG

Wenn das BNG das BNP als Bewertungsinstrument für gesellschaftlichen Fortschritt ablösen soll, darf es jedoch nicht eine Vision oder ein bloßes Ideal bleiben. Das BNG mit seinen Domänen und Indikatoren ist zugleich ein Bewertungsindex, mit dessen Hilfe sich der Entwicklungsverlauf in einem Unternehmen, einer Region, einem Land und selbst innerhalb einer Familie oder auf persönlicher Ebene erfassen und lenken lässt. Der BNG-Fragebogen wurde vom Centre for Bhutan Studies erarbeitet, um die Entwicklung Bhutans einschätzen zu können. Alle drei Jahre besuchen Meinungsforscher die verschiedenen Provinzen des Landes, um eine repräsentative Stichprobe von mehr als siebentausend Menschen zu interviewen. Dies geschieht anhand eines Erhebungsbogens, der neun Domänen, dreiunddreißig Indikatoren und insgesamt fast einhundertfünfzig Fragen umfasst, um innerhalb der bhutanischen Bevölkerung den Grad des Glücks und Wohlbefindens in den unterschiedlichen Kategorien zu bestimmen.

Ich möchte hier nun jede der neun Domänen des Bruttonationalglücks kurz vorstellen, damit der ganzheitliche Ansatz bei der Erfassung des BNG in Bhutan verständlicher wird.

1. Psychisches Wohlbefinden

Diese Domäne versucht zu erfassen, wie die Menschen ihre Lebensqualität erfahren. Dazu gehören kognitiv-reflektive Bewertungselemente wie die Zufriedenheit mit dem eigenen Leben und Reaktionen auf Lebensereignisse in Form positiver und negativer Emotionen sowie die Einbeziehung spiritueller Bräuche, die zu unserem allgemeinen Wohlbefinden beitragen können. Wie wir bei der Erörterung der inneren Bedingungen des Glücks sehen konnten, ist es wissenschaftlich erwiesen, dass bestimmte innere Einstellungen sehr großen Einfluss auf das individuelle Glücksempfinden haben. In einem bekannten »TED Talk«[7] erklärte Bruder David Steindl-Rast, dass es nicht die glücklichen Menschen seien, die dankbar sind, sondern die dankbaren, die glücklich sind, und er selbst verkörpert wie kein anderer die Tugend der Dankbarkeit, für deren Pflege er plädiert. Vor ein paar Jahren hatte ich Gelegenheit, mit ihm zusammen einige Wochen lang durch Bhutan zu reisen. Es war zur Monsunzeit, die Straßen waren sehr, sehr schlecht befahrbar, und unser Wagen musste regelmäßig anhalten, weil uns ein herabgestürzter Felsbrocken den Weg versperrte. Häufig mussten wir stundenlang warten, bevor wir unsere Fahrt fortsetzen konnten, und die meisten wären in dieser Situation ungeduldig geworden, aber nicht so Bruder David. Bei jedem erzwungenen Halt stieg er aus dem Auto und bewunderte den Anblick der Berge und Wälder um uns herum, wobei er seiner Freude und Dankbarkeit dafür Ausdruck verlieh, dass ihm so die Möglichkeit geboten wurde, die Schönheit der Natur zu genießen. Nach einer Weile versammelte sich jedes Mal, wenn Bruder David aus dem Wagen stieg, um ihn eine Schar von Kindern, die aus dem Nichts zu kommen schienen und mit denen er fröhlich plauderte. Es war, als würde seine innere Haltung eine unsichtbare Energie ausstrahlen, von der sich die Kinder angezogen fühlten.

Auch die Großzügigkeit ist eine innere Geisteshaltung, die zu eigenem wie fremdem Glück beiträgt. Vor einigen Jahren hatte ich Gelegenheit, mit meinem Freund Nipun Mehta, dem bekannten Befürworter der Geschenkökonomie, nach Costa Rica zu reisen. Nipun ist der Gründer von Karma Kitchen, einer internationalen Restaurantkette, in deren Filialen man im Anschluss an eine Mahlzeit statt einer Rechnung folgende Note erhält: »Ihr Essen kostet null Dollar, da es bereits von einem vorherigen Gast bezahlt wurde. Aber falls Sie für einen nachfolgenden Gast im Voraus bezahlen wollen, geben Sie, so viel Ihnen beliebt.« Dieses Prinzip des »Im-Voraus-Bezahlens« stieß anfänglich auf große Skepsis, erwies sich aber als äußerst praktikabel, und Karma Kitchen wurde zum Erfolg. Als wir in San José waren, der Hauptstadt von Costa Rica, schlug Nipun vor, dass wir einen Kaffee trinken gehen sollten. Beim Verlassen des Cafés bezahlte er außer unseren eigenen Getränken auch die einiger Gäste am Nebentisch, ohne dass diese davon wussten. Ich spürte, welche Freude uns der Gedanke daran machte, wie überrascht unsere Tischnachbarn sein würden, wenn sie erfuhren, dass ihre Rechnung bereits beglichen war. Man kann nur hoffen, dass dies für sie ein Anstoß war, es uns irgendwann einmal gleichzutun.

Dies sind nur zwei Beispiele dafür, wie das seelische Wohlbefinden durch die bewusste Pflege einer positiven Geisteshaltung gesteigert werden kann.

2. Gesundheit

Abgesehen von der körperlichen und seelischen Gesundheit geht es bei der zweiten Domäne auch um die Lebensqualität, um die Frage also, ob es gelingt, den Alltag zu bewältigen, ohne dabei übermäßig unter physiologischen oder psychologischen Stress zu geraten. Bis vor gar nicht allzu langer Zeit hatte sich die psychologische Forschung hauptsächlich mit mentalen und emotionalen Problemen befasst, und erst kürzlich hat die Idee, sich den Bedingungen eines gesunden und erfüllten Gefühlslebens zuzuwenden, innerhalb der Forschung an Interesse gewonnen. Analog dazu hatte sich auch die westliche Medizin traditionell auf das Krankheitsgeschehen konzentriert, bis auch hier mit der Salutogenese[8] ein Forschungsgebiet mit einem neuen medizinischen Paradigma in Erscheinung trat, das nach den Bedingungen fragt, unter denen sich Gesundheit bewahren und fördern lässt. Die traditionelle Heilkunde hingegen hat von jeher ihr Augenmerk auf die Voraussetzungen von Gesundheit gelenkt wie Ernährung, Bewegung und ein gesunder Lebensrhythmus. Im alten China hatte sogar jede Familie ihren eigenen Arzt, der so lange regelmäßig bezahlt wurde, wie die Mitglieder der Familie bei guter Gesundheit waren. Sobald aber eines von ihnen krank wurde, wurden die Zahlungen eingestellt, bis dessen Gesundheit wiederhergestellt war.

In Bhutan bemüht man sich im Gesundheitssektor um eine Balance zwischen der traditionellen buddhistischen Heilkunst des Himalajas und westlicher Medizin. In jedem bhutanischen Krankenhaus hat der Patient die Wahl zwischen der Behandlung durch einen traditionellen Heilkundigen oder einen in der westlichen Medizin ausgebildeten Arzt, die jedoch beide eine lange akademische Ausbildung durchlaufen haben, um das entsprechende Fachwissen bieten zu können. Dies ist ein Beispiel für den seltenen Fall, dass traditionelles heilkundliches Wissen nicht vollständig von westlicher Wissenschaft an den Rand gedrängt ist. Während meiner Zeit in Bhutan habe ich selbst erfahren, wie ein nach den Prinzipien der traditionellen Heilkunde behandelnder Arzt seinen nach westlichem Vorbild ausgebildeten Kollegen empfahl und umgekehrt, je nachdem, um welche Art von Erkrankung es sich handelte. In meinen Augen könnte dieses Modell einer sich ergänzenden Zusammenarbeit zwischen spirituell orientiertem traditionellem Wissen und einem wissenschaftlich orientierten modernen Ansatz in vielen Bereichen Schule machen.

Darüber hinaus ist in Bhutan jede Art medizinischer Versorgung, von der Routineuntersuchung bis hin zur aufwendigsten Operation, völlig kostenlos, und das nicht nur für Bhutaner, sondern für jeden, der im Land lebt. Ich glaube, Bhutan ist das einzige Entwicklungsland, das es geschafft hat, all seinen Bewohnern eine umfassende und gänzlich kostenlose Gesundheitsversorgung zur Verfügung zu stellen. Wenn dies einem relativ armen Land gelingt, dann erscheint es umso seltsamer, dass im reichsten Land der Erde, den USA, mehr als vierzig Millionen Menschen ohne Krankenversicherung sind und folglich keinen echten Zugang zu medizinischer Versorgung haben. Gleichwohl ist leicht nachvollziehbar, dass unter den gesellschaftlichen Rahmenbedingungen, die förderlich für Glück und Wohlbefinden sind, Gesundheit eine der wichtigsten ist.

3. Gebrauch der Zeit

Meines Wissen ist das BNG das einzige alternative gesellschaftliche Messsystem, das den Gebrauch der Zeit einbezieht, wobei es wissenschaftlich erwiesen ist, dass unser Zeitbezug eine sehr große Bedeutung für unser Wohlbefinden hat. Rhythmik ist eines der grundlegenden Prinzipien des Universums – die Bewegungen von Sonne, Erde, Mond und allen anderen Planeten unseres Sonnensystems folgen einem rhythmischen Muster. Auch der Wechsel der Jahreszeiten und das planetarische Leben selbst zeigen einen zyklischen Ablauf. Und auf der Ebene des individuellen Lebens stellen nicht nur Herzschlag und Atem eigene biologische Rhythmen dar, die in hohem Maß über unser körperliches und seelisches Wohlbefinden bestimmen, sondern auch die Funktionen aller anderen Organe sind an wiederkehrende Abläufe gebunden.

In den alten Kulturvölkern wusste man von jeher um den Zusammenhang zwischen den Mikrorhythmen menschlichen Lebens und den Makrorhythmen des Universums. In den Hexagrammen des I Ging beschrieb die uralte Philosophie des Daoismus zyklische Muster, die sowohl den Kreislauf des Jahres als auch den Kreislauf des Menschenlebens bestimmen. Das ländliche Leben war von jeher durch die natürlichen Kreisläufe von Sonnenaufgang und Sonnenuntergang, Vollmond und Neumond sowie den Jahreszeiten geprägt. Einen der gravierendsten Einschnitte im menschlichen Dasein stellte daher die Industrialisierung der Arbeitswelt dar, die den natürlichen Rhythmus der Landarbeit durch den Maschinentakt der Fabrikarbeit ersetzte.

Auf dem Weg zum Verlust der Verbindung zwischen menschlichem und kosmischem Rhythmus war die industrielle Revolution jedoch nur ein erster Schritt. In den vergangenen Jahrzehnten sind elektronische Kommunikationsgeräte in jeden Bereich unseres Alltags vorgedrungen. Mit der Einführung von Laptops, Smartphones und Tablets sind wir praktisch in jeder Minute einem endlosen Strom von Reizen und Informationen ausgesetzt, der uns auf einer noch sehr viel tieferen Ebene von den natürlichen Abläufen abtrennt. Auch aus diesem Grund ist die Übung des achtsamen Atmens, wie schon in einem früheren Abschnitt beschrieben, ein so wichtiger Teil unserer geistigen Hygiene.

Indem wir uns erneut mit diesem elementaren Rhythmus verbinden, können wir bereits ein wenig Abstand zu der allgegenwärtigen virtuellen Realität und dem unmenschlichen Tempo gewinnen, mit dem sie pausenlos unsere Aufmerksamkeit einfordert. In den Industrienationen stehen stressbedingte Krankheiten und Burn-out inzwischen an erster Stelle der Erkrankungsziffern, und auch in anderen Teilen der Welt breitet sich diese Symptomatik immer weiter aus. Eine der Ursachen von Stress ist das Gefühl, nie genug Zeit zu haben, ständig dem Leben hinterherjagen zu müssen und keinen Augenblick zur Verfügung zu haben, in dem man ausspannen und zur Besinnung kommen kann. Unser Verhältnis zur Zeit, das zugleich unser Verhältnis zu rhythmischen Abläufen beschreibt, ist ein wichtiger Gradmesser unseres Wohlbefindens beziehungsweise unseres »Unwohlbefindens«.

In dem Begriff der »Work-Life-Balance«, der im herrschenden Managementsystem eine immer größere Rolle spielt, kommt jedoch zugleich zum Ausdruck, dass Arbeit und Leben einen dualen Gegensatz bilden. Da wir den größten Teil unserer wachen Zeit auf der Arbeit zubringen, heißt das auch, dass uns nur sehr wenig Zeit für das eigentliche Leben bleibt. Die Frage lautet also, ob wir unser Leben als ein Ganzes mit seinen verschiedenen Aspekten von Arbeit, Familie, Freizeit sowie Kultur- und Naturgenuss wahrnehmen können, in dem diese Elemente in einem gesunden Rhythmus aufeinanderfolgen, anstatt zwischen dem Gegensatz von Arbeit und Leben hin- und hergerissen zu sein. Ein guter Ausgangspunkt, um unser Wohlbefinden zu steigern, besteht also darin, zu analysieren, wie wir unsere Zeit verbringen, und uns über die Prioritäten in unserem Leben Gedanken zu machen.

4. Bildung

Abgesehen von der formalen Schulbildung erfasst die Domäne der Bildung auch verschiedene Wissensebenen, Wertorientierungen und Fähigkeiten, wie sie vor allem das Leben selbst lehrt.

Das gegenwärtige Bildungssystem ist sehr reduziert und konzentriert sich auf akademische Fähigkeiten und Leistungen, wobei es grundlegende Aspekte des Lernens außer Acht lässt, wie den Erwerb sozialer und emotionaler Kompetenzen oder, allgemeiner gesprochen, von »Glückskompetenz«. Im Jahr 2009 veranstaltete die Königliche Regierung von Bhutan eine internationale Konferenz zum Thema »Das BNG in der Bildung«. Viele namhafte Bildungsexperten aus aller Welt kamen zusammen, um gemeinsam darüber nachzudenken, wie sich die Wertsetzungen des BNG am besten in das Bildungssystem des Landes integrieren lassen. Im Anschluss an diese Tagung fand eine Generalversammlung mit allen Schulleitern Bhutans statt – was in einem so kleinen Land mit nur etwa sechshundert Schulen möglich ist –, um einen Handlungsplan zur Umsetzung des BNG im Schulwesen zu entwerfen. Unter der Leitung des damaligen Bildungsministers Thakur S. Powdyel wurde ein Curriculum zur Lehrerweiterbildung auf der Grundlage des BNG erarbeitet, woraufhin alle Lehrer Bhutans vier Jahre Zeit hatten, dessen Inhalte in den Klassenzimmern umzusetzen. In Zusammenarbeit mit dem in den USA ansässigen Mind and Life Institute[9] erarbeitete das BNG-Zentrum in Bhutan ein Folgeprogramm namens »A Call 2 Care«, um die Entwicklung der Glückskompetenzen von Kindern aller Altersgruppen noch stärker zu fördern. Außerdem schrieb der Bildungsminister Powdyel ein erhellendes Buch über die »Grüne Schule«,[10] in dem er seine Vision von einem neuen Bildungssystem vorstellt und darlegt, wie sich eine schulische Umgebung schaffen lässt, von der Lehrer und Schüler gleichermaßen profitieren. Bei alldem muss man wissen, dass es vor 1960, abgesehen von der klösterlichen Erziehung, in Bhutan kaum ein reguläres Bildungssystem gab. Seither ist es in Bhutan gelungen, jedem Kind im Land – und das selbst in den entlegensten Bergregionen – nicht nur medizinische Versorgung zu bieten, sondern auch den Schulbesuch zu ermöglichen, wobei das gesamte Bildungssystem vom Kindergarten bis zur Universität ebenfalls vollständig unentgeltlich ist.

Aber auch große Erfolge wie dieser haben ihre Schattenseiten. Eine unbeabsichtigte Konsequenz der höheren Qualifikation der jüngeren Generation war Jugendarbeitslosigkeit, die es nicht gab, solange die meisten jungen Menschen in der Landwirtschaft tätig waren. Gegenwärtig steht die bhutanische Regierung daher vor der schwierigen Aufgabe, in einem Land mit einem sehr kleinen Wirtschaftssektor ausreichend Arbeitsplätze für Hochschulabsolventen zu schaffen.

5. Kulturelle Vielfalt und Identität

An einer früheren Stelle bin ich bereits kurz auf die Bedeutung der Kultur als das Herz und die Seele einer jeden Gesellschaft zu sprechen gekommen. Die Teilnahme am kulturellen Leben ist ein wichtiger Gradmesser für die innere Kreativität als Beitrag zu einem sinnerfüllten Leben. Bhutan ist eines der wenigen asiatischen Länder, die niemals kolonialisiert wurden. Wo immer aber die Europäer die Herrschaft antraten, verbreiteten sie die Botschaft von der Überlegenheit der westlichen Kultur und Wissenschaft gegenüber dem traditionellen Wissen und der Spiritualität des Landes, die als unzeitgemäßer Aberglauben abgetan wurde. In derselben Weise, wie unsere ausbeuterische Art zu wirtschaften die Artenvielfalt im Tier- und Pflanzenreich verarmen ließ, ließ der Kolonialismus die kulturelle Vielfalt der Welt verarmen. Tatsächlich war dieser Einfluss so stark, dass sich die meisten Menschen in den kolonialisierten Ländern von der sogenannten Überlegenheit der westlichen Kultur überzeugen ließen und sich der traditionellen Werte, des überlieferten Wissens und der Bräuche ihrer eigenen Kultur fast zu schämen begannen.

Nicht so in Bhutan. Da das Land teils wegen des unzugänglichen Geländes, teils aufgrund seiner weisen politischen Führung niemals kolonialisiert wurde, sind traditionelle Kultur und Spiritualität noch immer intakt und sehr lebendig. Das von mir angeführte Beispiel der Zusammenarbeit von traditioneller Heilkunde und moderner Medizin im Gesundheitswesen verdeutlicht diese Situation. Als Padmasambhava – oder Guru Rinpoche, wie er in Bhutan heißt – im 8. Jahrhundert die Vajrayāna-Schule des Buddhismus in Bhutan einführte, versuchte er nicht, die damals vorherrschenden alten schamanistischen Glaubensvorstellungen und Bräuche zu zerstören; im Gegenteil gelang es ihm, die älteren kulturellen Elemente in die neue Form der Spiritualität zu integrieren.

Wer eine Weile in Bhutan lebt, bekommt mit der Zeit auch einen Einblick in die verschiedenen Schichten der Landeskultur. Die erste dieser Schichten besteht in einer Form von Naturreligion, in der eine tiefe Verbundenheit des Menschen mit der Heiligkeit aller Naturwesen zum Ausdruck kommt. Für einen Bhutaner ist ein See nicht bloß eine Ansammlung von Wasser, sondern ein Ort, an dem Wassergeister wohnen, ein Berg nicht nur ein Haufen Gestein, sondern der Sitz der Götter, ein Wald nicht nur eine forstwirtschaftliche Rohstoffquelle, sondern der Lebensraum natürlicher und übernatürlicher Wesen, der deshalb unseren Respekt verdient. Dies ist der tiefere Grund, warum es das ökologische Bewusstsein in der bhutanischen Gesellschaft so leicht hat: Das Wissen um die heilige Dimension des Planeten als eines lebendigen Wesens ist in ihr noch nicht verloren gegangen.

Die zweite Komponente bhutanischer Kultur ist die starke Verwurzelung in einer noch immer sehr lebendigen buddhistischen Tradition. Klostergelehrte bringen mehr als neun Jahre mit dem Studium der buddhistischen Psychologie, Erkenntnistheorie und Kosmologie zu, und die meisten von ihnen ziehen sich im Anschluss daran für drei weitere Jahre in die Einsamkeit zurück, um im Zustand tiefer meditativer Versenkung die innere Wahrheit des Wissens zu erfahren, das sie sich durch ihre akademischen Studien angeeignet haben. Nach dem Besuch der Universität des Tango-Klosters außerhalb von Thimphu begeben sich die jungen Absolventen in eine der Höhlen oder Einsiedeleien im Umkreis des Klosters Chagri Dorjeden, um dort zu meditieren und Yoga zu praktizieren – bereit, der Welt zu entsagen und die besten Jahre ihrer Jugend hinzugeben, um sich ganz einem Leben der Kontemplation zu widmen.

Der wichtigste Raum in jedem bhutanischen Haus ist das Zimmer mit dem Familienaltar. Auch das bescheidenste Bauernhaus beherbergt einen schönen Altar, der reich mit Statuetten, handgemalten Thangkas[11] und anderen religiösen Symbolen geschmückt ist und vor dem sich regelmäßig die ganze Familie versammelt, um ihre Zeremonien abzuhalten. Diese religiösen Riten dienen dabei nicht nur dem Wohlergehen der Familie und ihres Dorfes, sondern demjenigen aller Lebewesen. Wenn in Bhutan ein Kind zur Welt kommt, ziehen die Eltern stets einen Astrologen zurate, der ein ausführliches Horoskop über die Stärken und Schwächen des Kindes erstellt, über seine Begabungen und seinen künftigen Lebensweg. Dabei gibt er darüber hinaus Hinweise auf schwierige Lebensabschnitte sowie Ratschläge für die tägliche Lebensführung und spirituelle Bräuche. Bhutan ist auch das einzige Land der Welt mit einem eigenen Lehrstuhl für Astrologie, und es setzt ein neunjähriges Studium voraus, um dieses komplexe Fach zu beherrschen. Alle wichtigen Entscheidungen, ob privater oder beruflicher Natur bis hin zu höchster politischer Ebene, werden erst nach der Beratung mit einem ausgebildeten Astrologen getroffen. Dem westlichen Verstand mögen diese Bräuche wie reiner Aberglaube vorkommen, der nicht mehr in unsere Zeit passt. Aber sie sind Ausdruck tief wurzelnder kultureller Werte und Bräuche und der Verbundenheit, die der Einzelne mit der Gemeinschaft und dem gesamten Universum verspürt. Und in der Tat lässt sich die Astrologie als ein Weg auffassen, um menschliches Verhalten mit den Gesetzen des Universums in Einklang zu bringen.

Die dritte Schicht der bhutanischen Kultur ergibt sich aus dem Einfluss moderner Wissenschaft, da inzwischen eine wachsende Zahl junger Bhutaner eine akademische Ausbildung durchläuft beziehungsweise im Ausland studiert. Einer meiner Freunde aus Bhutan beschrieb diesen Bewusstseinswandel einmal so:

> »Auf die Frage, woher sie kommen, hätten meine Großeltern noch geantwortet: Wir stammen aus dem Land des Donnerdrachens südlich des Berges Kailash [der mit dem Berg Meru gleichgesetzt wird, laut der buddhistischen Kosmologie der Mittelpunkt der Welt] und nördlich von Bodhagaya [der heilige Ort, an dem Buddha Erleuchtung empfing]. Heute würde ein junger Bhutaner auf dieselbe Frage antworten: Ich komme aus Bhutan, einem kleinen Land, das zwischen den beiden Wirtschaftsgiganten China und Indien eingeklemmt ist.«

Bislang gab es unter diesen verschiedenen kulturellen Identitäten eine gewisse Balance, aber es bleibt abzuwarten, ob das traditionelle Wissen und das kulturelle Erbe gegen den mächtigen Einfluss eines rein wissenschaftlich, rationalistisch und materialistisch geprägten Denkens bestehen können. All die höheren Beamten, mit denen ich während meiner Zeit in Bhutan zusammenkam, hatten ihre Kindheit noch in entlegenen Bergdörfern verbracht, wo sie oft jeden Tag stundenlang barfuß zur Schule unterwegs waren. Auch in späteren Jahren waren die meisten von ihnen erst durch ein Studium im Ausland mit der westlichen Kultur in Berührung gekommen. Dies ist der Grund, warum es ihnen noch gelang, eine Balance zwischen ihrer eigenen traditionellen Erziehung und den späteren Einflüssen ihrer universitären Bildung zu finden. Inzwischen wachsen aber immer mehr junge Bhutaner in der Stadt auf – mit Smartphones, den sozialen Medien und all den anderen Einflüssen unserer Zeit –, und es ist schwer zu sagen, ob es der traditionellen Kultur gelingen wird, ihren rechtmäßigen Platz auch in Zukunft zu behaupten.

Während meiner Zeit in Bhutan habe ich jedenfalls die Erfahrung gemacht, dass die unterschiedlichen kulturellen Strömungen für die Gesellschaft eine immense Bereicherung sein können. Anstatt sie als Gegensätze zu betrachten, können wir in ihnen ebenso gut verschiedene Farben auf der bunten Palette des Lebens sehen.

Um dafür nur ein Beispiel zu nennen: Als wir das BNG-Zentrum in Bumthang erbauten, fand die Grundsteinlegung in Übereinstimmung mit dem astrologischen Rat im Juli statt (also der Monsunzeit, in der es fast täglich regnet). Wir hatten Ihre Majestät die Königin eingeladen, dazu viele hohe Beamte und außerdem Hunderte von Bewohnern aus den umliegenden Dörfern. Da es sich um Brachland handelte, standen noch keine weiteren Gebäude in der Umgebung. Die Zeremonie fand daher auf freiem Feld statt, wobei wir für die Königin und ihr Gefolge ein Zelt errichtet hatten. Für die vielen anderen Teilnehmer gab es jedoch keinen Unterstand, und angesichts der Wetterlage war ich besorgt, was aus unserer für den ganzen Tag angesetzten Zeremonie werden würde, falls es regnen sollte. Meine bhutanischen Kollegen schienen in dieser Hinsicht alle sehr entspannt zu sein, da sie den ortsansässigen Lama gebeten hatten, ein Ritual durchzuführen, damit es den Tag über trocken bleibt. Ich konnte ihre Zuversicht nicht so ohne Weiteres teilen, und am Tag vor dem Ereignis stieg ich zu dem kleinen Tempel hinauf, in dem der Lama seine Zeremonie zur Abwendung von Regen vorbereitete. Es war mir etwas unangenehm, seine Kompetenz in Zweifel zu ziehen, dennoch fragte ich ihn, ob er sich wirklich sicher sei, für unser großes Fest schönes Wetter garantieren zu können. Er meinte, ich solle mir keine Sorgen machen, da vor ihm bereits sein Vater und dessen Vater Lama in diesem Tal und diesem Tempel gewesen seien, weshalb er sich mit den lokalen Gottheiten bestens auskenne, die sicher gewillt wären, unser Vorhaben zu unterstützen, da es einer lauteren Absicht entspringe.

Nur halb überzeugt ging ich zurück, um mich wieder zu meinen Kollegen zu gesellen, und noch immer drängte es mich, sie zu fragen, ob sie einen Plan B für den Fall hätten, dass es dennoch regnen sollte. Aber sie lächelten alle nur und meinten, ich solle mir keine Sorgen machen, alles würde plangemäß ablaufen.

Am Morgen des großen Tages wachte ich sehr früh auf. Draußen war es noch dunkel, und es regnete in Strömen. All meine Befürchtungen schienen sich zu bewahrheiten, und ich fragte mich, wie wir durch den Tag kommen sollten. Als dann aber die Sonne aufging, verzogen sich die Wolken, und ein strahlend schöner Tag kündigte sich an. Als Ihre Majestät eintraf, war alles getrocknet, und es wurde ein wundervolles Fest mit Hunderten von Bauern, die auf der Erde Platz nahmen, die wir zuvor mit Kiefernnadeln bedeckt hatten. Wir feierten und aßen zusammen, spielten Spiele, sangen und tanzten. Die Königin lud mich zu Tee und Gebäck ein, und dabei erzählte ich ihr die Geschichte vom Lama und dem abgewendeten Regen.

Sie lächelte amüsiert und erzählte mir, dass es in Bhutan immer so zugehe. Vor jedem bedeutsamen Ereignis mit einer positiven Botschaft liege es in der Macht des ortsansässigen Lamas, die Götter der Gegend um günstiges Wetter zu bitten.

Sogar eine so hochgebildete und kultivierte Frau wie die Königin von Bhutan, die ebenfalls im Ausland studiert hatte, fand es also ganz normal, sich auf traditionelle Weisheiten und Bräuche zu beziehen. Und sobald die Königin am Ende des Tages das Gelände verlassen hatte, begann es prompt wieder zu regnen.

Man könnte meinen, dass es sich dabei nur um eine anekdotische Begebenheit handelt, um einen reinen Zufall, der statistisch ohne Bedeutung ist. Als ich aber in Bhutan lebte, habe ich dergleichen Phänomene viele Male erlebt; und da ich keinerlei rationale Erklärung dafür habe, muss ich sie einfach als etwas Gegebenes hinnehmen.

6. Lebendige Gemeinschaft

In dieser Domäne geht es um Stärken und Schwächen der Beziehungen und Interaktionen innerhalb menschlicher Gemeinschaften. In ihr werden Informationen zum sozialen Zusammenhalt in Familien und Nachbarschaften sowie zu sozialem Engagement erfasst, etwa in Form ehrenamtlicher Tätigkeiten. Eine der Fragen, die gestellt werden, um in dieser Domäne zu Aufschlüssen zu kommen, lautet wie folgt: »Wenn Sie sich mit einem ernsten Problem in Ihrem Leben konfrontiert sehen, wie viele Menschen gibt es Ihrer Ansicht nach, die alles stehen und liegen lassen würden, um Ihnen beizustehen? Und wie viele Menschen gibt es umgekehrt, für die Sie sich verantwortlich fühlen und denen Sie im Ernstfall Beistand leisten würden?«

In einer der Erhebungen wurde diese Frage an einen alten bhutanischen Bauern gerichtet, der zunächst verdutzt schien und dann mit großer Selbstverständlichkeit antwortete: »Wenn ich irgendein Problem habe, kann ich damit zu jedem im Dorf gehen, und wenn ein anderer im Dorf ein Problem hat, bin ich natürlich genauso für ihn da!«

Das steht in diametralem Gegensatz zu der Erfahrung, die die meisten Städter machen. In westlich geprägten urbanen Lebensräumen lebt heute mehr als die Hälfte der Menschen allein, und häufig kennen sie nicht einmal die Namen ihrer Nachbarn. In schwierigen Lebenssituationen sind die meisten von ihnen dann auf die Hilfsdienste öffentlicher Einrichtungen, auf Versicherungsgesellschaften und andere bürokratische Institutionen angewiesen. Auch die meisten alten Menschen leben entweder allein oder in Altenheimen, wo sie von professionellem Pflegepersonal betreut werden.

Dieser Trend der letzten hundert Jahre, der menschliche Interaktion durch anonyme Institutionen ersetzt, spielt eine wesentliche Rolle bei der zunehmenden Isolation und Einsamkeit, wie man sie heute überall in westlichen Gesellschaften findet. Damit will ich die Bedeutung guter Sozialeinrichtungen keineswegs schmälern, sondern lediglich darauf hinweisen, dass bürokratische Institutionen nicht in der Lage sind, dem Bedürfnis nach Wärme, Nähe, Freundschaft und Vertrauen gerecht zu werden, die für ein erfülltes Menschenleben von zentraler Wichtigkeit sind.

Wenn ich jetzt, mit Ende sechzig, auf mein Leben zurückblicke und mich frage, was darin von bleibendem Wert ist, dann stelle ich fest, dass es nicht so sehr die Positionen sind, die ich bekleidet, das Geld, das ich verdient, oder der Besitz, den ich erworben habe. Was wirklich zählt, sind die menschlichen Begegnungen, die Beziehungen, die sich daraus entwickelt haben, die Freundschaft, Liebe und gegenseitige Anteilnahme, die daraus erwachsen sind.

Vor ein paar Jahren feierten meine Frau und ich unseren vierzigsten Hochzeitstag, und zu diesem Anlass luden wir etwa achtzig Freunde und Mitglieder der Familie dazu ein, in einem schönen Bergdorf in den Schweizer Alpen mit uns zusammenzukommen. Einmal versammelten wir uns in einem sehr großen Kreis, und wir baten alle Anwesenden, sich in chronologischer Reihenfolge nach dem Zeitpunkt unserer ersten Begegnung aufzustellen. An erster Stelle kamen unsere älteren Schwestern, die uns seit unserer Geburt kannten, gefolgt von Freunden aus der Kindheit, der Universitätszeit, von ehemaligen Kollegen sowie unseren Kindern und Enkelkindern bis hin zu den Menschen, die wir erst vor Kurzem kennengelernt hatten, zu denen sich aber bereits eine tiefe Freundschaft entwickelt hatte. Als ich mich in dem großen Kreis umsah, hatte ich das Gefühl, einen

Blick auf unser Schicksal zu werfen, das sich in diesen vielen Menschen verkörperte.

Es heißt, dass wir im Augenblick des Todes unser ganzes Leben wie einen Film vor unserem inneren Auge ablaufen sehen. Mein Eindruck war, als würde dies für mich wahrscheinlich der wichtigste Aspekt jener Vision im Augenblick meines Todes sein: all jene Menschen, denen ich im Laufe meines Lebens begegnet war, die ich geliebt und mit denen ich Umgang gepflegt hatte. Im Vergleich damit erscheinen mir all die anderen äußeren Umstände unseres Sozial- und Berufslebens als weniger wichtig.

7. Qualität der Führungsstrukturen

Diese Domäne erfasst, wie die Bewohner des Landes unterschiedliche Verwaltungsfunktionen im Hinblick auf ihre Effizienz, Redlichkeit und Qualität beurteilen. Die Indikatoren haben dabei zu ermessen, in welchem Ausmaß es eine Beteiligung an Regierungsentscheidungen auf lokaler und nationaler Ebene gibt und ob verschiedene Rechte und Freiheiten verwirklicht sind. Die Demokratie ist zweifellos eine der großen Errungenschaften der westlichen Kultur, aber wie wir in den vergangenen Jahren auch gesehen haben, hat es einen zunehmenden Demokratieabbau und Vertrauensverlust gegenüber den gewählten Volksvertretern gegeben. Eine wichtige Aufgabe für die Zukunft ist daher, das demokratische System in einer Weise neu zu erfinden, die eine sehr viel direktere Teilhabe einfacher Bürger an Regierungsentscheidungen ermöglicht. Das Modell der direkten Demokratie, wie es in der Schweiz umgesetzt ist, stellt vielleicht einen – wenn auch gewiss nicht den einzig möglichen – Beitrag zu einem verantwortlicheren politischen System mit größerer Mitbestimmung des Volkes dar.

Ein Hauptproblem unseres gegenwärtigen politischen Systems sind die meist kurzen Amtszeiten der Politiker. Wahlzyklen von vier oder fünf Jahren sind nicht lang genug, um die Probleme, denen die Welt sich gegenübersieht und die vielmehr ein langfristiges Denken erfordern, wirklich in Angriff zu nehmen. Ein ermutigendes Beispiel dafür, wie sich die Auswirkungen politischer Entscheidungen auf künftige Generationen in die Überlegungen einbeziehen lassen, ist der walisische »Well-being of Future Generations Act« von 2015.[12] In Anlehnung an das bhutanische Konzept des Bruttonationalglücks verabschiedete die Regierung von Wales ein Gesetz, das nicht nur die kurzfristigen Auswirkungen staatlicher Maßnahmen, sondern auch deren langfristige Folgen für künftige Generationen im Auge hat:

> »Beim *Well-being of Future Generations Act* geht es um die Verbesserung des Landeswohls auf sozialer, ökonomischer, umweltpolitischer und kultureller Ebene. Es hält die öffentliche Verwaltung dazu an, mehr über langfristige Lösungen nachzudenken, besser mit den Bürgern und Kommunen sowie untereinander zusammenzuarbeiten, das Augenmerk auf die Vermeidung von Problemen zu lenken und sich in ihrer Vorgehensweise stärker zu koordinieren. Auf diese Weise lässt sich ein Wales schaffen, in dem wir alle leben wollen, jetzt und in Zukunft. Mit dieser Entscheidung wird das Gebot des Allgemeinwohls ins Zentrum allen politischen Handelns gestellt.«[13]

Ein anderes Beispiel für gelungene Innenpolitik ist der Begriff des *buen vivir*,[14] der zuerst in Ecuador für einen ökologisch vertretbaren Lebensstil aufkam, der die Gemeinschaft ins Zentrum stellt und für kulturelle Werte aufgeschlossen ist. Ähnlich steht der in Costa Rica weithin gebräuchliche Ausdruck des *pura vida* für einen Lebensstil, der mehr Wert auf Wohlergehen und Zufriedenheit als auf die Befriedigung materieller Bedürfnisse legt. Auch in Costa Rica ist das mehr als ein populärer Wahlspruch, da man dort in vielen sozialen und politischen Belangen konsequent neue Wege geht. Dabei sollte man auch nicht vergessen, dass Costa Rica neben Bhutan zweites Gastgeberland der UN-Konferenz über Glück und Wohlbefinden war, als eines der ersten Länder der Welt die Todesstrafe abgeschafft hat und eines der wenigen Länder ohne eigene Armee ist. In diesem Zusammenhang ist auch zu erwähnen, dass Jacinda Ardern, die Premierministerin von Neuseeland, versprochen hat, »eine gute und gerechte Gesellschaft« zu schaffen, »in der die Kinder gedeihen und Erfolg sich nicht allein nach dem BNP des Landes bemisst, sondern danach, ob seine Bewohner ein besseres Leben haben«.

Im Fall von Bhutan ist ein eindrucksvolles Beispiel für guten Regierungsstil die Amtszeit des vierten Königs, Seiner Majestät Jigme Singye Wangchuck. Von seinem Volk wurde er als ein weiser und mildtätiger König geliebt und verehrt, dem stets das Wohlergehen aller als höchstes Ziel galt. Er regierte zwar als absoluter Monarch, machte von seiner Macht aber nicht als Herrscher, sondern als Diener seines Landes Gebrauch. Im Jahr 2005 entschied er, dass für Bhutan die Zeit gekommen sei, den Weg von einer absoluten Monarchie zu einer konstitutionellen Monarchie mit einer demokratischen Verfassung zu gehen, und kündigte, auf der Höhe seiner Popularität, seinen Rücktritt an. Er verfügte und leitete die Niederschrift der Verfassung, woraufhin er im Land umherreiste, um sie den Menschen vorzustellen und ihre Meinung dazu zu hören. Als die Verfassung ihre endgültige Form gefunden hatte, dankte er im Jahre 2006 mit 51 Jahren ab und übergab den Thron seinem Sohn Jigme Khesar Namgyel Wangchuck, der im Dezember 2008 gekrönt wurde. In diesem Jahr fanden auch die ersten demokratischen Wahlen statt. Während wir so viele Beispiele dafür sehen, wie sich Staatschefs an ihre Macht klammern und sich nicht scheuen, mit Gewalt gegen das eigene Volk vorzugehen, bietet uns der wohltätige König das leuchtende Gegenbeispiel, indem er sich ohne jeden politischen Druck dazu entschloss, die Macht dem Volk zu übergeben.

Ich half einmal bei der Organisation eines Workshops zum Thema »Gute Regierungsarbeit und Demokratie«, der für eine

Gruppe junger Menschen aus Bhutan abgehalten wurde. Den ganzen Tag lang wurde über politische Mitwirkung, Transparenz, Abwesenheit von Korruption und all die anderen Elemente gesprochen, die gute Politik ausmachen. Als wir am Abend in einer Gesprächsrunde zusammensaßen, um den Workshop abzuschließen, fragte ich die Teilnehmer, wie es ihnen mit der Demokratie in Bhutan ergehe. Erstaunlicherweise antworteten die meisten von ihnen, dass sie zwar die freien Wahlen und die Transparenz öffentlichen politischen Lebens zu schätzen wüssten, tatsächlich aber auch die absolute Monarchie vermissten, die Zeit, als der vierte König noch als ein weiser Regent das Volk einte und dem Land eine klare Richtung wies. Mich erinnerte das an die Einschätzung Churchills, die Demokratie sei »das schlechteste politische System, abgesehen von allen anderen«.[15]

8. Ökologische Vielfalt und ihre Bewahrung

Diese Domäne umfasst Indikatoren, mit deren Hilfe sich ermessen lässt, wie die Menschen selbst die Umweltbedingungen in ihrem Lebensraum einschätzen. Erfasst werden dabei auch umweltfreundliche Verhaltensgewohnheiten sowie Naturkatastrophen wie Waldbrände und Erdbeben. Vor einigen Jahren versprach Bhutan, nicht nur dauerhaft CO_2-neutral zu bleiben, sondern beim Ausstoß von CO_2 sogar eine Minusbilanz aufzuweisen.[16] Im bewussten Verzicht auf gewisse ökonomische Vorteile, die durch extensive Waldwirtschaft oder Bergbau hätten erzielt werden können, schrieb man in der Verfassung fest, dass der Anteil der Waldgebiete an der Gesamtfläche des Landes grundsätzlich mehr als 60 Prozent betragen solle; und tatsächlich liegt dieser Anteil gegenwärtig bei über 70 Prozent. Außerdem hat sich Bhutan für die kommenden Jahre als Ziel gesetzt, zu 100 Prozent ökologische Landwirtschaft zu betreiben, und im Himalaja ist es das Land mit der größten Artenvielfalt in Fauna und Flora. Darüber hinaus befinden sich alle nicht bestiegenen

Gipfel des Himalaja über 7000 Meter auf bhutanischem Staatsgebiet. In der Kultur Bhutans gelten diese Gipfel als Wohnsitze der Götter, die man durch unnötiges menschliches Treiben nicht stören sollte.

So weit nur einige Beispiele dafür, dass das Bruttonationalglück in Bhutan nicht nur reine Theorie ist, sondern reale Praxis, an der sich die Entwicklung des Landes orientiert. Wie schon gesagt lässt sich kaum verstehen, wie man in Bhutan derart hohe ökologische Standards einzuhalten vermag, solange man nicht die spirituelle Verbundenheit der Menschen mit der Natur einbezieht. Die Problematik, der sich die meisten Industrieländer umweltpolitisch gegenübersehen, ergibt sich nicht allein aus Fragen der Gesetzgebung oder Ökonomie, sondern aus der inneren Entfremdung des Menschen von der Natur, die zugleich die Ursache der Zerstörung ist. Auch wenn Richtlinien und gesetzliche Vorgaben äußerst wichtig sind, gilt es nicht minder, das menschliche Herz und den menschlichen Geist dafür zu gewinnen, sich erneut mit der Wirklichkeit unseres Planeten als eines lebendigen, beseelten Wesens zu verbinden.

9. Lebensstandard

In dieser Domäne geht es um das materielle Wohlergehen, wie es sich aus der Höhe des Einkommens, der finanziellen Absicherung sowie aus der Wohnsituation und den Vermögenswerten ergibt. Es unterliegt kaum einem Zweifel, dass ein höherer Lebensstandard mit einem Zuwachs an persönlichem Wohlbefinden einhergeht. Jenseits einer gewissen Grenze ist die Einkommenssteigerung aber nicht gleichbedeutend mit einem ebensolchen Plus an Glück. Im Gegenteil: Der zusätzliche Aufwand an Zeit und Energie, den der finanzielle Zugewinn erfordert, führt in der Regel zu Einbußen in anderen wesentlichen Bereichen persönlichen Wohlbefindens, indem er zulasten etwa der Beziehungen innerhalb und außerhalb der Familie oder der Pflege kultureller und spiritueller Interessen geht. Eine Frage, die sich daher jeder von uns ernsthaft stellen sollte, lautet: »Wie viel ist genug?« Um Gandhis berühmten Ausspruch zu zitieren: »Die Welt hat genug für jedermanns Bedürfnisse, aber nicht für jedermanns Gier.« Die Fähigkeit, zwischen legitimen Bedürfnissen und schrankenloser Habgier zu unterscheiden, hat wesentlichen Anteil an unser aller Wohl.

Einer der Grundsätze des geltenden Wirtschaftssystems ist die unaufhebbare Verkettung von Arbeit und Einkommen. Mit der weiteren Entwicklung der künstlichen Intelligenz innerhalb der kommenden Jahrzehnte wird sich unsere Beziehung zur Arbeit aber vollständig verwandeln, und damit muss auch die Verknüpfung von Arbeit und Einkommen als gesellschaftliches Prinzip in radikaler Weise revidiert werden. Wir vergessen zu leicht, dass dieses Prinzip, das uns heute als eherne Wahrheit erscheint, tatsächlich ein verhältnismäßig neues gesellschaftliches Konstrukt ist. Vor Beginn der industriellen Revolution war es nur eine Minderheit, die gegen Vergütung arbeitete, und die Erwerbstätigkeit, wie wir sie heute kennen, war eher die Ausnahme. Mit der Industrialisierung und Urbanisierung wurde die Verknüpfung von Arbeit und Einkommen zu einem Dogma, das seither nicht mehr infrage gestellt wird.

Im Laufe der Jahre habe ich gemeinsam mit meiner Familie lange Zeit in Gemeinschaften gelebt, in denen wir bewusst Arbeit und Geld voneinander entkoppelten. Die während des Zweiten Weltkriegs gegründeten Camphill[17]-Gemeinschaften waren ein Versuch, Menschen mit besonderem Förderungsbedarf (aufgrund intellektueller oder emotionaler Einschränkungen beziehungsweise aufgrund von Verhaltensstörungen) eine heilsame Umgebung zu bieten. Sie waren außerdem ein gesellschaftliches Experiment, um einige der Ideen umzusetzen, wie sie Rudolf Steiner in seiner Vision von der »sozialen Dreigliederung«[18] formuliert hatte. In diesem Kontext wird Arbeit als der Beitrag betrachtet, den der Einzelne im Dienst an der Gesellschaft leistet. Durch unsere Arbeit erfüllen wir unser Verlangen, etwas für andere zu tun, und verleihen unserem Leben Sinn, indem wir unsere Fähigkeiten zum Wohle aller einsetzen. Im Gegenzug nimmt sich die Gemeinschaft der Erfüllung unserer Bedürfnisse an, indem sie uns mit allem versorgt, was wir für unser Wohlergehen benötigen.

So gesehen hört Arbeit auf, der »negative Nutzen« zu sein, als der sie im landläufigen ökonomischen Denken gilt (und das daher minimalen Arbeitsaufwand bei maximalem Profit anstrebt), und wird stattdessen zu einem Weg, durch einen wertvollen Beitrag zur Gesellschaft ein sinnerfülltes Leben zu führen. In unserer Gemeinschaft hatte jeder seine Aufgaben, die den Fähigkeiten des Einzelnen und dem Bedarf des Ganzen entsprachen, aber das Einkommen war nicht an die berufliche Funktion geknüpft. Der gesamte Verdienst floss in einen gemeinsamen Topf, aus dem dann die einzelnen Mitglieder oder Familien der Gemeinschaft gemäß ihrem tatsächlichen Bedarf ihren Anteil erhielten. So konnte ein Gärtner mit mehreren Kindern mehr bekommen als ein alleinstehender Arzt.

Wenn ich anderen über die Jahre berichte, in denen wir als Familie dieses Leben geführt haben, meinen viele, es müsse sehr kompliziert gewesen sein, das Zusammenleben von bis zu einhundert Menschen zu organisieren und zwischen ihren unterschiedlichen Bedürfnissen zu vermitteln. Tatsächlich war es aber sehr einfach. Wir kamen nur zweimal im Jahr zusammen, um über besondere Ausgaben zu sprechen, etwa für die Anschaffung eines neuen Autos, die Begleichung von Studiengebühren oder eine längere Reise. Ansonsten nahmen sich alle, was sie im Laufe des Jahres für ihren Familienbedarf benötigten. In all dieser Zeit gaben wir niemals mehr aus, als wir hatten, im Gegenteil: Am Ende des Jahres hatten wir auf unseren Konten sogar noch Geld übrig, das wir für wohltätige oder gemeinnützige Zwecke spendeten, da wir stets mit einem ausgeglichenen Saldo ins neue Jahr gehen wollten. Wenn wir niemals über unsere Verhältnisse lebten, so hatte das einen einfachen Grund: Uns war immer bewusst, dass jede Eigenentnahme den Anteil verringerte, der allen anderen verblieb.

Tatsächlich ist das die Realität, die in der Welt der Ökonomie immer gilt: Was einmal konsumiert wurde, steht anderen nicht mehr zur Verfügung. Im gegenwärtigen Wirtschaftssystem sind wir uns dessen nicht bewusst, und wir unterliegen der Illusion, dass alles, was wir verdienen und erwerben, allein uns gehört und mit niemandem sonst etwas zu tun hat. Darin liegt die Hauptursache für die zutiefst unethische ökonomische Ungleichheit, die sich in den vergangenen Jahrzehnten erheblich verschärft hat. Zu einer gerechten Wirtschaftsform zu kommen, die das Wohlergehen aller und nicht nur einiger weniger berücksichtigt, ist nicht zuletzt eine ökologische Aufgabe. Das eine hängt eng mit dem anderen zusammen, und für beides eine Lösung zu finden, ist eine der größten Herausforderungen der Gegenwart und Zukunft.

Zusammenfassung: Die neun Domänen und 33 Indikatoren der BNG-Erhebung in Bhutan

Domäne	**Indikatoren**
1. Psychisches Wohlbefinden	1. Zufriedenheit mit dem eigenen Leben 2. Positive Emotionen 3. Negative Emotionen 4. Spiritualität
2. Gesundheit	5. Gesundheitszustand 6. Anzahl gesunder Tage 7. Behinderungen 8. Seelische Gesundheit
3. Gebrauch der Zeit	9. Arbeit 10. Schlaf
4. Bildung	11. Formale Schulbildung 12. Ausbildung 13. Wissen 14. Werte
5. Kulturelle Vielfalt und Identität	15. Handwerkliche Fähigkeiten 16. Teilhabe am kulturellen Leben 17. Beherrschung der Muttersprache 18. Traditionelle Umgangsformen

6. Lebendige Gemeinschaft	19. Freigebigkeit (in Form von Zeit und Geld) 20. Sicherheit 21. Verhältnis zur Gemeinschaft 22. Familie
7. Qualität der Führungsstrukturen	23. Politische Beteiligung 24. Staatliche Leistungen 25. Regierungsarbeit 26. Grundrechte
8. Ökologische Vielfalt und ihre Bewahrung	27. Gefährdung des Wildtierbestands 28. Folgen der Urbanisierung 29. Umweltverantwortung 30. Ökologische Fragen
9. Lebensstandard	31. Einkommen 32. Vermögenswerte 33. Wohnsituation

Auch in Bhutan, wo man bewusst das Glück der Bevölkerung in den Mittelpunkt stellt, ist nicht jeder rundum glücklich. Aber die Erhebung hilft der Regierung dabei, auf Bereiche aufmerksam zu werden, in denen Handlungsbedarf besteht und in die Ressourcen fließen sollten. Dabei ist auch zu beobachten, dass Fortschritte in einem Bereich mit Verlusten in anderen Bereichen erkauft werden; während zum Beispiel die Modernisierung zu einem höheren Lebensstandard sowie zu Verbesserungen im Bildungs- und Gesundheitswesen geführt hat, kam es im selben Zeitraum zu Einbußen in den Sektoren »Lebendige Gemeinschaft« und »Kultur«. Solche Zusammenhänge zu erkennen ist von entscheidender Bedeutung, um die richtigen politischen oder wirtschaftspolitischen Entscheidungen zu treffen. Eine Gesamtschau, welche die verschiedenen Entwicklungsdomänen im Blick behält, hilft nicht nur bei der Entscheidungsfindung, sondern ist auch Voraussetzung für ausgewogenen Fortschritt und eine verantwortungsvollere Lebensweise.

Bei alldem sollte man nicht vergessen, dass wir mit den neun Domänen auf die äußeren Bedingungen eines glücklichen Lebens abzielen. So günstig die äußeren Gegebenheiten auch immer sein mögen, am Ende sind die innere Einstellung und das eigene Bewusstsein der entscheidende Faktor. Daher ist es wichtig, die richtige Balance zwischen der Verbesserung der äußeren Lebensbedingungen und der gleichzeitigen Arbeit an den inneren Bedingungen des Glücks zu finden. In welchem Kontext wir das BNG auch umsetzen wollen, immer ist das Gleichgewicht zwischen den inneren und äußeren Bedingungen des Glücks von allergrößter Bedeutung.

In den vergangenen zweihundert Jahren hat die westliche Kultur immense Erfolge bei der Anhebung des materiellen Wohlstands erzielt. Der Fortschritt in Wissenschaft und Technik hat hier ein beispielloses Vorankommen ermöglicht, und dennoch hat sich sehr deutlich gezeigt, dass diese äußeren Bedingungen allein nicht ausreichen, um ein gutes und sinnerfülltes Leben zu gewährleisten. Im Hinblick auf die Industrienationen müssen wir das Augenmerk vor allem auf die inneren Bedingungen des Wohlergehens und den nötigen Bewusstseinswandel richten, wenn wir den Herausforderungen begegnen wollen, denen wir uns heute gegenübersehen.

Angesichts sozialer, ökonomischer und ökologischer Probleme neigen wir dazu, die Systeme und Strukturen anzuklagen oder auch die Personen, die wir als Machtträger innerhalb dieser Systeme wahrnehmen. Wir sollten aber niemals vergessen, dass die Systeme nichts anderes sind als das Resultat der Art und Weise, wie jeder Einzelne von uns denkt, fühlt, handelt und sich anderen Menschen und der Welt gegenüber verhält. Nur ein verändertes Bewusstsein kann einen dauerhaften Wandel der gesellschaftlichen und wirtschaftlichen Strukturen bewirken.

Aus diesem Blickwinkel betrachtet, sind die neun Domänen der Volksbefragung und deren Ergebnisse nur Symptome, die uns helfen können festzustellen, wo es noch Fortschritte zu machen gilt. Sie sind nicht Ursache, weder unseres Glücks noch unseres Leidens. Dennoch ist es von großer Bedeutung, unsere Blickrichtung von der rein finanziellen und ökonomischen Dimension gesellschaftlichen Lebens hin zu einer ganzheitlichen und umfassenden Perspektive zu lenken, um die richtigen Entscheidungen zugunsten einer besseren Gesellschaft und des Wohlergehens aller zu treffen.

Das BNG-Analyse-Instrument für verantwortliche Entscheidungsfindung

Während der BNG-Fragebogen eine Momentaufnahme der aktuellen gesellschaftlichen Situation liefert, hilft das BNG-Analyse-Instrument der Regierung und politischen Führern dabei, zu verantwortlichen Entscheidungen zu kommen, indem es so präzise wie möglich voraussagt, welche Auswirkungen eine politische Entscheidung auf jede der neun Domänen hat. Abgesehen von ihrer Funktion als Instrument zur Bewertung des Entwicklungsfortschritts, dienen die BNG-Indikatoren auch als gemeinsame Orientierungshilfe für politische Maßnahmen und Programme, die mit den Wertsetzungen des BNG in Einklang sind. Mit dem BNG-Analyse-Instrument hingegen soll systematisch erfasst werden, wie sich politische Maßnahmen und Projekte auf das Bruttonationalglück auswirken, wodurch BNG-förderliche Maßnahmen und Projekte bevorzugt und andere verworfen werden, die sich negativ auf die Schlüsselfaktoren des BNG auswirken. Innerhalb der Regierung Bhutans fällt der BNG-Kommission die Aufgabe zu, alle wichtigen politischen Maßnahmen und Entscheidungen aus der Perspektive der BNG-Indikatoren zu überprüfen.

Der Ablauf ist der folgende: Wenn ein Ministerium oder eine andere Regierungsstelle eine neue politische Maßnahme vorschlägt, muss zunächst das Kabinett (also der Ministerpräsident mit allen Ministern) dem Vorschlag zustimmen. Anschließend geht er zur Prüfung an die BNG-Kommission, die das Projekt im Hinblick auf die neun Domänen begutachtet, wobei sie 22 Variablen zugrunde legt, denen eine Punktzahl zwischen 1 und 4 zugeordnet wird (siehe Tabelle):

1. Wirkt sich negativ auf den Indikator aus.
2. Von ungewisser Auswirkung auf den Indikator.
3. Von neutraler Auswirkung auf den Indikator.
4. Wirkt sich positiv auf den Indikator aus.

Variable	**Domäne**	**Punktzahl (1–4)**
1. Gerechtigkeit	Lebensstandard	
2. Ökonomische Sicherheit		
3. Materielles Wohlergehen		
4. Teilhabe an produktivem Tun		
5. Entscheidungsfreiheit	Führungsstrukturen	
6. Antikorruption		
7. Rechtsweg		
8. Rechte		
9. Geschlecht		
10. Transparenz		

11. Wissen und Kompetenzen	Bildung	
12. Volksgesundheit	Gesundheit	
13. Belastung von Wasser und Luft	Ökologie	
14. Bodendegradation		
15. Artenvielfalt und -gesundheit		
16. Soziale Unterstützung	Lebendige Gemeinschaft	
17. Familie		
18. Freizeit	Gebrauch der Zeit/Ausgewogenheit	
19. Kultur	Kultur	
20. Werte		
21. Spirituelle Interessen	Psychische Gesundheit	
22. Stress		

Um ein konkretes Beispiel dafür zu geben, welchen Einfluss das BNG-Analyse-Instrument in Bhutan auf Regierungsentscheidungen hat, möchte ich hier eine Geschichte wiedergeben, die mir ein Regierungsvertreter erzählt hat, der bei dem Vorgang selbst anwesend war.

Das Wirtschaftsministerium der Königlichen Regierung von Bhutan schlug einmal vor, das Land solle der Welthandelsorganisation WTO beitreten. Hintergrund der Überlegung war, dass Bhutan durch eine WTO-Mitgliedschaft von besseren Handelsabkommen profitieren, leichteren Zugang zum internationalen Kapitalmarkt erhalten und eine stärkere ökonomische Position am Weltmarkt behaupten könne. Als dieser Vorschlag erstmals im Kabinett diskutiert wurde, stimmten neunzehn seiner Mitglieder für den Antrag und nur sechs dagegen. Danach wurde der Vorschlag zur weiteren Analyse an die BNG-Kommission weitergeleitet, um darüber zu befinden, welche Auswirkungen diese Entscheidung auf die allgemeine Entwicklung des Landes haben würde. Mithilfe des soeben erläuterten BNG-Analyse-Instruments untersuchte die Kommission, welche Folgen ein WTO-Beitritt im Hinblick auf die neun Domänen hätte. Die Überprüfung ergab, dass die Auswirkungen auf die Variablen »Ökonomische Sicherheit«, »Materielles Wohlergehen« und »Teilhabe an produktivem Tun« als durchaus positiv zu bewerten sind; allerdings waren die Auswirkungen auf die meisten anderen Variablen wie »Gerechtigkeit«, »Volksgesundheit«, »Belastung von Wasser und Luft«, »Bodendegradation«, »Artenvielfalt«, »Familie«, »Freizeit« und »Stress« als negativ zu bewerten. Als das Ergebnis der Analyse feststand, wurde es dem Kabinett vorgelegt, das nach dem Verlesen des vollständigen Berichts erneut über den Antrag abstimmte. Dieses Mal fiel das Ergebnis genau umgekehrt aus: Neunzehn Kabinettsmitglieder stimmten gegen den Antrag und nur sechs dafür. Dies ist der Grund, warum Bhutan heute eines der wenigen Länder ist, das nicht der WTO angehört.

Wie das Beispiel zeigt, wäre die Entscheidung mit Sicherheit gegenteilig ausgefallen, wenn die Regierung sich allein am BNP und Wirtschaftswachstum orientiert hätte. Weil aber die Regierung von Bhutan den Beitritt aus einer ganzheitlichen Perspektive betrachtete und bei ihrer Analyse nicht nur die wirtschaftlichen und finanziellen Aspekte einbezog, sondern auch die Folgen für das Wohl der Gesellschaft insgesamt berücksichtigte, entschied sie sich gegen den WTO-Beitritt. Das Beispiel zeigt auch, wie wichtig es ist, die aktuelle gesellschaftliche Situation zu erfassen und ein Analyseverfahren zu verwenden, mit dem sich die Konsequenzen ermessen lassen, die Entscheidungen auf die künftige Landesentwicklung haben. Das gilt für die Umsetzung des BNG sowohl auf nationaler als auch auf unternehmerischer Ebene, und die beiden Werkzeuge – der BNG-Fragebogen und das BNG-Analyse-Instrument – gehören zusammen als die zwei Säulen, auf denen eine am BNG orientierte Staats- oder Unternehmensführung ruht.

Nach diesem Überblick über das BNG-Grundkonzept, wie es in Bhutan auf nationaler Ebene entwickelt wurde, gehen wir nun der Frage nach, wie es sich auf persönlicher, familiärer, unternehmerischer und regionaler Ebene umsetzen lässt. Dabei beziehe ich mich auf reale Beispiele aus meiner praktischen Tätigkeit der letzten Jahre.

Teil 3

Die praktische Umsetzung des Bruttonationalglücks

Das Bruttoindividualglück

Bisher haben wir gesehen, wie die neun Domänen des Bruttonationalglücks als Erhebungsinstrument dienen, um das Glück und Wohlbefinden der Bevölkerung Bhutans zu bewerten. Dieselben Domänen können aber auch als Bewertungsinstrument für Firmen, Unternehmen, Familien oder auch die persönliche Lebenssituation verwendet werden. Ein wesentlicher Teil des Verfahrens ist dabei, für jede der neun Domänen die richtigen Indikatoren zu definieren. Tun wir dies in einem unternehmerischen Kontext, ist die Bestimmung der richtigen Indikatoren an sich schon eine Lernerfahrung mit Verwandlungspotenzial, da sie Gelegenheit bietet, einander mitzuteilen und zuzuhören und einen Konsens im Hinblick auf das zu erzielen, was wir in jeder der Domänen für wichtig erachten.

Übung: Die neun Domänen im persönlichen Wohlergehen

Um eine Vorstellung davon zu vermitteln, wie die neun Dimensionen dabei helfen können, die eigene persönliche Situation einzuschätzen, möchte ich hier eine stark vereinfachte Fassung mit nur einer Fragestellung pro Domäne vorlegen.
Stellen Sie sich eine Leiter mit zehn Sprossen vor. Die oberste Sprosse steht für das bestmögliche Leben, das Sie sich denken können, während die unterste Sprosse die denkbar schlechteste Lebenssituation repräsentiert. In jeder der Domänen gilt es nun, für jeweils eine einfache Aussage auf einer Skala je nach Grad der Zustimmung eine Punktzahl zwischen 1 und 10 zu vergeben:

1. Psychisches Wohlbefinden: Ich übe mich regelmäßig darin, positive Gefühle und eine optimistische Lebenseinstellung zu pflegen.

1 10

2. Gesundheit: Mit meiner Lebensweise trage ich dazu bei, Krankheiten zu vermeiden und bei guter körperlicher und seelischer Gesundheit zu bleiben.

1 10

3. Gebrauch der Zeit: In meinem Leben gibt es eine gute Balance zwischen den unterschiedlichen Bereichen Familie, Arbeit, Freizeit, Spiritualität, Zeit in der Natur und so weiter.

1 10

4. Bildung: Ich verfüge über viele Möglichkeiten lebenslangen Lernens, sowohl im Sinne formaler Bildung als auch der persönlichen Lebenserfahrung.

1 10

5. Kulturelle Vielfalt und Identität: Ich nehme aktiv am kulturellen Leben teil, sei es im Bereich der Kunst (in Form von Musik, Gesang, Schauspiel oder Tanz), der Wissenschaft (durch Studium und Forschung) oder der Spiritualität (durch regelmäßige spirituelle Übungen).

1 10

6. Lebendige Gemeinschaft: Ich kann darauf zählen, dass es in meinem unmittelbaren persönlichen Umfeld genügend Menschen gibt, die bereit wären, mich im Ernstfall zu unterstützen. Umgekehrt liegt mir genauso daran, meinen Freunden und Verwandten beizustehen, wenn sie meine Hilfe benötigen.

1 10

7. Qualität der Führungsstrukturen: Ich kann darauf vertrauen, dass die Menschen in Führungspositionen, sei es in meinem Unternehmen oder meinem Land, das Wohl aller als ihr Hauptziel im Auge haben.

1 10

8. Ökologische Vielfalt und ihre Bewahrung: Ich bemühe mich bewusst darum, meinen ökologischen Fußabdruck durch mein konkretes Verhalten im Alltag zu verkleinern, indem ich Müll vermeide, Energie einspare und auf bewusstere und verantwortungsvollere Art konsumiere.

1 10

9. Lebensstandard: Meine finanzielle Situation erlaubt mir, meine eigenen Grundbedürfnisse und die meiner Familie zu erfüllen.

1 10

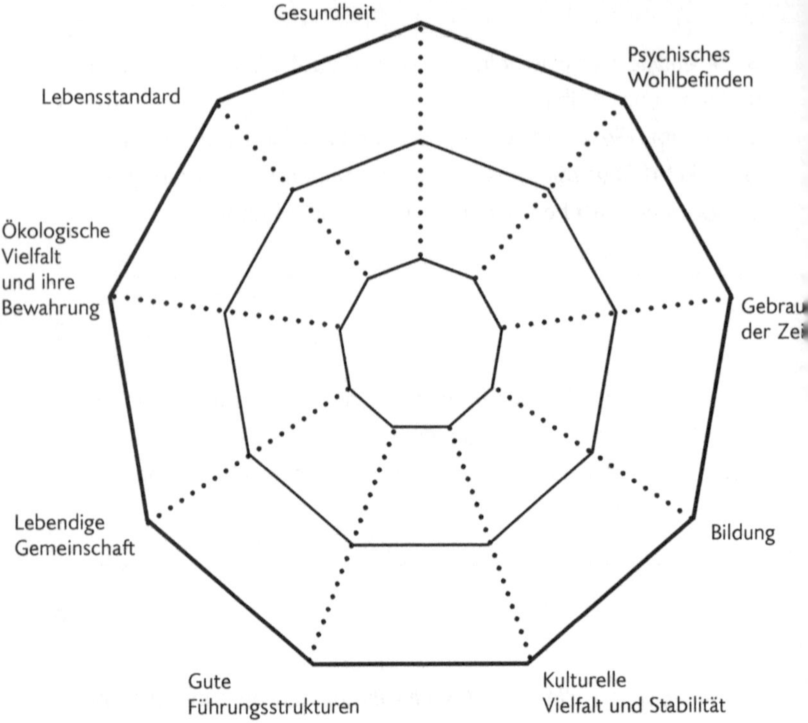

Nachdem Sie eine Selbsteinschätzung im Hinblick auf die neun Aussagen vorgenommen haben, können Sie die Skalenwerte in ein Netzdiagramm übertragen und die Punkte miteinander verbinden. Dadurch erhalten Sie ein »Glücksrad«, das Ihnen einen ersten Eindruck von Ihrem persönlichen Wohlergehen im Sinne der neun Domänen vermittelt. Natürlich ist dieses vorläufige Verteilungsmuster kein wissenschaftlich fundiertes Abbild Ihrer Lebenssituation; aber es vermittelt Ihnen eine Vorstellung davon, in welchen Bereichen Ihr Leben in der Balance ist und in welchen anderen Sie noch Verbesserungen vornehmen sollten. Sie können dazu auch eigene Aussagen formulieren, die auf Ihre individuelle Lebenssituation besser abgestimmt sind.

Nehmen Sie sich am Ende der Übung ein paar Minuten Zeit, um das Diagramm auf sich wirken zu lassen und sich Gedanken zu Fragen wie diesen zu notieren:

- Welchen Bereichen sollte ich in den kommenden Monaten und Jahren mehr Beachtung schenken?
- Wo liegen meine Stärken und Schwächen?
- Wie könnte ich zu einer besseren Ausgewogenheit zwischen den verschiedenen Domänen gelangen?

Dabei ist es wichtig, darauf hinzuweisen, dass es aus Sicht des BNG nicht darauf ankommt, in jeder der neun Domänen möglichst die höchste Punktzahl zu erzielen, was auch unrealistisch wäre. Vielmehr geht es darum, die verschiedenen Lebensbereiche in ein harmonisches Verhältnis zueinander zu bringen. Ein wichtiger Begriff im Rahmen des BNG ist derjenige der »Hinlänglichkeitsschwelle«, denn sogar im Bereich von Glück und Wohlbefinden müssen wir uns die Frage stellen: »Wie viel ist genug?«, anstatt dem unerreichbaren Ziel einer maximalen Punktzahl in allen neun Domänen nachzueifern. Bei der BNG-Umfrage gilt eine hohe Punktzahl in sechs der neun Domänen als ein ausreichend positives Ergebnis.

Im Alltagsleben müssen wir ständig Entscheidungen treffen und zwischen gegensätzlichen Zielen abwägen. Wenn wir mehr Geld verdienen wollen, um ein bequemeres und materiell besser abgesichertes Leben zu führen, bedeutet das wie gesagt vielleicht, weniger Zeit für Freunde und die Familie zu haben. Wenn wir um die Welt reisen und fremde Kulturen besuchen wollen, ist das nur um den Preis eines größeren ökologischen Fußabdrucks zu haben. Die neun Domänen können uns jedoch helfen, bewusstere Entscheidungen zu treffen, die mit unseren tieferen Zielsetzungen besser im Einklang sind.

Übung: Klärendes Schreiben (Journaling)

Eine weitere Übung, die ich in meinen BNG-Workshops oft einsetze, um den Teilnehmern das Reflektieren über ihre Lebenssituation zu erleichtern, ist von Otto Scharmers »Theorie U«-Methode inspiriert.[1] Dabei geht es darum, sich schriftlich Gedanken (»Journaling«) zu Fragen wie diesen zu machen:

- *Herausforderungen:* Betrachten Sie sich von außen wie eine fremde Person. Welche sind die drei oder vier wichtigsten Herausforderungen oder Aufgaben (sowohl beruflich als auch privat), denen Sie sich zurzeit in Ihrem Leben gegenübersehen?
- *Selbst:* Notieren Sie sich drei oder vier persönliche Leistungen. Welche wichtigen Dinge haben Sie in Ihrem Leben erreicht, oder welche Kompetenzen haben Sie entwickelt (zum Beispiel Kindererziehung, abgeschlossene Ausbildung, Fähigkeit zum Zuhören)?
- *Neues Selbst:* Welche drei oder vier wichtigen Zielsetzungen, Interessengebiete oder brachliegenden Talente gibt es, denen Sie in Zukunft mehr Aufmerksamkeit schenken wollen (zum Beispiel einen Roman oder Gedichte schreiben, eine neue soziale Bewegung gründen, sich beruflich weiterentwickeln)?
- *Frustration:* Was an Ihrem gegenwärtigen Leben frustriert Sie am meisten (beruflich und privat)?
- *Energie:* Welche sind Ihre wichtigsten Energiequellen? Was tun Sie gern?
- *Innere Widerstände:* Wo stehen Sie sich selbst im Weg? Beschreiben Sie zwei oder drei Situationen aus Ihrem Berufs- oder Privatleben, in denen Sie sich innerlich blockiert gefühlt haben.
- *Ihr Umfeld:* Wer zählt zu Ihrem persönlichen Umfeld, und was sind Ihre größten gemeinsamen Hoffnungen hinsichtlich der Zukunft?

- *Persönliche Nachwirkung:* Stellen Sie sich vor, Sie könnten sich in die Zukunft versetzen, in die letzten Augenblicke Ihres Lebens. Werfen Sie nun einen Blick zurück auf Ihre gesamte Biografie: Was möchten Sie in diesem Moment erblicken? Welche Art von Spur wollen Sie auf dem Planeten hinterlassen? Auf welche Weise möchten Sie den Menschen, die nach Ihnen weiterleben, in Erinnerung bleiben?
- *Vorsätze:* Kehren Sie nun in die Gegenwart zurück und machen Sie sich ein klares Bild davon, was Sie erschaffen wollen – von Ihren Visionen und Vorsätzen für die kommenden drei bis fünf Jahre. Was erwarten Sie sich für sich selbst und von Ihrer Arbeit? Was wollen Sie auf persönlicher, beruflicher und sozialer Ebene in Zukunft in erster Linie erreichen? Beschreiben Sie die Bilder und Gedanken, die Ihnen dazu kommen, möglichst konkret.
- *Loslassen:* Wovon müssten Sie sich trennen, um Ihre Vision Wirklichkeit werden zu lassen? Was ist das Alte, das sterben muss, um Neuem Platz zu machen? Welche alte Haut (Verhaltensweisen, Gedankengänge) gilt es abzustreifen?
- *Samen:* Was gibt es in Ihrem gegenwärtigen Leben, das als Samen für das dienen kann, was Sie künftig gestalten wollen? Worin erkennen Sie die Anfänge Ihrer Zukunft?
- *Menschen:* Wer kann Sie darin unterstützen, Ihre höchsten Potenziale zu verwirklichen? In wem erkennen Sie mögliche Helfer und Verbündete?
- *Handeln:* Welche praktischen Schritte würden Sie innerhalb der kommenden drei Tage/Wochen/Monate unternehmen, falls Sie sich dazu entschließen sollten, Ihre Vorsätze zu verwirklichen?

Das »Journaling« ist ein sehr wirksames Mittel, um sich über den eigenen Lebensweg Klarheit zu verschaffen. In der Vergangenheit habe ich es regelmäßig praktiziert, und es kann als ein interessantes Barometer der eigenen Entwicklung dienen, wenn man sieht, wie sich die Antworten im Laufe der Zeit verändern.

Man kann es für sich allein oder in der Gruppe praktizieren, wobei es in der Gruppe eine tiefer gehende Erfahrung ist. In diesem Fall bildet man Zweiergruppen, in denen die Partner im Anschluss an das Journaling einander ihre Antworten vorlesen, wobei immer nur einer der Partner spricht und der andere konzentriert zuhört. Ich habe selbst viele Male erlebt, wie diese Übung Menschen dazu verholfen hat, Lösungen zu finden oder auf ihrem Lebensweg eine neue Richtung einzuschlagen.

In einer weiteren interessanten Übung, die dazu beiträgt, unser individuelles Verständnis von Glück zu vertiefen, werden Techniken der Kontemplation und Meditation mit dem klärenden Schreiben kombiniert. Dazu möchte ich zunächst zwei innere Grundhaltungen beschreiben, um die wir uns während der Meditation bemühen.

Die erste dieser Grundhaltungen ist die Achtsamkeit oder das offene Gewahrsein. Dabei geht es darum, bei allem vollkommen präsent zu sein, ohne es zu bewerten oder in das Geschehen einzugreifen, sondern ihm einfach als interessierter, neugieriger und trotzdem neutraler Beobachter beizuwohnen. Es ist eine innere Geste der Erweiterung unserer Aufmerksamkeitssphäre, während wir dem Ganzen wach zugewandt bleiben.

Die zweite Grundhaltung ist die der Konzentration. In diesem Fall liegt die Aufmerksamkeit gebündelt auf dem Gegenstand unserer Betrachtung und ist mit einem Laserstrahl zu vergleichen: Während die Lichtstrahlen einer normalen Taschenlampe sich kegelförmig streuen, verlaufen sie bei einem Laserstrahl konzentriert in einer Richtung, wodurch sie eine sehr viel größere Kraft und Intensität erreichen. In ähnlicher Weise ist unser Alltagsbewusstsein häufig unscharf und zerstreut, während die konzentrierte Aufmerksamkeit punktförmig auf ein einzelnes Objekt ausgerichtet ist.

Es ist hilfreich, sich bei jeder Art von Meditation bewusst in diese beiden klar voneinander unterscheidbaren Bewusstseinszustände versetzen zu können. Man kann in ihnen auch so etwas wie das Ein- und Ausatmen auf der Ebene des Bewusstseins sehen. Die Übung, die ich nun vorstellen möchte, basiert auf diesen beiden inneren Grundhaltungen und kann dazu dienen, angesichts einer beliebigen Frage, die uns beschäftigt, zu einem tieferen Verständnis zu kommen. In unserem Fall möchte ich sie auf die Frage anwenden: »Was bedeutet für mich Glück?«

Übung: Was bedeutet Glück für Sie?

- Wir stellen uns die Frage »Was bedeutet für mich Glück?« und wenden ihr unsere ganze Aufmerksamkeit zu. Wir können, wenn es uns auf diese Weise leichter fällt, die Frage im Geist laufend wiederholen oder, falls uns das gelingt, sie im Inneren festhalten, ohne die Worte zu formulieren. Dies setzen wir für etwa fünf bis sieben Minuten fort.
- Jetzt wechseln wir von der konzentrierten Aufmerksamkeit zum offenen Gewahrsein, indem wir uns in eine Verfassung des inneren Zuhörens bringen. Dabei versuchen wir nicht, die Frage auf intellektuellem Weg zu beantworten, sondern schaffen einen inneren Raum zuhörender Achtsamkeit. Auch dieser Teil dauert etwa fünf bis sieben Minuten.
- Nun nehmen wir einen Stift und ein Blatt Papier zur Hand und notieren uns alles, was uns in den Sinn kommt, ohne allzu viel darüber nachzudenken; vielmehr lassen wir unserer Intuition freien Lauf.
- Anschließend lesen wir das Geschriebene aufmerksam durch und versuchen, den Inhalt in einem einzigen kurzen Satz zusammenzufassen (wer eher visuell veranlagt ist, kann dafür auch ein Symbol oder Bild wählen).
- Nun wechseln wir wieder zur konzentrierten Aufmerksamkeit und lenken unseren Geist auf den kurzen Satz oder das von uns gewählte Symbol oder Bild. Wieder konzentrieren wir uns auf dessen Inhalt fünf oder sieben Minuten lang.
- Danach wechseln wir ein weiteres Mal zum offenen Gewahrsein und achten darauf, was aus der inneren Stille intuitiv auf-

steigt. Auch dafür lassen wir uns wieder fünf bis sieben Minuten Zeit.
- Schließlich nehmen wir wieder Stift und Papier zur Hand und notieren, was immer uns gerade dazu einfällt.

Mit dieser Übung gehen wir über das oberflächliche intellektuelle Wissen und Bewerten hinaus, das sich normalerweise einstellt, wenn wir versuchen, eine Frage zu beantworten. Sobald wir ein wenig vertrauter mit dem Ablauf sind, werden wir feststellen, dass wir so Zugang zu tieferen Schichten des Bewusstseins gewinnen und zu Einsichten gelangen, die wir bereits in uns trugen, ohne uns dessen bewusst zu sein. Sehr oft fällt das Ergebnis dann überraschend aus und unterscheidet sich sehr von dem, was wir erwartet hätten.

Vor Kurzem führte ich die Übung während eines BNG-Seminars mit einer Gruppe von Master-Studentinnen an der Wiener Universität durch, und das Resultat war äußerst interessant und facettenreich. Eine Teilnehmerin sagte, dass sie plötzlich auf sehr intensive Weise die Ebene von Glück in sich wahrnahm, die es schon in ihr gab, und erkannte, dass sie jederzeit Zugang zu dieser Erlebnisschicht hatte. Eine andere meinte, ihr sei durch die Übung bewusst geworden, dass sie sich selbst nicht erlaubte, glücklich zu sein. Eine dritte war überrascht zu beobachten, mit der Frage nach dem Glück auf die Ursachen des Leids zu stoßen, die tief in ihrem Bewusstsein verborgen lagen.

Diese letzte Erfahrung ist höchst wertvoll, denn wenn wir wahres Glück erfahren wollen, müssen wir uns der Ursache des Unglücks bewusst sein, das ihm im Wege steht. Nur indem wir lernen, das Leiden zu verwandeln, können wir tiefes und anhaltendes Glück erfahren.

Zusammenfassend ist zu sagen: Wer für sich selbst eine BNG-Analyse durchführen will, muss sich zunächst mit seinen äußeren Lebensbedingungen beschäftigen und der Frage, wie sie zu verbessern oder zu verwandeln sind. Außerdem gilt es, die innere Erlebnisdimension zu erforschen. Auf diese Weise können wir nicht nur den Ursachen unseres Leidens auf den Grund gehen und erkennen, wie es sich verwandeln oder heilen lässt, sondern auch, wie wir unsere positiven Eigenschaften stärken und ganz bewusst weitere Glückskompetenzen erwerben können.

Das Bruttofamilienglück

Die Familie ist der wichtigste Baustein der Gesellschaft. Sie ist das Umfeld mit dem größten Einfluss auf den Einzelnen, da die Beziehung zu Eltern und Geschwistern für alle weiteren menschlichen Beziehungen prägend ist. Die Familie kann ein Ort der Liebe, des Vertrauens und der Sicherheit sein, ist aber oft genug auch der Schauplatz großen Leidens und schwerer Traumatisierung. Wer für glückliche Familien sorgt, schafft damit also zugleich die sicherste Grundlage für das Glück des Einzelnen und der Gesellschaft.

Vor Kurzem hatte ich Gelegenheit, ein BNG-Retreat für eine einzelne Familie zu leiten. Es war sehr berührend zu erleben, wie es den Mitgliedern der Familie gelang, die Verhaltensmuster, aus denen sich der Leidensdruck ergab, zu verwandeln und einander auf authentischere Weise zu begegnen. Zu oft übersehen wir gerade die Menschen, die uns am nächsten stehen, weil wir fälschlicherweise glauben, sie schon zu kennen. Nur selten nehmen wir uns die Zeit, ihnen wahrhaft zuzuhören, um zu erfahren, was sie wirklich bewegt.

Die allerwichtigste Übung innerhalb der Familie besteht einfach darin, sich ausreichend Zeit füreinander zu nehmen, ohne dass es dabei um etwas anderes geht, als sich mitzuteilen und einander zuzuhören. In vielen Familien kommt das nur selten vor, und mit der rasanten Ausbreitung der mobilen Informationstechnologie hat sich diese Situation noch erheblich verschärft. Es betrübt mich jedes Mal zu sehen, wie eine Familie im Restaurant zusammensitzt und alle nur auf ihr Handy starren, anstatt miteinander zu sprechen.

Achtsame Elternschaft

Als unsere eigenen Kinder noch klein waren, entschieden meine Frau und ich uns bewusst gegen einen Fernseher, damit wir die Abende mit gemeinsamen Aktivitäten verbringen konnten, anstatt auf den Bildschirm zu starren. Nachdem die Hausarbeit erledigt war, musizierten wir gemeinsam (unsere Kinder jeweils auf der Geige, meine Frau auf der Harfe und ich selbst auf der Flöte), spielten Spiele oder lasen zusammen ein Buch. Ich kann mich noch gut an einen Sommerurlaub in Dänemark erinnern, in dem wir alle drei Bände von *Der Herr der Ringe* lasen. Am Tag spielten wir in einem nahe gelegenen Wald die Szenen nach, die wir am Abend zuvor gelesen hatten, und jeden Abend saßen wir um ein Lagerfeuer und lasen wieder stundenlang in dem Buch. Die Handlung fesselte uns so sehr, dass wir kaum ein Ende finden konnten, um ins Bett zu gehen.

Inzwischen sind unsere Kinder längst erwachsen und haben selbst Kinder, aber diese Tradition ihrer Kindheit haben sie in so guter Erinnerung, dass sie an ihr festhalten und keinen Fernseher besitzen, sondern stattdessen lieber gemeinsam etwas spielen, Musik machen oder dicke Bücher zusammen lesen. Oft heißt es, dass junge Menschen heute nicht mehr lesen, aber bei meinen Kindern und Enkelkindern habe ich beobachten können, dass sie ganz von selbst zu eifrigen Lesern werden, wenn sie von Anfang an in eine Kultur des Lesens hineinwachsen. Wenn Kinder erst einmal die Magie des Buches entdecken, eröffnet sich ihnen damit eine ganz neue Welt der Fantasie und Freiheit, zu der ihnen das Klassenzimmer allein niemals Zugang verschaffen kann.

In der Qualität der Zeit, die wir mit unseren Kindern verbringen, liegt wahrscheinlich die beste Vorbereitung auf ihr künftiges Leben, die wir ihnen bieten können. Die meisten Eltern wollen das Beste für ihre Kinder, aber in unserer konsumorientierten Gesellschaft verwechseln wir oft genug »das Beste« mit Materiellem wie Spielzeug und elektronischem Gerät. Dabei ist die gemeinsam verbrachte Zeit – mit Erzählen, Zuhören, Spielen, Lesen, einem Gang durch die Natur – das wertvollste Geschenk, das wir unseren Kindern machen können.

Wenn wir verstehen, wie Kinder sich entwickeln, dann wissen wir auch, dass in den ersten sechs oder sieben Jahren der wichtigste Erziehungsfaktor die Umgebung ist, in der sie aufwachsen. Im ersten Teil war von den Spiegelneuronen die Rede, die uns von Geburt an in die Lage versetzen, intuitiv das innere Erleben unserer Mitmenschen zu erfassen. Was immer in seiner Umgebung geschieht, saugt ein kleines Kind wie ein Schwamm auf, der die Farbe einer jeden Flüssigkeit annimmt, in die man ihn taucht. Mutter oder Vater zu sein bedeutet daher, seinen Kindern die richtige Nahrung zu bieten, und gemäß der buddhistischen Psychologie gibt es vier Quellen, aus denen sich das menschliche Wesen nährt. Sich dieser vier Nahrungsarten bewusst zu sein ist von größter Wichtigkeit für die gesunde Entwicklung unserer Kinder.

Die erste Art von Nahrung bilden unsere *Lebensmittel.* Es ist leicht einsehbar, dass die Qualität dessen, was wir zu uns nehmen, nicht nur auf unseren Körper, sondern auch auf unser Gemüt großen Einfluss hat. In einer Zeit, in der es der Agrarindustrie mehr auf ihre Profite als die Gesundheit der Verbraucher ankommt, ist es besonders wichtig, dass Eltern auf die Qualität der Lebensmittel achten, die sie ihren Kindern zu essen geben. Auch ohne in Ernährungsangelegenheiten dogmatisch zu werden, müssen wir den ökologischen und gesellschaftlichen Konsequenzen unserer Essgewohnheiten Beachtung schenken. Für gewöhnlich sind wir uns dieser Dimension unserer Ernährung nicht bewusst, aber auch das sind Aspekte, die wir mit unseren Lebensmitteln zu uns nehmen. Wenn die Tiere, deren Fleisch wir essen, voller Stress aufgewachsen und unter Qualen und Angst zu Tode gekommen sind, dann ist auch dieses Leiden Teil dessen, was wir auf dem Teller liegen haben. Eine gesunde und ausgewogene Ernährungsweise, der es nicht allein um die menschliche Gesundheit zu tun ist, sondern auch um die Gesundheit unserer Gesellschaft und des Planeten, ist daher ebenfalls ein wichtiger Beitrag für die gesunde Entwicklung unserer Kinder.

Zum Glück kann man inzwischen fast überall Lebensmittel aus ökologischer oder biodynamischer Landwirtschaft kaufen, und in den westlichen Ländern ist der prozentuale Anteil des Einkommens, der von einer durchschnittlichen Familie für Lebensmittel ausgegeben wird, relativ gering. Im Vergleich mit den gesundheitlichen Vorteilen ist der Aufpreis für Gemüse und Obst aus ökologischem Anbau vergleichsweise bescheiden, und auf lange Sicht werden die Mehrausgaben durch Einsparungen bei den Gesundheitskosten kompensiert.

Die zweite Art von Nahrung stellen unsere *Sinneseindrücke* dar. Im Laufe der Urbanisierung hat sich die Menschheit immer weiter von einer natürlichen Umgebung entfernt, in der die Schönheit der Formen und Farben etwas Naturgegebenes waren, und dafür eine menschengemachte Umwelt eingetauscht, in der die Sinneseindrücke häufig ihrer Qualität beraubt sind. Es ist eine der traurigen Bekundungen materialistischer Gesellschaften wie der unseren, dass in ihnen der Schönheitssinn weitgehend abhandengekommen zu sein scheint. Wenn man sich alte Architektur anschaut oder auch nur die alltäglichen Gebrauchsgegenstände aus vergangener Zeit, ist man berührt von der Sorgfalt und dem Detailreichtum, dem Sinn für Harmonie und Schönheit, der aus allen Aspekten traditioneller Kulturen zu uns spricht. Wenn man dagegen durch eine moderne Stadt geht, umgeben von den schrillen Farben der vielen Werbeplakate, grellen Lichtern, einer seelenlosen Architektur und dem allgegenwärtigen Lärm, dann ist es geradezu erschütternd zu sehen, auf welchen Mangel an Sorgfalt und Zartsinn man hier überall trifft.

Nachdem ich einige Jahre in Bhutan gelebt hatte, wo die meisten Menschen noch traditionelle Kleidung aus wunderschön gefärbten, handgewebten Stoffen tragen, war ich von dem Bild schockiert, das mir die Straßen europäischer Städte im Kontrast dazu boten, von der fehlenden Fantasie und Schönheit in der Art, wie die meisten Menschen sich kleiden. Das betrifft nicht nur den Mangel an Farbe – Grau, Blau und Schwarz scheinen hier nahezu die einzigen Farbtöne zu sein –, sondern auch die Eintönigkeit der Formen und Schnitte, die für mich ein sehr langweiliger Anblick sind. Wenn man sich die traditionelle Kleidung auf der ganzen Welt ansieht, kann man nicht anders, als von der Mannigfaltigkeit der Farben, Formen und Stile beeindruckt zu sein, in der die Seele der Kultur und Landschaft einer Weltgegend ihren Ausdruck findet. Was dagegen in der Einförmigkeit der modernen westlichen Kleidung zum Ausdruck kommt, ist die Seelenlosigkeit der heutigen Gesellschaft. Der Qualität der Materialien, von denen ein Kind umgeben ist, kommt große Bedeutung zu, aber in der westlichen Welt ist es sehr viel wahrscheinlicher, dass ein kleines Kind sich inmitten von Plastikspielzeug mit grellen Chemiefarben wiederfindet, als mit Holz und anderen natürlichen Materialien umzugehen. Auf die Qualität der Sinneseindrücke zu achten, die ein Kind empfängt, ist ein wichtigerer Erziehungsaspekt als die Vermittlung von theoretischem oder abstraktem Wissen, das in diesem Alter ohnehin keinen tiefen Eindruck hinterlässt.

Vor Kurzem hatte ich eine Begegnung mit einem jungen Mann aus Tibet, von dessen strahlendem Lächeln und heiterem Wesen ich tief berührt war. Er machte den Eindruck eines sehr ausgeglichenen und glücklichen Menschen, und ich fragte mich, was wohl dazu beigetragen haben mochte, aus ihm eine so strahlende Persönlichkeit werden zu lassen. Er erzählte mir daraufhin von seiner Kindheit, wie er in einer Nomadenfamilie aufgewachsen sei und in 4000 Metern Höhe in einem Zelt aus schwarzer Yakwolle gelebt habe. Seine Eltern waren Hirten, und er beschrieb, wie er jeden Morgen im kalten Zelt aufwachte, in der kühlen Luft der tibetischen Hochebene, und sich geborgen in der Decke aus Yakwolle fühlte, in die ihn seine Mutter liebevoll eingewickelt hatte, um ihn warm zu halten. Seine Mutter stand sehr früh auf, um die Yaks zu melken, und als er da auf seinem Schaffell und unter seiner Yak-Wolldecke lag, konnte er hören, wie die Milch in den Kupfereimer spritzte, die Geräusche, die der Wind machte und die das Vieh draußen von sich gab. Er erinnerte sich an das sichere und behagliche Gefühl im Schutz des Feuers und im Bewusstsein, eins mit der Natur zu sein, die ihn umgab.

Als er mir so von seiner frühen Kindheit erzählte, verstand ich sehr gut, was es war, das zu seinem so strahlend heiteren und freundlichen Wesen beigetragen hatte. Natürlich können unsere Kinder, die meist in der Stadt aufwachsen, nicht auch diese Art Erfahrung machen. Dennoch können wir unser Möglichstes tun, um eine Umgebung zu schaffen, in der sich ein kleines Kind sicher und beschützt fühlt und zugleich mit dem ganzen Universum verbunden.

Die bedeutsamste Erfahrung, die wir einem Kind vermitteln können, ist das Gefühl, dass die Welt gut ist und dass es dem Leben und den Menschen vertrauen kann. Im Vergleich zu diesem Grundgefühl, dass das Universum ein Ort der Geborgenheit ist, wird alles andere zweitrangig.

Die dritte Art von Nahrung ist das *willentliche Streben.* Damit sind einerseits unsere Absichten gemeint, andererseits unsere Handlungen. Eine jede Handlung hat nicht nur Auswirkungen auf die Welt, sondern auch auf den Handelnden. Ein zentrales Element von Erziehung ist die Förderung gesunder Verhaltensweisen, damit die Willensbildung des Kindes eine möglichst positive Zielrichtung erhält. Und eines der Geheimnisse der Willenserziehung ist die Wiederholung. Je mehr etwas vom Rhythmus getragen ist, desto weniger Anstrengung ist nötig, und damit wird jede Gewohnheit, die man ausbilden will, zu einem natürlichen Fluss. Die richtige Auswahl der Gewohnheiten ist wiederum als Orientierungshilfe für das Kind von ausschlaggebender Bedeutung. Aus diesem Grund spielt auch das Erlernen eines Musikinstruments eine so wesentliche erzieherische Rolle. Abgesehen davon, dass sich dem Kind eine ganz neue Welt des Klangs, der Harmonie und der Schönheit eröffnet, wird damit eine feste Gewohnheit täglichen Übens etabliert, und das ist an sich schon ein sehr wirkungsvolles pädagogisches Hilfsmittel.

Ein anderer Aspekt der Erziehung zur richtigen Willensbildung besteht darin, dem Kind bewusst zu machen, dass sein Handeln Konsequenzen hat. Bei der echten Disziplin geht es nicht so sehr darum, Regeln und Verbote durchzusetzen, sondern im Kind das Verständnis dafür zu wecken, dass bestimmte Handlungsweisen ihm selbst und anderen Leid bereiten, während andere zu eigenem und fremdem Glück beitragen. Je größer das Bewusstsein davon ist, dass jede Handlung unausweichlich Konsequenzen hat, desto mehr wird sich ein natürliches Gefühl für Ethik einstellen. Die Folgen der eigenen Handlungsweise wahrzunehmen ist die beste Voraussetzung, um Verantwortungsgefühl gegenüber anderen Menschen und dem Planeten zu entwickeln.

In der vietnamesischen Zen-Tradition von Plum Village haben Kinder die Möglichkeit, an einer Zeremonie namens »Die zwei Versprechen« teilzunehmen:

> »Ich gelobe, mein Verständnis zu vertiefen, um in Frieden mit Menschen, Tieren, Pflanzen und Steinen zusammenzuleben.
> Ich gelobe, mein Mitgefühl zu vertiefen, um das Leben von Menschen, Tieren, Pflanzen und Steinen zu schützen.«

Man könnte meinen, dass solche Gelöbnisse für Kinder etwas abstrakt klingen, aber tatsächlich verstehen die meisten von ihnen ohne Weiteres, um was es dabei geht. Hier dazu einige Aussagen von Kindern, die sich für die Teilnahme an der Zeremonie entschieden haben:

> »Ich möchte die zwei Versprechen ablegen, weil ich andere wirklich verstehen und ihnen helfen möchte. Ich möchte Tierärztin werden, darum möchte ich dafür sorgen, dass es

keine Wilderer mehr in der Welt gibt. Ich möchte viele Bäume pflanzen, und ich möchte Menschen helfen, die leiden.«
Maeve, neun Jahre

»Ich möchte an den zwei Versprechen teilnehmen, weil ich, wenn ich mein Verständnis vertiefe, freundlich, hilfsbereit und zuvorkommend sein kann. Wenn ich mein Mitgefühl vertiefe, kann ich meine Familie mehr lieben und anderen Menschen besser zuhören.«
Ryah, elf Jahre

»Ich möchte die zwei Versprechen ablegen, weil mir die Natur, die Tiere und die Menschen wichtig sind. Ich möchte in Frieden leben und glücklich sein.«
Laeticia, elf Jahre

»Ich möchte an den zwei Versprechen teilnehmen, weil es mir hilft, meine Brüder und Schwestern besser zu verstehen, und weil ich dann weiß, wann ich ihre Samen des Zorns gieße und wann ihre Samen der Freude und des Mitgefühls. Es wird mir helfen, mit ihnen in Frieden zu leben.«
Hylan, zwölf Jahre

»Ich möchte die zwei Versprechen ablegen, weil sie mich daran erinnern, gut mit allen lebenden Wesen umzugehen.«
Julia, sechs Jahre

Die vierte Art von Nahrung bilden die *Inhalte des Bewusstseins.* Im ersten Teil des Buches habe ich dargestellt, wie gemäß der buddhistischen Psychologie jeder Gedanke, jedes Gefühl und jedes potenzielle Erlebnis in tieferen Schichten des Bewusstseins in Form von »Samen« angelegt ist und wie diese sich, je nachdem, welche Samen wir gießen und nähren, in unserem Alltagsbewusstsein manifestieren. Was immer sich in unserem Bewusstsein befindet – Gedanken, Gefühle, Absichten –, ist auch eine Art Nahrung, die sich als genauso schädlich oder bekömmlich erweisen kann wie die Lebensmittel, die wir zu uns nehmen. Daher ist es ebenfalls ein wesentlicher Aspekt der gesunden Entwicklung unserer Kinder, darauf zu achten, womit wir ihr Bewusstsein nähren.

Es ist bedenklich und das Anzeichen für einen völligen Mangel an gesundem Menschenverstand, wenn immer noch darüber diskutiert wird, ob gewaltbetonte Videospiele für Kinder gut oder schlecht sind. Damit verständlicher wird, welche Art von Samen wir mit ihnen in unserem Bewusstsein nähren, möchte ich daher hier daran erinnern, welchem Umstand Gewalt-Videospiele eigentlich ihre Entstehung verdanken.

Während des Vietnamkriegs hat die US-Armee mit Entsetzen festgestellt, dass es Hunderter, wenn nicht Tausender von Patronen bedurfte, um einen einzigen Feind zu töten. Beim Versuch, die Ursachen für diese sehr schlechte Relation zu ergründen, stellte man fest, dass die Soldaten beim Feuern auf Personen sehr häufig dazu neigten, nicht genau zu zielen. Der Grund dafür liegt darin, dass Menschen einen natürlichen inneren Widerstand haben, einen anderen Menschen zu töten, und ein Großteil der militärischen Ausbildung dient folglich dazu, diesen inneren Widerstand zu unterdrücken. Offenbar war dieses Training nicht effizient genug, und eine der Methoden, um diesen natürlichen Widerstand zu überwinden, bestand in der Entwicklung von Videospielen, in denen die Spieler lernten, sofort und reflexartig zu feuern, ohne sich in ihrer Treffsicherheit von inneren Widerständen oder ethischen Vorbehalten beirren zu lassen. Sobald man sich einmal diesen Ursprung von Gewalt-Videospielen bewusst macht, wird es offensichtlich, welche Art Samen im Bewusstsein von Kindern genährt werden, die sich oft viele Stunden am Tag mit dieser Form von Videospielen beschäftigen. Zugleich verstehen wir auch, dass die Auswahl der Bücher, Filme, Spiele und anderer Einflüsse, die auf unsere Kinder einwirken, über die Inhalte ihres Bewusstseins bestimmt und damit ganz erhebliche Konsequenzen für ihre allgemeine Entwicklung hat.

Bei der achtsamen Elternschaft handelt es sich darum, innerhalb der vier Nahrungskategorien für unsere Kinder eine gute Wahl zu treffen, um die Samen des Glücks und Wohlbefindens zum Keimen zu bringen und die des Leidens, der Angst, der Gewalt und Verzweiflung gar nicht erst aufgehen zu lassen oder schon im Keim zu verwandeln. Sobald wir diesen Zusammenhang einmal einsehen, erkennen wir auch, dass es in der Erziehung weniger um Belehrung, Befehlen und Verbieten geht als vielmehr darum, ein gesundes, harmonisches und förderliches Umfeld zu schaffen.

Als unsere Kinder langsam ins Teenageralter kamen, wurde meiner Frau und mir klar, dass wir ihnen ein besonderes Erlebnis bieten wollten, um ihnen das Überschreiten der Schwelle von der Kindheit zur Jugend zu erleichtern. In traditionellen Gesellschaften gibt es Übergangsriten, die den jungen Menschen dabei helfen, von einer Lebensphase in die nächste überzutreten – ein Brauchtum, das in modernen westlichen Gesellschaften fast vollständig verschwunden ist. Wir beschlossen also, unser eigenes Familienritual zu kreieren, um unsere Kinder in dieser bedeutsamen Wandlungsphase zu unterstützen. Es bestand darin, vom Genfer See aus die Alpen zu überqueren, bis wir das Mittelmeer erreichen würden, eine Wanderung von vollen drei Wochen, bei der wir jeden Tag mindestens acht Stunden auf den Beinen waren. Um die Unternehmung noch etwas aufregender zu gestalten, beschlossen wir, unsere Zelte mitzunehmen und unter freiem Himmel zu schlafen. Jeden Abend campierten wir an Flussufern oder am Rande von Gebirgsseen und bereiteten unsere Mahlzeiten aus dem mitgebrachten Proviant zu, anstatt ins Restaurant zu gehen.

Zu jener Zeit lebten wir ein paar Kilometer vom Genfer See entfernt. Also zogen wir mit unseren Rucksäcken in Richtung Seeufer los, nahmen ein Boot, das uns hinüber zur französischen Seite brachte, und begannen unseren Aufstieg. In den ersten Tagen bedeutete es eine große Strapaze, acht Stunden täglich mit schwerem Gepäck über steile Gebirgspfade zu wandern. Aber mit der Zeit gewannen unsere Körper an Kraft, und so fiel es uns zunehmend leichter. Das Hauptproblem war, dass wir mit vier Jugendlichen unterwegs waren, die einen kräftigen Appetit hatten, und wir nur über so viel Proviant verfügten, wie wir in unseren Rucksäcken verstauen konnten. Alle drei Tage mussten wir in das nächstgelegene Dorf absteigen, um uns mit neuen Vorräten einzudecken, und für gewöhnlich waren sie am zweiten Tag schon wieder nahezu aufgebraucht.

Ich kann mich noch lebhaft daran erinnern, wie wir eines Tages einen hohen Berg erstiegen und, als wir den Gipfel erreicht hatten, der ganze Proviant, der uns geblieben war, aus drei Äpfeln bestand. Wir teilten sie unter uns sechs auf, sodass jeder einen halben Apfel erhielt. Beim ersten Bissen meinten die Kinder, wie wunderbar sie schmeckten, erkundigten sich danach, wo wir sie gekauft hatten und warum sie noch nie zuvor so herrliche Äpfel gegessen hätten. Eigentlich waren es ganz gewöhnliche Äpfel, und zu Hause hätten wir ganze Berge davon haben können, ohne dass jemand danach gegriffen hätte – aber in dieser Situation, nach einem schweren Anstieg, wurden ihnen ihr herrlicher Geschmack und ihr ganzes Aroma erst richtig bewusst! Es war, als würden sie zum ersten Mal in ihrem Leben einen Apfel essen.

Unsere Kinder sind in der Schweiz aufgewachsen, und natürlich wäre es absurd gewesen, ihnen absichtlich etwas Essbares vorzuenthalten, nur damit ihnen der köstliche Geschmack und Wert eines einfachen Apfels aufgehen. Aber hier, in dieser Situation, ergab sich ganz von selbst die Gelegenheit zu dieser tief greifenden Erfahrung, die sie in ihrem normalen Alltag niemals gemacht hätten. Dabei ist dies nur eines von vielen Erlebnissen, die wir auf dieser Wanderung hatten, und im Rückblick bleibt sie einer der Höhepunkte unseres Familienlebens. Und wenn wir heute mit unseren Kindern über ihre Kindheit sprechen, zeigt sich, dass es nicht die Ferien in einem mondänen Seebad oder einer gemütlichen Berghütte sind, die bei ihnen den stärksten Eindruck hinterlassen haben, sondern es ist diese so anstrengende und zugleich herrliche Erfahrung stundenlangen Wanderns durch die einmalige Schönheit der Bergwelt.

Ein »Neubeginn« für Familien

Eine der Übungen, die ich in der Arbeit mit Familien oder Gemeinschaften empfehle, ist die »Übung des Neubeginns«. Sie besteht aus vier Abschnitten, bei denen jeder Teilnehmer die Möglichkeit hat, sich zu äußern, ohne von den anderen unterbrochen zu werden. Solange ein Teilnehmer spricht, üben sich die anderen im vertieften Zuhören.

Übung: Ein Neubeginn

1. ***»Die Blumen gießen«:*** Dieser Teil der Übung soll Gelegenheit bieten, anderen gegenüber unsere Wertschätzung zum Ausdruck zu bringen. Zu oft betrachten wir die Menschen, die uns nahestehen, als selbstverständlichen Teil unseres Lebens. Auch wenn wir ihre positiven Eigenschaften kennen, machen wir uns nur selten die Mühe, diese bewusst wahrzunehmen und zu würdigen. »Die Blumen gießen« ist eine Gelegenheit, die Stärken anderer Menschen und solche Momente hervorzuheben, in denen sie uns durch ihre Worte oder Taten beeindruckt haben. Ich habe oft erlebt, wie Menschen durch diese Art von Zuspruch zu Tränen gerührt waren. Die positive Wirkung bleibt aber nicht auf den Empfänger des Feedbacks beschränkt; auch sein Geber wird durch diese bewusste Ausrichtung auf die Vorzüge seiner Mitmenschen beschenkt. Beide Seiten gewinnen an Selbstwertgefühl und werden ermutigt, sich in positiver Weise weiterzuentwickeln. Manchmal genügt schon dieser erste Schritt, um unter den Mitgliedern der Familie wieder für mehr Harmonie und Herzlichkeit zu sorgen. Man sagt, dass Liebe blind macht, aber ich möchte behaupten, das Gegenteil sei der Fall: Die Liebe lässt uns die wunderbaren Eigenschaften eines Menschen se-

hen, die anderen vielleicht entgehen. Wenn wir uns verlieben, können wir von der Schönheit des anderen geradezu überwältigt sein. Die Gefahr besteht darin, dass uns dieser tiefe Blick allmählich verloren geht und wir die Gegenwart des Partners oder der Partnerin für selbstverständlich halten. Der Zauber der ersten Begegnung beginnt zu verblassen. Eine Übung wie »Die Blumen gießen« hilft dann beiden Partnern, die ursprüngliche Wahrnehmung, die sonst leicht in Vergessenheit gerät, neu zu beleben.

2. ***Bedauern zum Ausdruck bringen:*** Häufig kommt es vor, dass wir uns nahestehende Menschen verletzen – nicht weil wir es wollen, sondern weil wir unaufmerksam und unachtsam waren. Wir sind zu sehr mit unseren eigenen Angelegenheiten beschäftigt und hören anderen nicht wirklich zu, weil uns unser Leben oder unsere Arbeit wichtiger erscheint als das, was in unseren Angehörigen vorgeht. Wenn wir bemerken, dass wir jemanden gekränkt haben, nehmen wir uns oft nicht die Zeit für eine Klärung, weil wir glauben, dass es schon nicht so schlimm sei und sich von selbst erledigen werde. Wenn es aber immer wieder vorkommt, dass wir solche Vorfälle wortlos übergehen, kann das auf Dauer eine Beziehung zerstören. Sobald wir daher bemerken, dass wir die Gefühle einer anderen Person unabsichtlich verletzt haben, ist es sehr wichtig, sie darauf anzusprechen und unser Bedauern darüber zum Ausdruck zu bringen. Vielleicht haben wir im Alltagstrubel nicht immer die Gelegenheit, das auf der Stelle zu tun. Mit dieser Übung schaffen wir daher bewusst einen Moment, uns für eine Gelegenheit zu entschuldigen, bei der wir jemanden durch unachtsame Worte oder Taten gekränkt haben. Auch dann, wenn uns der fragliche Vorfall eher belanglos vorkommt, hat es doch etwas sehr Heilsames, wenn wir einem anderen Menschen zeigen, dass wir ihn mit seinen Gefühlen ernst

nehmen, und ihm zu verstehen geben, dass keine böse Absicht im Spiel war.

3. *Gekränktsein zum Ausdruck bringen:* Damit andere uns verstehen können, müssen wir den Mut und die Aufrichtigkeit aufbringen, ihnen zu sagen, dass wir uns verletzt fühlen, ohne das mit einer Schuldzuweisung zu verbinden. Es ist wichtig, sich klarzumachen, dass unsere Gefühle nur uns selbst gehören und dass sie immer in unserem eigenen Bewusstsein wurzeln, auch wenn andere der Auslöser dafür waren. Wenn wir unserer Verletztheit Ausdruck verleihen, ist das folglich immer auch ein Vorgang der Selbsterkenntnis, während es den uns nahestehenden Menschen zugleich hilft, sensibler für unsere wunden Stellen zu werden und darauf Rücksicht zu nehmen, um uns nicht unabsichtlich zu kränken. Dieser Teil der Übung ist sehr heikel und bedarf großer Umsicht, damit es nicht zu zusätzlichen Spannungen und Verstimmungen kommt. Er kann auch nur dann gelingen, wenn zwischen den Teilnehmern echtes Wohlwollen und Vertrauen herrschen.
4. *Alte Verletzungen benennen:* Wir alle haben von Zeit zu Zeit unter Gefühlen zu leiden, deren Ursachen in der Vergangenheit liegen. Wenn wir die Menschen, denen wir vertrauen, in diese Dinge einweihen, kann es ihnen helfen, uns besser zu verstehen und uns die Unterstützung zukommen zu lassen, derer wir wirklich bedürfen. Auch wenn Strukturen und Hierarchien, wie sie in Familien und Betrieben herrschen, uns daran hindern können, über unsere wunden Punkte zu sprechen, ist diese Verletzbarkeit dennoch ein wichtiger Teil dessen, was uns als Menschen ausmacht. Wenn wir uns anderen damit mitteilen, erlaubt uns das, authentischere Beziehungen zu führen, und verhilft nicht nur uns selbst zu innerer Verwandlung und Heilung, sondern auch der Gemeinschaft, in der wir leben.

Man kann diese Übung in einem festgelegten Rahmen ausführen, indem man innerhalb der Familie oder im Freundeskreis eigens zu diesem Zweck zusammenkommt; sie kann uns aber auch als Richtschnur für unseren täglichen Umgang miteinander dienen, ohne dass wir dabei einer bestimmten Vorgabe folgen. Eine Übung, die man im Stillen für sich ausführt, kann manchmal sogar wirksamer sein als ein strukturierter Übungsablauf mit festen Regeln. Wenn wir diese vier Schritte im Auge behalten, können sie uns jedenfalls als Orientierung auf dem Weg zu gesunden und erfüllenden Beziehungen dienen, sei es in der Familie oder im Hinblick auf die Gesellschaft als Ganzes.

Im nächsten Kapitel über die »Glücklichen Schulen«, das als Beispiel für die Umsetzung des Bruttonationalglücks im Bildungssystem dient, kommen wir noch auf weitere Aspekte der Erziehung zu sprechen. An dieser Stelle war es mir wichtig, die Bedeutung hervorzuheben, die ein unterstützendes familiäres Umfeld für das Glück des Einzelnen wie der Gesellschaft hat.

Das BNG im Bildungswesen: Glückliche Schulen

Wozu brauchen wir Glückliche Schulen?

Von kleinen Abweichungen abgesehen, ist das heutige Bildungssystem im Wesentlichen das gleiche auf der ganzen Welt. Als ein Produkt des europäischen Gesellschaftssystems des 19. Jahrhunderts ist es noch immer auf den Bedarf der industriellen Revolution zugeschnitten, die gemäß der hierarchischen Organisation von Industrie und Militär eine Gesellschaftspyramide hervorbrachte, die aus einer Arbeiterschicht sowie einer mittleren und oberen Führungsschicht bestand. Betrachtet man sich einmal genauer, auf welche Weise die industrielle Produktion organisiert ist, springt die Ähnlichkeit mit der Organisation des Bildungssystems ins Auge.

In der Industrie hat Qualitätskontrolle etwas mit Einheitlichkeit zu tun. Es ist leicht einsehbar, dass bei der Produktion mechanischer Komponenten jedes Bauteil vollkommen gleich sein muss, um in die fertige Maschine zu passen oder eine andere Funktion zu erfüllen. Diese Gleichsetzung von Qualität mit Konformität wurde auf das Bildungssystem übertragen, wo man anhand von Prüfungen und Benotungen erfasst, ob die Schüler der Norm entsprechen, ohne deren individuelle Begabungen und Bestrebungen in Betracht zu ziehen. Und auch wenn wir uns die räumliche Aufteilung von Schulen und Klassenzimmern betrachten, fühlen wir uns stark an diejenige von Fabriken erinnert. Die Kinder sitzen in rechteckigen Räumen an Tischreihen, die frontal zur Tafel und zum Lehrer ausgerichtet sind. Betrachtet man sich Fotografien von Fabrikhallen aus dem 19. Jahrhundert, sieht man die gleiche Aufteilung: die Arbeiter an ihren Werkbänken und ihnen gegenüber der Vorarbeiter, der die Arbeitsabläufe überwacht.

Die Arbeitsteilung erfordert innerhalb jedes Fertigungssektors nur eine begrenzte Anzahl von Fähigkeiten. Dementsprechend fördert auch das Bildungssystem nicht die Entwicklung des Menschen in seiner Gesamtpersönlichkeit, sondern lediglich in einem begrenzten Ausschnitt, der ihn tauglich macht, die Erfordernisse des Arbeitsmarktes und die Erwartungen der Gesellschaft zu erfüllen.

Da sich die Arbeitswelt in den vergangenen Jahrzehnten aber stark gewandelt hat, wird damit das Ziel, dem Arbeitsmarkt die entsprechenden Fachkräfte zur Verfügung zu stellen, paradoxerweise nicht einmal erreicht. Vergleicht man die Fähigkeiten, die an Schulen und Universitäten vermittelt werden, mit den Fähigkeiten, die heute wirklich benötigt werden, erkennen wir zwischen beidem eine große Diskrepanz.

Bis zum Ende des 20. Jahrhunderts war Information nur schwer zugänglich, daher hat man verständlicherweise bei der Wissensvermittlung sehr viel Wert darauf gelegt, dass so viel wie möglich davon haften bleibt. Mit dem Aufkommen der Informationstechnologie jedoch hat sich diese Situation grundlegend geändert, und heute hat jeder mit seinem Smartphone Zugang zu mehr Informationen, als die größten Bibliotheken früherer Jahrhunderte umfassten. Aber das Bildungssystem hat mit dieser Entwicklung nicht Schritt gehalten, und ein großer Teil der Zeit, welche die Schüler und Studenten in Klassenzimmern und Hörsälen verbringen, wird nach wie vor auf die Weitergabe und Aufnahme von Informationen verwandt.

Im Januar 2018 verwies Jack Ma, Gründer der IT-Firmengruppe Alibaba, auf dem Weltwirtschaftsforum nachdrücklich auf die Folgen, die sich aus dem Siegeszug der künstlichen Intelligenz für den Bildungsbereich ergeben. Hier zusammengefasst sein Statement dazu:

> »Die Bildungsfrage stellt uns heute vor eine große Herausforderung. Wenn wir unsere Art von Unterricht nicht verändern, werden wir in dreißig Jahren ein großes Problem haben,

denn es ist die Art, wie wir unsere Kinder in den vergangenen zweihundert Jahren unterrichtet haben. Sie beruht auf der Weitergabe von Wissen, aber wir können unseren Kindern nicht beibringen, wie sie mit Maschinen konkurrieren, die in dieser Hinsicht klüger sind; sondern wir müssen sie etwas lehren, mit dem Maschinen niemals mithalten können, damit sie dreißig Jahre später eine Chance haben. Was ist es, das wir ihnen beibringen müssen? Werte, selbstständiges Denken, Teamarbeit, füreinander da zu sein. Das sind die Soft Skills, die sich durch kein bloßes Wissen vermitteln lassen. Daher glaube ich, dass wir unsere Kinder vor allem im Sport, in der Musik, in der Malerei, in den Künsten unterrichten müssen – alles, was wir ihnen beibringen, sollte sich von dem unterscheiden, was Maschinen besser können. Denken Sie einmal darüber nach …«[2]

Die erste Herausforderung, der sich das gegenwärtige Bildungssystem stellen muss, ergibt sich also daraus, dass es sich nicht im Einklang mit den gesellschaftlichen Erfordernissen entwickelt hat. Die zweite und wahrscheinlich noch größere Herausforderung besteht in der Anerkennung der Tatsache, dass es nicht der harmonischen Entwicklung der Gesamtpersönlichkeit dient. Vielmehr erzeugt es bei Kindern und jungen Menschen ein hohes Maß an Leiden, Frustration und Stress.

Die von der OECD entwickelte PISA-Studie (Programme for International Student Assessment) hat zum Ziel, die Bildungssysteme im internationalen Vergleich zu bewerten, indem sie die Fähigkeiten und Kenntnisse von fünfzehnjährigen Schülerinnen und Schülern testet. Die PISA-Studie ist in 82 Sprachen verfügbar und gilt als ein Mittel zur weltweiten Erfassung der Qualität und Leistungsfähigkeit von Bildungssystemen – man könnte sagen, dass es im Bereich der Bildung das vertritt, was das Bruttonationalprodukt im Bereich der Wirtschaft darstellt. Als repräsentative Stichprobe aus 28 Millionen Jugendlichen nahmen im Jahr 2015 mehr als eine halbe Million Schüler in 72 Ländern an der international anerkannten Erhebung teil. Die Schüler wurden in den Bereichen Naturwissenschaft, Mathematik und Lesefähigkeit getestet.

Schaut man sich die Ergebnisse der PISA-Studie von 2015 an, so zeigt sich, dass weltweit die folgenden Länder am besten abgeschnitten haben (in der Rangfolge der Ergebnisse): Singapur, Hongkong, Macau, Taiwan, Japan, China und Korea.

Wenn wir davon ausgehen, dass die Ergebnisse der PISA-Studie eine zuverlässige Bewertungsgrundlage für die Qualität von Bildungssystemen liefern, dann müsste eigentlich die ganze Welt versuchen, es diesen asiatischen Ländern gleichzutun. Allerdings zeigt eine Studie des Asien-Pazifik-Büros der UNESCO aus dem Jahre 2016, dass trotz ihrer Spitzenpositionen in der PISA-Studie in all diesen Ländern sowohl die körperlich-seelische Gesundheit als auch das allgemeine Glück und Wohlbefinden innerhalb der jungen Bevölkerung auf einem sehr niedrigen Niveau liegen. Stress, Burn-out, Depressionen und die Suizidraten belegen, dass die hohen schulischen Leistungen der Jugendlichen keineswegs mit einem entsprechenden Wohlbefinden einhergehen. Auf der Grundlage dieser Erhebung führte die UNESCO eine groß angelegte Studie durch, deren Ergebnisse in einem Bericht mit dem Titel *Happy Schools!* veröffentlicht wurden. Im Vorwort schreibt der Direktor des Bangkoker UNESCO-Büros Gwang-Jo Kim:

> »Ich glaube, dass alle Kinder ein Anrecht darauf haben, glücklich zu sein und eine frohe Schulzeit zu verleben, sei es durch echte Freude am Lernen, sei es durch den Aufbau von Freundschaften und andere positive Begegnungen oder durch das Gefühl der Zugehörigkeit zu einer Gemeinschaft und einem größeren gesellschaftlichen Kontext. Darüber hinaus brauchen wir auch deshalb glückliche Schüler, weil wir so dazu beitragen, dass künftige Generationen in einer friedvolleren und heileren Welt leben. Das ist es, worum es für mich bei den ›Happy Schools!‹ geht.«[3]

Mein Weg zu den Glücklichen Schulen

Ich war mein ganzes Leben als Pädagoge tätig. Nach dem Abschluss meines ersten Studiums übernahm ich mit 24 Jahren eine Stelle als Lehrer in einer deutschen Waldorfschule. Die Waldorfpädagogik hatte mein Interesse geweckt, weil sie sich zum Ziel setzt, die Entwicklungsphasen des Kindes zu respektieren, damit es sich in seiner Gesamtpersönlichkeit und nicht nur auf intellektueller Ebene entfalten kann. Schon der Schweizer Pädagoge Johann Heinrich Pestalozzi (1746–1827) entwickelte unter dem Einfluss von Jean-Jacques Rousseau (1712–1778) ein Reformschulwesen und erklärte, dass es bei der Erziehung um die harmonische Bildung von Kopf, Herz und Hand gehe, womit er die Grundlage für einen ganzheitlichen pädagogischen Ansatz schuf. Auch wenn dieses Konzept viel Zuspruch erhielt, wurde es niemals in einem größeren Maßstab verwirklicht, und die Waldorfpädagogik, die den Lehren des österreichischen Philosophen Rudolf Steiner (1861–1925) folgt, ist eines der wenigen Beispiele eines Schulwesens, in dem diese Dreiteilung praktisch umgesetzt wird. Die Stundenpläne der Waldorfschulen sind dementsprechend um ein ausgewogenes Verhältnis von theoretischen, künstlerischen und praktischen Fächern bemüht. Darüber hinaus wollen sie das Kind auf körperlicher, seelischer und geistiger Ebene ansprechen, wobei nicht allein materielle Bedürfnisse Berücksichtigung finden, sondern auch die emotionale und spirituelle Dimension.

Diese erste Lehrerfahrung war von nachhaltigem Einfluss auf mein Verständnis von Erziehung. Von da aus wechselte ich zur Sonderpädagogik und erforschte für viele Jahre den heilsamen Einfluss von Erziehung auf Kinder mit verschiedenen Formen der Behinderung. Im Jahr 1982, sieben Jahre nach Ende des Vietnamkriegs, bot sich mir Gelegenheit, nach Vietnam zurückzukehren. Das Land war verwüstet – viele Kinder waren dem Krieg zum Opfer gefallen, und die amerikanischen Streitkräfte hatten nahezu fünfzig Millionen Liter des hochgiftigen, dioxinhaltigen

Entlaubungsmittels »Agent Orange« über dem Land versprüht. Viele Frauen, die während der Schwangerschaft dem Gift ausgesetzt waren, brachten Kinder mit schweren körperlichen und geistigen Behinderungen zur Welt. Bei meiner Rückkehr nach Vietnam begegnete ich vielen dieser Kinder, und aus dem Wunsch zu helfen ergab sich die Gründung der Eurasia Foundation and Association. Gemeinsam mit meiner Frau konzipierte ich den Förderunterricht in Grundschulen und Sonderschulinitiativen, entwickelte spezielle Ausbildungsgänge für Lehrer und baute ein Team von engagierten Pädagogen auf, die über viele Jahre ihren Beitrag zu dieser Arbeit leisteten. Vietnam ist ein kommunistisches Land, und das Bildungswesen wird vom Staat streng überwacht. Da jedoch der Bedarf im Bereich der Sonderpädagogik so hoch ist und die verfügbaren Ressourcen sehr beschränkt sind, haben die Behörden uns sehr bereitwillig bei der Entwicklung unserer Programme unterstützt.

Wer in der Sonderschulpädagogik tätig ist und zumal mit geistig behinderten Kindern arbeitet, kann sich nicht allein auf die klassische Wissensvermittlung konzentrieren. Es gilt, den ganzen Menschen und die Einzigartigkeit jedes Kindes in Betracht zu ziehen. Das steht natürlich in völligem Gegensatz zum pädagogischen Vorgehen, wie es in den meisten Schulen üblich ist.

Nachdem wir mehrere Jahrzehnte in diesem Bereich tätig gewesen waren, konnten wir mit den Behörden auf lokaler und nationaler Ebene eine stabile Vertrauensebene entwickeln. Vor einigen Jahren schließlich, als das Bildungsministerium erkannte, dass die Probleme, vor denen es stand, sehr große Ähnlichkeit mit denen anderer asiatischer Länder aufwiesen, lud uns die für Bildungsfragen zuständige Provinzbehörde ein, Vorschläge für ein allgemeines Bildungsprogramm zu unterbreiten. Auf diese Weise kam das Projekt der Glücklichen Schulen zustande. Die Veröffentlichung des »Happy Schools!«-Berichts durch die UNESCO bot dabei eine willkommene Unterstützung, da aufgrund dieser Studie alle Mitgliedsstaaten dazu angehalten waren, das Glück und Wohlbefinden von Schülern in ihren Bildungssystemen zu berücksichtigen.

Die »Happy Schools!« in Vietnam

Der steigende Leistungsdruck an den Schulen hat zu einer alarmierenden Entwicklung geführt: Abgesehen von wachsendem Misstrauen, Konkurrenzdenken, Mobbing und Gewalt unter den Schülern leiden sie zunehmend unter Versagensängsten und Hemmungen in Bezug auf ihren freien Persönlichkeitsausdruck. Andererseits erkennt man heute verstärkt, dass sich die Unterrichtsqualität nicht allein durch die erbrachte Leistung definieren darf, sondern sich ebenso an den sozialen und emotionalen Komponenten eines Lernumfelds messen lassen muss, das zum Wohlbefinden der Schüler beiträgt. Der UNESCO-Bericht *Lernfähigkeit: Unser verborgener Reichtum*[4] unterscheidet daher vier Säulen der Bildung oder Lernziele:

1. Wissenserwerb erlernen,
2. Zusammenleben erlernen,
3. Fertigkeiten erlernen,
4. Lernen zu sein.

Der Bericht legt dabei besonderen Wert auf das »Erlernen des Zusammenlebens« als übergeordnetes Ziel. Wenn man Schülern Fähigkeiten, Einstellungen und Werte vermitteln will, die das »Zusammenleben« und das »Sein« betreffen – wie Empathie, Toleranz, Kommunikation und Kreativität –, setzt das offenbar eine ganzheitliche Entwicklung im schulischen Umfeld voraus. Das Projekt der »Happy Schools!« in Vietnam konzentriert sich daher auf die psychosozialen und emotionalen Dimensionen von Bildung, um im Kontext der Schule das Glück zu fördern.

Daraus ergeben sich drei Hauptbereiche der Entwicklung, in denen sich drei Bereiche der Fürsorge widerspiegeln:

1. *Selbstfürsorge:* Die Schülerinnen und Schüler entwickeln ihr volles Potenzial durch einen ganzheitlichen pädagogischen Ansatz, durch den folgende Lernziele gefördert werden:
   - *Lernen und Wissenserwerb selbst (Kopf; kognitiv):* wie man seine Aufmerksamkeit richtig einsetzt und sich mithilfe der Achtsamkeit als Grundfähigkeit alle anderen Lernbereiche erschließt, um im Zeitalter der Informationsüberflutung wahres Wissen zu erwerben.
   - *Seinsebene (Herz; sozial, emotional):* wie man soziale und emotionale Kompetenzen erwirbt wie Eigenwahrnehmung, Selbstmanagement, Empathie und soziales Bewusstsein.
   - *Fertigkeiten (Hand; Verhalten):* wie man praktische Fähigkeiten erwirbt und sich aktiv in der Gesellschaft engagiert.
2. *Fürsorge für andere und die Gesellschaft:* das Gestalten harmonischer und lebendiger Beziehungen zwischen Lehrern, Schülern, Eltern, Verwaltung und der Gesellschaft als Ganzes: Sozialkompetenzen wie Mitgefühl, Altruismus, Großzügigkeit, vertieftes Zuhören, gewaltfreie Kommunikation und Konfliktmanagement im Zusammenleben.
3. *Fürsorge für die Umwelt und den Planeten:* lernen, im Einklang mit der natürlichen Umwelt zu leben; die Erziehung im Sinne einer nachhaltigen Entwicklung:
   - Tiefenökologie: Rückkehr zu einer echten Naturverbundenheit;
   - Entwicklung von Projekten zum Klimawandel und zum Erhalt der Artenvielfalt;
   - von praktisch veranlagten Schülern geleitete Projekte wie Gartenarbeit, Baumpflanzungen oder Müllsammelaktionen.

Bei einem Blick auf das Gesamtkonzept der Glücklichen Schulen erkennt man, dass es unmittelbar aus der Grundidee des Bruttonationalglücks hergeleitet ist, nämlich im Einklang mit sich selbst, anderen Menschen und der Natur zu leben. Ich bin der Meinung, dass diese drei Grundkompetenzen zum Kernbestand jedes Bildungssystems gehören sollten, da sie für das persönliche und gesellschaftliche Wohl und nicht zuletzt für das Überleben unseres Planeten von entscheidender Bedeutung sind.

Um die Schulen in die Lage zu versetzen, eine solche Vision zu fördern, müssen wir als Erstes die Form der Lehrerausbildung verändern, denn diese Kompetenzen sind keine Frage bloßer Kenntnisse; wenn Pädagogen bei ihren Schülern etwas bewirken wollen, müssen sie diese Qualitäten selbst verkörpern. Das Projekt der »Happy Schools!« in Vietnam beginnt daher mit einem transformativen Weiterbildungsangebot für Lehrer, damit sie aufgrund ihrer eigenen positiven Erfahrung mit einem derartigen Programm in der Lage sind, es den Schülern in den Klassenzimmern glaubhaft zu vermitteln.

Einer der wesentlichen Erfolge, welche die Eurasia Foundation and Association in Vietnam erzielen konnte, ist die Gründung der bereits erwähnten Lebensgemeinschaft Peaceful Bamboo Family, die bestrebt ist, in jedem Aspekt von Leben und Arbeit die Prinzipien des Bruttonationalglücks umzusetzen. Die Fortbildungsprogramme für Lehrer finden innerhalb unserer Gemeinschaft statt, sodass die Teilnehmer nicht nur eine theoretische Einführung in diese Ideenwelt erhalten, sondern auch einen lebendigen Eindruck von einer Gemeinschaft bekommen, welche die von uns gelehrten Werte auch selbst verkörpert.

Die Peaceful Bamboo Family legte den ersten biodynamisch bewirtschafteten Nutzgarten in Vietnam an. Als wir das Stück Land vor zehn Jahren kauften, gab es dort nichts als mit Unkraut und dornigem Buschwerk bedeckten roten Staub. Heute ist es ein üppiger schöner Garten, in dem Obst, Gemüse und Kräuter wachsen, und der lebendige Beweis dafür, dass Boden innerhalb weniger Jahre gesunden und sich erholen kann, wenn man ihn richtig pflegt.

Als in einem früheren Kapitel davon die Rede war, wie wichtig eine gesunde Ernährung ist, haben wir gesehen, dass der

Landwirtschaft nicht nur die Aufgabe zukommt, Menschen mit gesunder Nahrung zu versorgen, sondern auch die Erde zu heilen. In einem Land wie Vietnam, das über Jahrzehnte bombardiert und vergiftet wurde, ist die Heilung der Erde und des Bodens durch regenerative landwirtschaftliche Methoden von besonderer Bedeutung. Wenn die Teilnehmer am »Happy Schools!«-Programm zu uns in die Gemeinschaft kommen, machen sie die Erfahrung, dass die Gartenarbeit Gelegenheit bietet, sich in allen drei Bereichen der Fürsorge zu üben: Sie kann eine Form der Selbstfürsorge sein, indem sie einen Ausgleich für intellektuelle Arbeit bietet; sie ist eine Form der Fürsorge für andere, indem sie gesunde und nahrhafte Nahrung für die Gemeinschaft und über diese hinaus liefert; und in ihr verwirklicht sich die Fürsorge für die Natur und den Planeten, indem sie zum Beispiel im Sinne der biodynamischen Landwirtschaft durch geeignete Kompostierverfahren gezielt den Boden anreichert.

Ein anderes Beispiel für diese praktisch gelebten Werte ist ein Brauch, den wir »Sharing from the heart« nennen und den ich in einem früheren Kapitel bereits kurz vorgestellt habe. Indem wir einen Rahmen bieten, in dem jedes Mitglied der Gemeinschaft Gelegenheit hat, sich mit dem mitzuteilen, was es gerade beschäftigt, während die anderen sich im vertieften, empathischen Zuhören üben, schaffen wir ein harmonisches soziales Umfeld. Mehrere Schulen haben diese Praxis unter dem Namen der »Quality Class Time« übernommen, wobei Lehrer und Schüler sich vor Beginn des Unterrichts im Kreis zusammensetzen und jedes Kind darüber sprechen kann, wie es sich fühlt oder was es sonst gerade bewegt. Auf diese Weise kommt in der Klassengemeinschaft eine Atmosphäre des Vertrauens zustande, in der die Kinder nicht nur nach ihren schulischen Leistungen bewertet, sondern als Menschen wahrgenommen werden.

In einer der Schulen, in denen ich arbeitete, wurde mir in diesem Zusammenhang von einem sehr bewegenden Fall berichtet: Ein kleiner Junge machte niemals seine Hausaufgaben, und obwohl die Lehrerin ihn bestrafte und seine Eltern verständigte, trat keine Besserung ein. Die Situation spitzte sich weiter zu, bis die »Quality Class Time« in der Schule eingeführt wurde. Bei einer dieser Gesprächsrunden erklärte der Junge, dass er sehr traurig sei, weil seine Eltern dabei seien, sich scheiden zu lassen, und es zu Hause viel Streit und Geschrei gebe. Wenn er von der Schule nach Hause komme, sei es daher sehr schwierig für ihn, sich still hinzusetzen und seine Hausaufgaben zu machen. So hatte er nicht nur daheim zu leiden, sondern auch noch in der Schule, wo er wegen der nicht gemachten Hausaufgaben bestraft wurde. Als die Lehrerin seine Situation besser verstand, erlaubte sie ihm, nach dem Unterricht in der Schule zu bleiben, damit er dort in Ruhe seine Hausaufgaben erledigen konnte. Dieses Beispiel zeigt, wie eine sehr einfache schulische Praxis das Leben eines Kindes beträchtlich erleichtern und nicht nur zu seinem eigenen Wohlergehen, sondern dem des gesamten Klassenverbandes einschließlich der Lehrkraft beitragen kann. Ohne diese regelmäßige Zeit zur Aussprache hätte die Lehrerin vielleicht nie von der Situation des Jungen erfahren, die sich dann vermutlich noch weiter verschlimmert hätte.

An dieser Stelle möchte ich noch eine andere Geschichte berichten, die sich bei der Umsetzung eines ähnlichen Projektes in Bhutan zugetragen hat. Vor ein paar Jahren leitete ich an einer weiterführenden Schule in Punakha einen Workshop zum Thema »Das BNG im Bildungswesen«, an dem mehr als dreihundert Schüler gemeinsam mit ihren Lehrern teilnahmen. Eine der Übungen, die ich dabei vorstellte, war eine Achtsamkeitsmeditation, die von einem Gedicht Thich Nhat Hanhs[5] inspiriert ist:

Ich atme ein und sehe mich als Blume.
Ich atme aus und bin erfrischt.
Blume – frisch.
Ich atme ein und sehe mich als Berg.
Ich atme aus und fühle mich felsenfest.

Berg – felsenfest.
Ich atme ein und sehe mich als spiegelglattes Wasser.
Ich atme aus, und alle Dinge spiegeln sich in mir, wie sie sind.
Wasser – ein klarer Spiegel.
Ich atme ein und sehe mich als Raum.
Ich atme aus und fühle mich frei.
Raum – frei.

Einige Zeit später kehrte ich noch einmal an die Schule zurück. Als ich in dem großen Innenhof umherging, in dem sich alle Schüler täglich zur Morgenversammlung trafen, sah ich zwei Plakate an einer Wand hängen. Jedes wies in schöner Schrift poetische Kommentare zu der Meditationsübung auf, die wir in dem Workshop durchgeführt hatten. Ich erkundigte mich bei dem Schulleiter, wer diese schönen Texte verfasst hatte, und er erzählte mir dazu die folgende Geschichte:

»Mitten im laufenden Schuljahr mussten wir einen siebzehnjährigen Schüler aufnehmen, obwohl die Klasse bereits überfüllt war. Es handelte sich um einen Notfall. Der Leiter seiner früheren Schule berichtete mir vom schweren Fehlverhalten dieses Schülers und der Ansicht des Lehrerkollegiums, dass ein Schulwechsel für ihn die letzte Chance sein könne. Wir nahmen ihn auf, obwohl wir unsere Zweifel hatten, dass er sich in die neue Umgebung würde hineinfinden können. Und erwartungsgemäß zeigte er schon nach kurzer Zeit auch bei uns das alte Fehlverhalten. Er trank Alkohol, entfernte sich unerlaubt aus dem Schülerwohnheim, arbeitete im Unterricht nicht mit, machte keine Hausaufgaben und nahm sogar Drogen. Praktisch jeden zweiten Tag wurde er vom Klassenlehrer, dem stellvertretenden Schulleiter oder dem Ethikrat einbestellt, und wir wussten uns nicht mehr zu helfen.
Eines Tages erklärte ich den Schülern während der Morgenversammlung die Achtsamkeitsübung, die wir daraufhin alle

gemeinsam ausführten. Als sich unser Problemschüler ein paar Tage später wieder einmal etwas hatte zuschulden kommen lassen und ich ihn deswegen einbestellte, kam mir plötzlich eine Idee. Ich fragte ihn, ob er sich noch an die Achtsamkeitsübung erinnern könne, die wir einige Tage zuvor praktiziert hätten, und ob er damit zurechtgekommen sei. Er bejahte dies und meinte, dass die Übung ihm gut gefallen habe. Also bat ich ihn, sie regelmäßig auszuführen und seine Erfahrungen damit auf zwei Plakaten schriftlich festzuhalten. Er willigte ein, erschien einige Tage darauf mit den beiden Plakaten und fragte mich, wo er sie anbringen könne. Er hatte darauf beschrieben, wie ihm während der Übung zutiefst klar geworden sei, dass die Festigkeit des Berges schon in ihm war und er nur nach innen gehen musste, um sie in sich zu finden; dass auch die Frische der Blume und die Klarheit des Sees Teil seines Wesens waren und vor allem die Freiheit ihm jederzeit zugänglich war, sogar angesichts der Zwänge der Schuldisziplin. Um Freiheit zu erfahren, sei es daher nicht notwendig, Regeln zu brechen und Grenzen zu überschreiten.

Beim Lesen dieser Kommentare war ich beeindruckt. Sie waren in einer schönen Schrift verfasst und zeugten von einem tiefen Verständnis. Also drückte ich ihm meine Anerkennung aus und bat ihn, die Plakate im Hof anzubringen und zu signieren. Zwar war er einverstanden damit, sie im Hof aufzuhängen, scheute sich aber, seinen Namen darunterzusetzen.

Als am nächsten Tag die ganze Schülerschaft zur Morgenversammlung zusammengekommen war, sprach ich davon, vor welche Probleme dieser Schüler die Lehrerschaft und die ganze Schule seit seiner Ankunft gestellt hatte. Aber ich verlas auch die Kommentare, die er auf den Plakaten verfasst hatte, erwähnte sein großes Potenzial und sprach davon, dass diese Anlagen nur der entsprechenden Förderung bedürften, um sich zu entfalten.

Nach diesem Ereignis kam es bei ihm zu einer geradezu wunderbaren Wandlung: Er änderte sein Verhalten vollständig, nahm keine Drogen und trank keinen Alkohol mehr, verließ nicht mehr unerlaubt das Wohnheim und lernte so gut, dass er die jährlichen Prüfungen mit guten Noten bestand. Seine Lehrer und auch ich selbst konnten kaum fassen, welche Verwandlung mit ihm vorgegangen war.«

Auch ich war von der Geschichte dieser Läuterung tief berührt und konnte sehen, dass es eine Reihe von Faktoren war, die sie ermöglicht hatten: ein anteilnehmender Schulleiter, der für eine positive schulische Umgebung sorgte, die Achtsamkeitsübung selbst, der Besinnungsprozess, der durch das Verfassen der Plakate in Gang gekommen war, und die Anerkennung des Schülers und seines wahren Potenzials vor dem gesamten Schulplenum. Die Geschichte bestärkte mich in dem Glauben, dass man niemals über das Fehlverhalten von Jugendlichen in Verzweiflung geraten sollte. Mit der entsprechenden Beachtung, Anerkennung und Anteilnahme, den geeigneten Schritten und Initiativen haben die meisten von ihnen die Chance zu einer vergleichbaren inneren Wandlung, wie sie mit diesem Schüler vorgegangen war.

Als Nächstes werfen wir nun einen genaueren Blick auf die drei Komponenten des »Happy Schools!«-Programms: die Fürsorge für sich selbst, die Fürsorge für andere und die Gesellschaft sowie die Fürsorge für die Umwelt und die Natur.

Selbstfürsorge

Nachdem von der Achtsamkeit – also der Bedeutung der Entschleunigung, des Innehaltens und der Innenschau – bereits die Rede war, wollen wir ihr hier nun im Kontext des Bildungswesens nachgehen. Die Frage der Aufmerksamkeit ist in den Klassenzimmern zu einem großen Problem geworden. Einige Forscher beschreiben unsere Epoche als das Zeitalter der Zerstreuung, und es unterliegt keinem Zweifel, dass die moderne Kommunikationstechnologie das Verhalten der Menschen und ihre Beziehungen untereinander auf dramatische Weise verändert hat. Die meisten Lehrer wissen nur zu gut um die wachsende Schwierigkeit der Schüler, sich über längere Zeit zu konzentrieren.

Kürzlich hat man eine Umfrage unter fast 2500 Lehrern zum Thema durchgeführt. 87 Prozent der Befragten gaben an, dass die modernen Technologien eine leicht ablenkbare Generation mit kurzen Aufmerksamkeitsspannen hervorbringen. In den entwickelten Ländern hat das Aufmerksamkeitsdefizitsyndrom epidemische Ausmaße angenommen und stellt die Schulen vor eine große Herausforderung. Das ist nur einer der Gründe, warum die Achtsamkeit und andere Techniken der Aufmerksamkeitsschulung zu einer Notwendigkeit geworden sind und immer mehr Schulen weltweit sie in ihren täglichen Stundenplan integrieren.

Eine wachsende Zahl von Forschungen belegt die positiven Wirkungen regelmäßiger Achtsamkeitsübungen in den Klassenzimmern. Achtsamkeit und Aufmerksamkeitstraining können Schüler aller Altersgruppen darin unterstützen, ihr Lernvermögen zu verbessern, was sich auf ihr ganzes Sein –Körper und Geist, Herz und Gehirn – positiv auswirkt und erwiesenermaßen die Beziehungen der Schüler untereinander und zu den Lehrern fördert. Auf diese Weise wird also auch das soziale Klima verbessert, was wiederum wesentlichen Anteil an optimalen Lernbedingungen hat. Die Achtsamkeit ist ein natürliches Mittel zur Entwicklung dieser Fähigkeit und ein wirksameres, als die Schüler lediglich zur Aufmerksamkeit zu ermahnen, wie es so oft im Schulalltag geschieht, wenn die Lehrkräfte selbst über ihre Belastungsgrenze hinaus unter Stress stehen.

Das Gewahrsein ist eine natürliche menschliche Fähigkeit, die unter Pädagogen augenscheinlich nicht dieselbe Anerkennung genießt wie reine Denkleistung. Während wir sehr viel

Zeit darauf verwenden, das Denkvermögen unserer Kinder in den verschiedenen Disziplinen zu schulen, erhalten sie keine gezielte und systematische Anleitung darin, wie sie ihr Gewahrsein entwickeln können. Gleichwohl ist es nicht nur eine wesentliche Voraussetzung für kritisches Denken, sondern auch für die Ausbildung emotionaler Intelligenz. Die meiste Zeit wird auf die Schulung des Intellekts verwandt, während doch künstlerische Aktivitäten – wie Musizieren, Malen, Bildhauerei und Schauspiel – ein sehr wirksamer Weg sind, auf spielerische Weise emotionale Intelligenz zu entwickeln und Sozialkompetenzen zu erwerben. Das Achtsamkeitstraining kann in Schulen als eine Form der Ausbildung des Gewahrseins vermittelt werden, wobei der »Muskel« der Achtsamkeit durch ständige Übung gekräftigt wird.

Im ersten Teil des Buches habe ich bereits einige praktische Übungen wie das achtsame Sitzen und das achtsame Atmen vorgestellt. Weitere Übungen, die sich ebenfalls für das Klassenzimmer eignen, sind das achtsame Gehen, die Tiefenentspannung und das achtsame Essen. Sie sind leicht durchzuführen und machen Kindern wie Erwachsenen gleichermaßen Spaß. Wir üben das achtsame Gehen,

- um Körper und Geist mit dem gegenwärtigen Moment zu verbinden;
- um die Langsamkeit und Abwesenheit von Hast zu genießen;
- um über die Bewegung das Körpergewahrsein zu fördern;
- um uns den Zusammenhang zwischen Bewegung und Gefühlsleben bewusster zu machen;
- um unsere sitzende Tätigkeit zu unterbrechen;
- um Konzentration, Aufmerksamkeit und innere Ruhe zu entwickeln;
- um Stress und Ängste abzubauen und aus dem Gedankenkarussell auszusteigen;
- um das Wunder des Lebens zu erfahren, um mehr mit uns

selbst und der Umgebung, in der wir uns bewegen, in Kontakt zu sein.

In Vietnam haben mehrere Schulen, die am »Happy Schools!«-Programm teilnehmen, im Schulhof oder im schuleigenen Garten einen »Achtsamkeits-Barfußpfad« angelegt. Die Wege, die zwischen Büschen und Blumenbeeten verlaufen, bestehen teils aus Gras, teils aus Sand oder Kies, damit die Kinder, wenn sie barfuß darauf gehen, die wechselnde Beschaffenheit unter ihren Füßen spüren und so dahin geführt werden, jeden Schritt achtsamer wahrzunehmen.

Übung: Achtsames Gehen

Durch das achtsame Gehen können wir bei allem, was wir tun, überall und jederzeit die Erfahrung völliger Präsenz machen. Darüber hinaus eignen sich in Bewegung ausgeführte Übungen wie das achtsame Gehen manchmal besser als solche im Sitzen, wenn Geist und Körper in Aufruhr sind.
Sobald wir bemerken, dass unser Geist sich in Gedanken verloren hat – was ganz normal ist –, lenken wir unsere Aufmerksamkeit behutsam zu unserem Atem und unseren Schritten zurück. Wir üben uns bewusst darin, langsam zu machen und nicht in Eile zu geraten, wobei uns durch die Übung vielleicht bewusst wird, wie sehr wir uns eine hastige Gangart angewöhnt haben, bei der wir ständig unseren Gedanken, Plänen und Tagträumen nachhängen, wenn wir uns dabei nicht unterhalten oder Musik hören.
Üben wir uns erstmalig im achtsamen Gehen, ist es außerdem hilfreich, wenn wir uns dabei auf unsere Füße konzentrieren und unsere Schritte bewusst verlangsamen. Deshalb muss das achtsame Gehen aber nicht im Zeitlupentempo oder auf künstliche Weise stattfinden. Der Körper entspannt sich am ehesten, wenn wir uns ganz natürlich in einem gemächlichen Tempo bewegen.

Das achtsame Gehen sollte etwas Angenehmes sein, keine Strapaze. Wir sind uns einfach nur unserer Schritte und unseres Atems bewusst, den wir dabei nicht zu verändern brauchen. Wenn wir das Glück haben, uns dabei in der freien Natur zu bewegen, können wir von Zeit zu Zeit innehalten, uns umsehen und die Schönheit des Lebens auf uns wirken lassen – die Bäume, die weißen Wolken, die grenzenlose Weite des Himmels. Wir können dem Gesang der Vögel lauschen und den kühlen Windhauch spüren. Wir sind von Leben umgeben und sind selbst auch lebendig.

Wir üben uns in der Tiefenentspannung,

- um Verspannungen wirksamer zu lösen und Körper und Geist in einen ausgeglichenen Zustand zu bringen;
- um ein Gespür für den Zusammenhang zwischen Geist und Körper zu entwickeln;
- um durch die Erfahrung des entspannten Körpers unser Gewahrsein, unsere Konzentration und unsere Aufmerksamkeit für das zu schulen, was im Hier und Jetzt vor sich geht – mit unserem Atem, in unserem Körper und unserem Geist;
- um Stress und Ängste abzubauen;
- um positive Gefühle zu verstärken wie innere Ruhe, Dankbarkeit, Akzeptanz und Glück.

Stress und Anspannung stellen für viele von uns ein Problem dar. Schon Kinder leiden inzwischen immer häufiger darunter. Die Schule kann für sie zu einem bedrohlichen Ort werden, der wenig Raum für Ruhe und Erholung lässt. Die Tiefenentspannung bietet hier eine konkrete Übungsmethode, um Körper und Geist wieder zu vereinen. Indem wir den Geist ganz auf den Körper ausrichten, geben wir diesem Gelegenheit, sich von Spannungen zu befreien, zur Ruhe zu kommen, zu heilen und sich zu regenerieren.

Übung: Tiefenentspannung

Entspannung ist nichts Schwieriges. Als Erstes versuchen wir, alle Gedanken, Sorgen und Ängste loszulassen, indem wir unsere Aufmerksamkeit im Liegen auf den Atem richten und auf die Kontaktflächen zwischen Körper und Unterlage. Dann bringen wir unsere Aufmerksamkeit zu den einzelnen Bereichen unseres Körpers, wobei wir jedem unsere ganze Beachtung schenken, einem nach dem anderen. Während wir bei jedem Bereich unseres Körpers verweilen,

- atmen wir im Gewahrsein dieses Bereichs gleichmäßig ein und aus;
- nehmen wir in diesem Körperbereich jede Empfindung wahr und wenden ihr unsere ganze Aufmerksamkeit zu;
- erlauben wir diesem Bereich zu entspannen, indem wir jede Anspannung loslassen, die wir dort verspüren;
- lächeln wir diesem Bereich unseres Körpers zu, senden ihm unsere Liebe, Zärtlichkeit, Fürsorge und Dankbarkeit für die Arbeit, die er für uns leistet;
- nehmen wir jedes Abschweifen unseres Geistes einfach nur wahr und bringen ihn zurück zum Atem oder zu dem Körperbereich, auf den wir uns gerade konzentrieren.

Tiefenentspannung in der Gruppe

Bitten Sie die Teilnehmer der Gruppe, sich auf den Rücken zu legen. Lassen Sie der Gruppe ausreichend Zeit, um zur Ruhe zu kommen.

Bitten Sie nun die Teilnehmer, eine bequeme Liegeposition einzunehmen. Die Beine sind ausgestreckt, die Arme liegen seitlich am Körper, die Hände ruhen auf dem Bauch. Wer möchte, kann die Augen schließen.

Lassen Sie zum Zeichen, dass die Übung beginnt, dreimal eine kleine Glocke ertönen, wobei zwischen jedem Glockenton drei volle Atemzüge liegen. Geben Sie dann folgende Anleitung:

»Schließ die Augen und lass die Arme zu beiden Seiten des Körpers ruhen, die Beine fallen entspannt nach außen. Erlaube deinem ganzen Körper, zu entspannen und loszulassen.
Nimm beim Ein- und Ausatmen den Boden unter dir wahr und alle Flächen, mit denen der Körper Kontakt mit der Unterlage hat, wie Fersen, Waden, Oberschenkel, Po, Rücken, Schultern, Hinterkopf.
Lass deinen Körper mit jedem Atemzug tiefer in die Unterlage einsinken und lass dabei alle Anspannungen, Sorgen, Gedanken und Vorstellungen los.
Nimm beim Ein- und Ausatmen wahr, wie sich deine Bauchdecke hebt und senkt, hebt und senkt. Wenn du möchtest, kannst du dazu eine Hand auf den Bauch legen.
Gehe, während du bewusst weiteratmest, langsam den ganzen Körper durch, indem du dich von den Fußsohlen bis zum Scheitel hinaufbewegst und dabei alle Anspannungen loslässt.
Kehre zu deinem Atem zurück und spüre, wie er langsam ein- und ausströmt. Dein ganzer Körper fühlt sich an wie eine Wasserlilie, die in einem Teich schwimmt. Du musst dich nirgends hinbegeben und brauchst nichts zu tun. Du bist so frei wie eine Wolke, die am Himmel schwebt.«

Lassen Sie, wenn Sie möchten, entspannende Musik dazu laufen. Eventuell (etwa in der Arbeit mit kleineren Kindern) können Sie der Gruppe auch etwas vorsingen, um die Teilnehmer so innerlich zur Ruhe kommen zu lassen.
Lenken Sie die Aufmerksamkeit zum Atem zurück, zum Sichheben und -senken der Bauchdecke.
Lassen Sie abschließend wieder sanft die Glocke ertönen, zum Zeichen, dass die Übung beendet ist.

Wir üben uns im achtsamen Essen,

- um mehr Bewusstsein für den Vorgang des Essens zu entwickeln, indem wir ihn verlangsamen und genießen;
- um uns beim Essen an ein sinnvolles Maß zu halten – mit einer achtsamen, sorgfältigen und umsichtigen Auswahl unserer Speisen;
- um mehr Bewusstsein für unsere Gewohnheiten in Bezug auf Nahrung, Ernährung und Konsum zu entwickeln;
- um ein Gefühl der Dankbarkeit in uns zu wecken, indem wir uns die Verbindung zwischen dem Essen auf unserem Teller und den Abläufen bewusst machen, durch die unsere Nahrung produziert wird und zu uns gelangt.

Achtsames Essen kann den alltäglichen Vorgang der Nahrungsaufnahme – das Grundbedürfnis des Menschen, bei dessen Befriedigung wir normalerweise auf Autopilot schalten – in eine wunderbare Gelegenheit verwandeln, unser Leben und das der Schüler mit Achtsamkeit zu erfüllen. Auf diese Weise wird Essen zu einer Quelle tiefen Genusses.

Unter Kindern und Jugendlichen sind ungesunde Essgewohnheiten wie der übermäßige Verzehr von Junkfood und Limonaden oder unregelmäßige Essensmuster und -rhythmen bedauerlicherweise weitverbreitet. Auch Essstörungen stellen unter jungen Menschen, insbesondere bei jungen Mädchen, in zunehmendem Ausmaß ein ernstes Gesundheitsproblem dar. Das achtsame Essen kann dazu beitragen, die wahren Bedürfnisse des Körpers in Bezug auf gesunde Ernährung wieder stärker wahrzunehmen.

Übung: Auf achtsame Weise eine Frucht essen

Zu Beginn atmen alle Teilnehmer dreimal auf achtsame Weise ein und aus. Lassen Sie als Signal dazu einmal die Glocke ertönen.

Wenn Sie diese Übung zum ersten Mal mit den Schülern durchführen, werden sie glauben, dass die Frucht auf ganz normale Weise gegessen wird. Erläutern Sie also zuvor den Ablauf, damit sich niemand am Ende dumm vorkommt. Währenddessen können sich die Schüler weiter auf ihren Atem einstimmen oder im Körpergewahrsein üben. Bereiten Sie sie auch darauf vor, dass die Übung schweigend ausgeführt wird, um so die Konzentration zu erhöhen, und dass Sie dabei gemeinsam verschiedene Betrachtungen anstellen werden.

Lassen Sie die Schüler erneut dreimal auf achtsame Weise ein- und ausatmen. Lassen Sie als Signal dazu wieder die Glocke ertönen.

Geben Sie jedem Teilnehmer eine Frucht (oder lassen Sie die Früchte durch einen oder mehrere Schüler austeilen). Nehmen Sie dann Ihre eigene Frucht in die Hand und fordern Sie die Teilnehmer auf, ihre Frucht gleichfalls behutsam in die Hand zu nehmen.

Beginnen Sie nun die Kontemplation mit ein paar kurzen Versen wie diesen:

> »Diese Frucht ist ein Geschenk des ganzen Universums:
> der Erde, des Himmels, des Regens und der Sonne.
> Wir danken den Menschen, aus deren Händen wir sie empfangen haben,
> besonders den Bauern und den Obsthändlern auf dem Markt.«

Fordern Sie die Schüler nun auf, sich einen Moment Zeit zu lassen, um sich all die Abläufe und Menschen zu vergegenwärtigen, die dazu beigetragen haben, dass sie diese Frucht jetzt in Händen halten, also:

- wo und wie sie gewachsen ist;
- was sie hat wachsen und reifen lassen: Erde, Sonne, Regen und so weiter;
- die Menschen, die daran beteiligt waren – Bauern, Erntehelfer, Verpacker, Obsthändler, Fahrer, Verkäufer und so weiter.

Im nächsten Schritt geht es nun darum, die Frucht aufmerksam mit allen Sinnen wahrzunehmen:

- *Sehsinn:* Schauen Sie sich die Frucht genau an, als hätten Sie dergleichen noch nie zuvor gesehen – und tatsächlich sehen Sie diese besondere Frucht ja auch zum ersten Mal. Nehmen Sie Form und Farbe wahr, die Struktur der Oberfläche und wie das Licht darauf spielt. Drehen Sie die Frucht in der Hand und betrachten Sie sie von allen Seiten. Achten Sie dabei auf alle Unterschiede im Aussehen.
- *Geruchssinn:* Führen Sie die Frucht zur Nase und nehmen Sie ihr Aroma wahr. Achten Sie darauf, wo genau Sie es wahrnehmen: an den Nasenflügeln, am Gaumen, im Rachen? Sie können sich leichter darauf konzentrieren, wenn Sie dabei die Augen schließen.
- *Tastsinn:* Schälen Sie die Frucht behutsam und achten Sie darauf, wie sich das anfühlt. Betrachten Sie dabei genau die Schale, Außen- und Innenseite, ihre Farbe und Oberflächenstruktur. Nehmen Sie wieder das Aroma wahr, das die Frucht dabei verströmt.
- *Geschmackssinn:* Nehmen Sie ein kleines Stück der Frucht vorsichtig in den Mund. Lassen Sie es vorerst noch auf der Zunge liegen, ohne zu kauen und zu schlucken. Achten Sie darauf, wie Ihr Mund reagiert – mit verstärktem Speichelfluss etwa oder dem Drang zu schlucken. Bewegen Sie den Bissen im Mund umher und nehmen Sie dabei Struktur und Geschmack wahr. Beißen Sie dann vorsichtig hinein und achten Sie darauf, wie sich das Aroma intensiviert. Beachten Sie, wo

genau im Mund Sie welches Geschmackserlebnis haben und wie Ihr Körper darauf reagiert. Kauen Sie den Bissen dann langsam und achtsam. Nehmen Sie auch den Impuls zum Schlucken wahr. Kauen Sie gründlich und widerstehen Sie dem Drang zu schlucken noch eine Weile, um zu spüren, wie sich das anfühlt. Schlucken Sie den Bissen dann, nachdem Sie gründlich gekaut haben, hinunter. Achten Sie dabei auf die Empfindungen beim gesamten Schluckvorgang: in der hinteren Mundhöhle, im Rachen, im Magen.

Bleiben Sie, nachdem Sie den ersten Bissen verschluckt haben, im Atemgewahrsein sitzen, nehmen Sie den Nachgeschmack im Mund wahr und alle anderen Gefühle und Empfindungen, die Sie in Körper und Seele verspüren.
Verspeisen Sie nach Belieben den Rest der Frucht und essen Sie dabei so achtsam, wie Sie mögen. Sitzen Sie dann noch eine Weile in Stille, im Kontakt mit Ihrem Atem, und lassen Sie das Erlebnis auf sich wirken. Wenn Sie es genossen haben, seien Sie dankbar für alles, was dazu beigetragen hat, dass es Ihnen heute durch diese Frucht und deren Aroma zuteilwurde.

All diese Achtsamkeitsübungen müssen natürlich dem Alter der Kinder entsprechend angepasst werden. Für die Lehrkräfte geht es ihrerseits vor allem darum, ihre eigene Achtsamkeitspraxis zu entwickeln, damit sie diese den Kindern glaubhaft vermitteln können.

Achtsamkeit ist die Kraft, die uns befähigt, die eigenen Gefühle und Erlebnisse wahrzunehmen und zu akzeptieren, ohne darauf in übertriebener Form zu reagieren. Es kann sehr berührend sein, zu erleben, wie schon kleinere Kinder nach einer Anleitung in der Achtsamkeitspraxis in der Lage sind, ihre Gefühle wahrzunehmen und zu benennen, ohne sich von ihnen aus dem Gleichgewicht bringen zu lassen.

Die Achtsamkeit ist die Grundlage allen sozialen und emotionalen Lernens, wobei der Umgang mit den eigenen Gefühlen zwei Komponenten aufweist: die Verwandlung negativer Gefühle und die bewusste Pflege positiver Gefühle.

Im Kontext der »Happy Schools!« sind als zwei weitere Aspekte zu berücksichtigen, dass die verschiedenen Übungen der Anpassung sowohl an das Alter der Schüler als auch an den von Region zu Region unterschiedlichen kulturellen und sozialen Kontext bedürfen. Meiner Erfahrung nach ist das am besten von den Lehrkräften selbst zu leisten, da sie als Ortsansässige mit den kulturellen und sozialen Gegebenheiten vertraut sind. Außerdem kennen sie die Schüler und wissen aus Erfahrung, was bei den einzelnen Altersgruppen infrage kommt und was nicht. Wenn man den Lehrern hingegen ein fertiges Curriculum in die Hand gibt, das sie nur noch umzusetzen brauchen, unterstützt man damit eine Situation, wie man sie aus dem Schulalltag nur allzu gut kennt – dass nämlich die Entscheidungen fernab in Institutionen wie Bildungsministerien und Universitäten fallen, die keinen täglichen Umgang mit den Schülern haben. Viele Lehrer haben daher unter der Kluft zu leiden, die sich zwischen den offiziellen Programmen und der Realität in den Klassenzimmern auftut.

Unsere Strategie besteht deshalb darin, zuerst den Lehrerinnen und Lehrern den Wert der Fürsorge für sich selbst nahezubringen. Sie sollen den Nutzen der verschiedenen Übungen zur Achtsamkeit sowie zur Entwicklung von Sozialkompetenz und emotionaler Intelligenz aus eigenem Erleben kennen. Wir ermutigen sie außerdem zum kreativen Umgang mit diesen Übungen, um sie in der praktischen Umsetzung an den realen Bedürfnissen und Fähigkeiten der Kinder auszurichten. Auch hat sich gezeigt, dass die Einrichtung von Gesprächskreisen, in denen sich die Lehrkräfte über ihre Erfahrungen, Übungsmethoden und Probleme austauschen können, ganz wesentlich zu einem positiven schulischen Klima beiträgt.

Nachdem wir diese Übungen in einem Pilotprogramm in ausgewählten vietnamesischen Schulen umgesetzt hatten, waren wir mit dem Feedback, das wir von den Kindern, den Lehrern und auch den Eltern erhielten, sehr zufrieden. Wir konnten dabei auch erleben, dass die Selbstfürsorge die Basis darstellt, auf der die Fürsorge für andere und den Planeten aufbaut. Die Selbstfürsorge allein reicht aber nicht aus, um das Ziel Glücklicher Schulen zu erreichen. Ein wichtiger Teil dessen, was Kinder in der Schule lernen, ist der Sozialisierungsprozess. Ein Manko des häuslichen Privatunterrichts liegt deshalb darin, dass trotz geeigneter Lehrinhalte und -methoden das soziale Umfeld und damit der Sozialisierungsprozess fehlt. Kinder lernen in der Schule, Teil einer Gemeinschaft zu sein, und die Qualität ihrer Beziehungen zu ihren Mitschülern und Lehrern bestimmt in hohem Maß über ihre spätere Fähigkeit zur sozialen Eingliederung. Aus diesem Grund sind Sozialkompetenzen und Fürsorge für andere ein wesentlicher Aspekt des »Happy Schools!«-Projekts. Dennoch lässt sich keine klare Grenze zwischen der Selbstfürsorge und der Fürsorge für andere ziehen. Wenn wir Kindern beibringen, gut für sich selbst zu sorgen, entwickeln sie dadurch auf selbstverständliche Weise auch die Fähigkeit, für andere Sorge zu tragen.

Die Fürsorge für andere und die Gesellschaft

Im ersten Teil des Buches haben wir gesehen, dass gute zwischenmenschliche Beziehungen ausschlaggebend für unser Glück und Wohlbefinden sind und dass die Basis eines gesunden Soziallebens darin besteht, in eine Gemeinschaft integriert zu sein, deren Mitglieder einander vertrauen. Der Erwerb von Sozialkompetenzen ist für das Wohl des Einzelnen wie der Gesellschaft von entscheidender Bedeutung, auch wenn die Lehrpläne der Schulen keine systematische und gezielte Anleitung dazu vorsehen. (Die Übungen im ersten Teil des Buches eignen sich übrigens auch zur Entwicklung von Sozialkompetenzen.)

Gutes Sozialverhalten kann schon sehr früh geübt werden, aber vor allem im Jugendalter wird es zu einem zentralen Aspekt menschlichen Daseins. Die meisten werden sich daran erinnern, wie schwierig die Teenagerjahre sein können. Bis dahin sind die sozialen Kontakte etwas, das sich aus dem Umgang mit Geschwistern, Nachbarskindern und Klassenkameraden mehr oder weniger von selbst ergibt. In der Jugend hingegen gewinnt das Gefühlsleben an Selbstständigkeit. Es ist die Zeit, in der wir Freundschaft und Liebe erst richtig kennenlernen, und diese Erfahrungen können nicht nur bereichernd und zutiefst erfüllend sein, sondern nehmen häufig auch dramatische Züge an. Menschliche Bindungen sind jetzt eher eine Sache der inneren Entscheidung als das Resultat der äußeren Umstände. Jugendfreundschaften können für das ganze Leben prägend sein, und die erste Liebe ist in der Regel eine unvergessliche Erfahrung mit großem Einfluss auf alle späteren Bindungen. Junge Menschen sind in ihrem Gefühlsleben oft äußerst empfindsam und verletzbar, weshalb es von größter Wichtigkeit ist, ihnen mit Empathie, Umsicht und Mitgefühl zu begegnen.

Jugendliche tun sich oft sehr schwer damit, für die inneren Kämpfe, die sie durchmachen, einen adäquaten Ausdruck zu finden, und die künstlerische Gestaltung kann ein hervorragendes Mittel sein, auf nonverbale Weise auszudrücken, was in Worte zu fassen schwierig wäre. Schon aus diesem Grund sollten die schönen Künste eine wesentliche Rolle in der Jugendlichenpädagogik spielen. Aber auch für die Entwicklung kritischen und selbstständigen Denkens ist dies der richtige Zeitpunkt.

Wie schon an früherer Stelle dargestellt, müssen Kinder darauf vertrauen können, dass die Welt ein guter und wohlmeinender Ort ist. Sie müssen die Schönheit der Welt entdecken dürfen und als Teenager ihrem eigenen Denkvermögen vertrauen lernen, um zwischen wahr und falsch unterscheiden zu können. So kann die antike Werte-Trias des Wahren, Guten, Schönen zum Leitstern für all unsere Bildungsprojekte werden.

Man kann eigentlich niemandem beibringen, wie sich erfüllte und dauerhafte Beziehungen aufbauen lassen; aber man kann die Mittel bereitstellen, die dazu einen Beitrag leisten, und man kann einen geschützten Rahmen bieten und Möglichkeiten schaffen, damit sich solche Beziehungen entwickeln. Wenn ich auf meine eigene Jugend zurückblicke, so kann ich mich nicht mehr an vieles von dem erinnern, was ich in der Schule gelernt habe – auch wenn ich die Fähigkeiten, die ich dort erworben habe, in ihrer Bedeutung keineswegs verkenne. Woran ich mich aber gut entsinnen kann, das sind die Menschen: ein Lehrer, der mich verstand und mein Selbstbewusstsein stärkte, ein Freund, mit dem ich meine geheimsten Gefühle teilen konnte – all die tiefen Emotionen, wie sie die Entdeckung des anderen Geschlechts mit sich bringt: Scheu, Verlangen, Sehnsucht, Verlegenheit, Erfüllung, Beglückung … Wenn ich auf diese für meine Persönlichkeitsentwicklung prägenden Jahre zurückblicke, so habe ich keinen Zweifel daran, dass die menschlichen Begegnungen dabei eine entscheidende Rolle gespielt haben.

Auch hier gebe ich mich nicht der Illusion hin, dass irgendeine bestimmte Methode oder Übungspraxis den schwierigen Weg des Experimentierens, den wir alle in Beziehungsfragen zu gehen haben, auf magische Weise verwandeln kann; andererseits besteht auch kein Zweifel daran, dass es mit dem entsprechenden Training möglich ist, das Ausmaß an Leiden und Enttäuschung zu verringern, das diese Lebensphase oftmals mit sich bringt. Aus diesem Grund glaube ich, dass die Entwicklung von emotionaler Intelligenz und Sozialkompetenzen zum Grundbestand jedes Bildungsprogramms gehören sollte. Was heutzutage an pädagogischen Konzepten zur Verfügung steht, könnte dazu beitragen, unsere Gesellschaft toleranter, friedfertiger und einsichtiger zu machen. Ein Beispiel für ein solches Konzept ist die gewaltfreie Kommunikation.

Gewaltfreie Kommunikation

Die gewaltfreie Kommunikation (GFK) ist eine Methode, die Lehrer und Schüler aller Altersgruppen darin unterstützen kann, die Beziehung zu sich selbst und anderen Menschen zu verbessern. Die GFK steht in der Tradition der humanistischen Psychologie, die auf den bekannten amerikanischen Psychologen Carl Rogers zurückgeht, und wurde von dessen Schüler Marshall B. Rosenberg entwickelt.[6] Das Grundmodell der GFK umfasst vier Schritte, deren Umsetzung ein achtsames Vorgehen voraussetzt:

1. wertungsfreie Beobachtung einer Situation,
2. Anerkennung der damit verbundenen Gefühle,
3. Einsicht in das diesen Gefühlen zugrunde liegende Bedürfnis,
4. Bitte um eine konkrete Handlung.

Auf der Basis dieses Vorgehens wird danach gefragt, wie sich die Bedürfnisse aller Beteiligten auf flexible und kreative Weise erfüllen lassen, ohne dies mit einer Forderung zu verbinden.

In der folgenden Übung zur Einführung in die gewaltfreie Kommunikation geht es darum, einen neuen Weg des Umgangs mit sich selbst und anderen zu finden. Sie richtet sich vor allem an Pädagogen und ist auch sprachlich darauf abgestimmt. Je nach kulturellem Kontext und Verwendungszweck sollte das didaktische Vorgehen daher angepasst werden. Wir üben uns darin, Empathie mit uns selbst zu haben,

- um besser zu verstehen, was in uns vorgeht, und mit uns selbst mehr in Kontakt zu sein;
- um mit starken Emotionen zurechtzukommen;
- um uns auf schwierige Gespräche vorzubereiten;
- um hinsichtlich anstehender Entscheidungen und der nächsten Schritte Klarheit zu gewinnen;
- um uns die Qualität der Beziehung zu uns selbst und zu unserer inneren Lebendigkeit zu bewahren.

Übung: Empathie mit sich selbst

Wenn etwas vorgefallen ist, was Sie bedrückt, dann ziehen Sie sich für eine Weile an einen ruhigen Ort zurück, an dem Sie sich ungestört dem folgenden Besinnungsprozess widmen können – schriftlich oder auch nur in Gedanken:

- *Beobachten:* Fragen Sie sich: »Was ist passiert?« Spielen Sie im Geiste noch einmal durch, was vorgefallen ist oder was jemand gesagt oder getan hat, bis Sie den eigentlichen Auslöser für Ihr gegenwärtiges Befinden feststellen. Beschreiben Sie das auslösende Ereignis aus der Position eines neutralen Beobachters.
- *Interpretieren:* Fragen Sie sich: »Wie stellt sich mir das Vorgefallene dar? Welche Wirkung hat es auf mich?« Seien Sie in Ihrer Wortwahl dabei nicht zu vorsichtig und versuchen Sie nicht, »nett« zu sein. Lassen Sie Ihren Gedanken einfach freien Lauf. Sie dürfen hier alles sagen, was man Ihnen »angetan« hat, was andere angerichtet oder zerstört haben, wie Sie das Geschehene beurteilen, bewerten und für sich einordnen. Bringen Sie ruhig Ihren ganzen Schmerz zum Ausdruck, Ihre Not, Wut und Empörung oder was immer in Ihnen vorgeht.
- *Gefühle benennen:* Welche Gefühle löst all das in Ihnen aus? Beschreiben Sie in Form einer Liste, wie Sie sich fühlen, aber ohne Ausdrücke zu verwenden, mit denen eine Schuldzuweisung verbunden ist (wie betrogen, hintergangen, missachtet, im Stich gelassen, getäuscht, ausgenutzt und so weiter). Benutzen Sie stattdessen nur solche Ausdrücke, die auf authentische Weise beschreiben, was jetzt in Ihnen vorgeht (wie traurig, verängstigt, wütend, getroffen, verärgert, eifersüchtig und so fort).
- *Bedürfnisse benennen:* Stellen Sie als Nächstes fest, welche unerfüllten Bedürfnisse hinter diesen Gefühlen stehen (zum Beispiel nach Respekt, Wertschätzung, Anerkennung, Nähe, Mit-

einander, Unterstützung und so weiter): »Was ist mir jetzt wichtig? Worum geht es mir in dieser Situation am meisten?« Dabei kann es verschiedene Schichten von Bedürfnissen geben.

- *Trauern:* Gestehen Sie sich selbst die Trauer darüber zu, dass diese Bedürfnisse jetzt nicht erfüllt werden. Seien Sie ganz bei sich. Erlauben Sie sich, den Schmerz des unerfüllten Bedürfnisses zu spüren. Gehen Sie, falls Sie weiterhin Zorn und Groll verspüren, zu einem früheren Schritt zurück. Nach dem Absolvieren der ersten Schritte vollzieht sich häufig eine Wandlung, bei der die Wut nachlässt; stattdessen stellen sich vielleicht Gefühle wie Entmutigung, Traurigkeit, Hoffnungslosigkeit und dergleichen ein. Notieren Sie auch diese neuen Gefühle auf Ihrer Liste und zusätzlich die Bedürfnisse, die hinter ihnen stehen. Gestehen Sie sich wieder die Trauer darüber zu, dass diese Bedürfnisse jetzt unerfüllt bleiben.
- *Bitte/Wunsch formulieren:* Was wünschen Sie sich von sich selbst oder jemand anderem, damit die von Ihnen benannten Bedürfnisse erfüllt werden können? Formulieren Sie Ihre Bitte/Ihren Wunsch möglichst konkret und realistisch. Konkret ist eine Bitte dann, wenn sie auf die meisten dieser Fragen Antwort gibt: Was? Wann? Wer? Wo? Wie lange? Wie oft?

Eine fürsorgliche Klassengemeinschaft

Viele der bisher angeführten Umsetzungsbeispiele und Übungen orientieren sich am Bedarf von Erwachsenen oder Schülern höherer Jahrgangsstufen. Zwar ist das Jugendalter, wie bereits erörtert, die für die Entwicklung von Sozialkompetenzen entscheidende Zeit, doch kann die Grundlage dafür schon früh geschaffen werden. Daher wollen wir uns nun einigen Übungen zuwenden, die sich vor allem für die pädagogische Arbeit mit kleineren Kindern eignen.

Wer sich eine solidarische Klassengemeinschaft wünscht, in

der man füreinander da ist, muss die Kinder dazu anleiten, Freundschaften zu schließen, Dinge miteinander zu teilen sowie respektvoll, aufrichtig und fürsorglich miteinander umzugehen. Ein Teil dieses Lehrkonzepts richtet sich daher darauf, den Kindern mit der Zeit die entsprechenden Fähigkeiten zu vermitteln. Dazu muss es Modelle entwickeln, in denen sich diese Werte widerspiegeln, und auch die Familien als die primären Träger der Moralerziehung entsprechend unterstützen.

Für Kinder ist es wichtig, Teil einer Gruppe zu sein. Haben sie erst einmal ein Gefühl für die eigene Identität entwickelt, geht es für sie darum, ein Gefühl für die Identität der anderen zu entwickeln, zunächst innerhalb der Familie, später dann im Freundeskreis. Diese Verlagerung des Fokus vom Ich auf das Du ist ein wichtiger Entwicklungsprozess, bei dem man die Kinder unterstützen kann und soll.

Übungen zur Freundschaft

1. Was bedeutet Freundschaft?

Bitten Sie die Kinder, Beispiele dafür zu geben, was es bedeutet, Freunde zu haben und anderen ein Freund zu sein. Zum Beispiel kann es bedeuten, einem Menschen nahe sein zu wollen und gern in seiner Gesellschaft zu sein. Freunde mögen einander und verbringen viel Zeit zusammen. Freunde lernen sich normalerweise sehr gut kennen, sie wissen, was der andere mag und was nicht, und sie können Dinge miteinander teilen, etwa ihr Essen oder ihr Spielzeug.

2. Freundschaftsbänder knüpfen

Stellen Sie Garn, Schnur und Perlen zur Verfügung und bitten Sie die Kinder, Freundschaftsbänder zu flechten, die sie dann später einer Person ihrer Wahl überreichen können. Während die Kinder beschäftigt sind, können Sie mit ihnen darüber sprechen, was sie unter Freundschaft verstehen und wie wir anderen unsere Freundschaft zeigen.

3. Einander kennenlernen

Fordern Sie die Kinder auf, darüber zu sprechen, inwiefern sie einander ähnlich sind und sich voneinander unterscheiden, sowohl körperlich als auch in dem, was sie gern tun. Sprechen Sie darüber, dass Menschen Freunde sein können, auch wenn sie anders sind.

Kindern fällt es oft noch schwer, eine fremde Perspektive einzunehmen, wozu auch Besitzverhältnisse zählen. Auch mit dem Teilen tun sie sich schwer, weil sie noch nicht in der Lage sind, den Zusammenhang zwischen gegenwärtigem Verzicht und dem künftigen Ausgleich einzusehen. Andererseits zeigt sich bei Kindern schon früh die Hilfsbereitschaft.

Übungen zum Teilen

1. Was bedeutet Fairness?

Sprechen Sie mit den Kindern darüber, was die Wörter »fair« und »unfair« bedeuten. Zum Einstieg könnten Sie sagen, dass Fairness bedeutet, Regeln zu befolgen, sein Versprechen zu halten, jeden an die Reihe kommen zu lassen und alle – auch sich selbst – gleich zu behandeln.

2. Einen Kuchen aufteilen

Bringen Sie einen oder mehrere Kuchen mit in die Klasse, die gerecht aufgeteilt werden müssen, damit jedes Kind den gleichen Anteil erhält. Fragen Sie die Kinder, was sie täten, wenn noch ein Kind hinzukäme oder wenn sich von den Eltern oder Lehrern gern jemand am Kuchenessen beteiligte.

3. Kooperatives Spiel

Lassen Sie die Kinder in Vierergruppen an jeweils einem Tisch zusammensitzen. Legen Sie auf jedem Tisch reichlich Papier und vier Buntstifte mit unterschiedlichen Farben bereit. Die Kinder dürfen nun malen, wozu immer sie Lust haben, wobei als einzige Regel gilt, dass alle vier Farben benutzt werden müssen. Sprechen Sie mit den Kindern, während sie mit der Aufgabe beschäftigt sind, über den gemeinsamen Gebrauch von Gegenständen. Fragen Sie, wenn jede Gruppe ihr Bild fertiggestellt hat, die Kinder danach, wie es ihnen mit der Aufgabe ergangen ist.

Während ihrer Schulzeit entwickeln Kinder ein Gefühl für den Platz, den sie in der Gruppe einnehmen. Sie werden sich der Gemeinsamkeiten und Unterschiede deutlich bewusst und distanzieren sich häufig von anderen Kindern, die aus den verschiedensten Gründen anders sind als sie selbst. Umgekehrt können Kinder, die sich selbst als andersartig wahrnehmen, deswegen Minderwertigkeitsgefühle entwickeln. Generell sind Kinder aber ausgesprochen wissbegierig, und das wachsende Kompetenzgefühl, das sich mit dem Lernen einstellt, unterstützt die Bereitschaft, auf andere zuzugehen.

Übungen zum respektvollen Umgang miteinander

1. Was bedeutet Rücksichtnahme?

Erklären Sie den Kindern, dass ein respektvoller Umgang miteinander bedeutet, darauf zu achten, dass man die Gefühle anderer Menschen nicht verletzt und sich nicht an ihrem Eigentum vergreift. Ziehen Sie den Vergleich mit einem Vogelnest, das man ebenfalls respektiert, indem man die Brut nicht stört. Fordern Sie die Kinder auf, noch andere Beispiele dafür zu finden, wie man respektvolles Verhalten an den Tag legen kann.

2. Ein Streifzug durch die Natur

Erstellen Sie eine Liste von Phänomenen, die die Kinder mit ihren unterschiedlichen Sinnen in der Natur wahrnehmen können: mit den Augen eine Feder, ein Loch im Baum, ein Blatt mit einer besonderen Färbung, eine krabbelnde Ameise, eine Spinne beim Netzbau, ein zu Boden fallendes Blatt; über das Gehör den Ruf eines Vogels, das Summen einer Biene oder das Rascheln von

Blättern im Wind; mit dem Tastsinn den feuchten Schlamm, eine stachelige Pflanze oder die Rinde eines Baumes; mit dem Geruchssinn den Duft einer Kiefer oder Fichte, einer Blume, des Grases. Sprechen Sie mit den Kindern darüber, wie wir uns all diesen Naturerscheinungen gegenüber respektvoll verhalten können. Gehen Sie dann mit ihnen nach draußen in die Natur, um dort all dies wiederzufinden. Erbitten Sie von den Kindern weitere Vorschläge, wie sie ihren Respekt gegenüber der Natur bezeugen können, zum Beispiel indem sie während eines Spaziergangs Müll sammeln.

Manchmal verdrehen Kinder die Wahrheit, damit sie ihrer Auffassung oder Wunschvorstellung besser entspricht. Auf der anderen Seite entwickeln sie mit der Zeit auch ein Wahrheitsgewissen und beginnen, sich mit den Maßstäben zu identifizieren, die ihnen die Erwachsenen vorgeben. Weichen sie dann mit ihrem Verhalten von diesen Erwartungen ab, kommen sie leicht in einen inneren Konflikt.

Übungen zur Aufrichtigkeit

1. Was bedeutet Aufrichtigkeit

Bieten Sie den Kindern eine Definition wie diese an: »Wer die Wahrheit sagt, verschweigt nichts und sagt, wie die Dinge wirklich sind.« Fragen Sie die Kinder danach, was es für sie bedeutet, die Wahrheit zu sagen, ob ihnen die Definition gefällt und ob sie irgendetwas daran ändern möchten.

2. Schwierige Situationen besprechen

Lassen Sie sich von den Kindern Situationen nennen, in denen es ihnen schwergefallen ist, die Wahrheit zu sagen, und notieren Sie sie stichwortartig auf der Tafel oder einem großen Bogen Papier. Beginnen Sie die Übung, indem Sie selbst die eine oder andere Konfliktsituation benennen, um sie mit den Kindern zu diskutieren.

3. Die Fantasie ansprechen

Lassen Sie die Kinder eine Person zeichnen, die gerade dabei ist, die Wahrheit zu sagen. Notieren Sie dann ihre Kommentare zu den Zeichnungen. Anschließend können Sie mit den Kindern die Zeichnungen und Kommentare besprechen.

Kindern geht es ab einem gewissen Alter zwar darum, unabhängiger zu werden, doch bleiben sie in vielerlei Hinsicht noch von der Fürsorge Erwachsener abhängig, insbesondere von denen in der eigenen Familie. Auch wenn Kinder mit neuen und ungewohnten Situationen konfrontiert sind, erwacht ein früheres Bedürfnis nach dem Schutz der Erwachsenen. Und wenn sie sehen, wie ihre Eltern mit ihren jüngeren Geschwistern umgehen, weckt das ebenfalls Erinnerungen an einen früheren Zustand der Geborgenheit. So kann es ihnen schwerfallen, zu erkennen, dass sie ihren ganz besonderen Platz behalten, auch wenn die äußeren Umstände sich verändern.

Hier folgen drei Übungen zu den verschiedenen Aspekten der Fürsorge:

Übungen zur Fürsorge

1. Was bedeutet Fürsorge?

Fragen Sie die Kinder, was es für sie bedeutet, sich um etwas oder jemanden zu kümmern. Bieten Sie ihnen dann eine Definition wie diese an: »Wenn uns etwas an einem anderen Menschen liegt, dann zeigen wir ihm das dadurch, dass wir freundlich und hilfsbereit sind. Wir werden uns ihm gegenüber nicht grob, sondern rücksichtsvoll verhalten. Es interessiert uns, wie es ihm geht, weil uns das wichtig ist.«

2. Motivkarten basteln

Lassen Sie die Kinder Karten zum Thema gestalten, die sie später an eine Person verschenken können, die ihnen etwas bedeutet. Stellen Sie dazu Blankokarten oder Karton, Zeitschriften und anderes Collagematerial sowie Scheren, Klebstoff und Klebeband bereit. Stehen Sie als Protokollant(in) zur Verfügung, falls die Kinder sich zusätzlich verbal ausdrücken wollen.

3. Fürsorge in der Praxis

Sprechen Sie mit den Kindern darüber, wie sich Fürsorge und Anteilnahme im Alltag zeigen kann. Erstellen Sie dann gemeinsam eine Liste von Dingen, die Sie als Klasse tun können – wie etwa Pflanzen gießen, Vögel oder Fische füttern, sich Zeit nehmen, um einander zuzuhören, und so weiter. Unterstützen Sie dann im Laufe der Woche die Kinder darin, ihr Vorhaben in die Tat umzusetzen.

Bilanz

Dem UNESCO-Projekt der »Happy Schools!« zufolge liegen die wichtigsten Voraussetzungen Glücklicher Schulen in den Bereichen Selbstfürsorge und Fürsorge für andere. In entsprechenden Umfragen wurden »Freundschaften und zwischenmenschliche Beziehungen im schulischen Umfeld« als das wichtigste Kriterium einer »Happy School« genannt. Als zweitwichtigstes Kriterium gaben die Befragten ein »warmherziges und freundliches Lernumfeld« an. Dieses Resultat zeigt nicht nur, wie notwendig es ist, »mehr Wert auf einen insgesamt freundlicheren Umgang miteinander zu legen ... sondern auch für offenere Klassenräume zu sorgen, für deren Ausstattung mit farbenfrohem und ansprechendem Anschauungsmaterial«, sowie mehr Musik und kreatives Tun in den Unterrichtsalltag einzubeziehen, »um so eine positivere Schulatmosphäre zu schaffen«.[7]

Als ein weiteres wichtiges Kriterium für Glückliche Schulen wurde die »positive Einstellung und Ausstrahlung von Lehrern« genannt, wozu Eigenschaften zählen wie Freundlichkeit, Enthusiasmus und Fairness. Die Rolle des Lehrers sollte darin bestehen, den Schülern als ein motivierendes, kreatives und glückliches Vorbild zu dienen. Weiterhin sahen die Befragten Werte und Verhaltensweisen im Sinne eines positiven Miteinanders als ein sehr wichtiges Kriterium für Glückliche Schulen an. Zu diesen Werten und Verhaltensweisen zählen Zuwendung, Mitgefühl, Akzeptanz und Respekt. Als ein anderes wichtiges Kriterium wurde schließlich ein sicheres Schulumfeld genannt, in dem niemand dem Mobbing ausgesetzt ist.

Zusammenfassend lassen sich zwölf Kriterien feststellen, die für eine »Happy School«-Gemeinschaft von zentraler Bedeutung sind und als solche unmittelbar mit der Fürsorge für sich selbst und andere in Zusammenhang stehen:

1. Freundschaften und zwischenmenschliche Beziehungen in der schulischen Gemeinschaft;
2. positive Einstellung und Ausstrahlung von Lehrern;
3. Respekt vor Vielfalt und Unterschieden;
4. Werte und Verhaltensweisen im Sinne eines positiven Miteinanders;
5. Arbeitsbedingungen und Wohlbefinden der Lehrer;
6. Fähigkeiten und Kompetenzen der Lehrer;
7. Teamwork und Geist der Zusammenarbeit;
8. der Lernprozess als Teamarbeit von Schülern und Lehrern;
9. psychisches Wohlbefinden und Stressbewältigung;
10. warmherziges und freundliches Lernumfeld;
11. sicheres Schulumfeld ohne Mobbing;
12. positive Disziplin.

Zweifellos werden die meisten Lehrer, Eltern und Schüler der Aussage zustimmen, dass die Umsetzung dieser zwölf Kriterien von positivem Einfluss auf die Schulgemeinschaft wäre, nicht nur im Sinne des Wohls aller Beteiligten, sondern auch der Leistungen der Schüler. Ohne ein praktisches Verfahren jedoch, mit dessen Hilfe sich eine glückliche Schulgemeinschaft begründen lässt, bleibt es eine reine »Wunschliste«. Unser Ziel ist daher, Beispiele und Übungen zu bieten, die sich in den Klassenzimmern praktisch umsetzen lassen und sowohl die Lehrer als auch die Schüler darin unterstützen, eine glückliche Schulgemeinschaft zu schaffen.

Fürsorge für die Umwelt und den Planeten

Erziehung zur nachhaltigen Entwicklung

Um das Ziel nachhaltiger Entwicklung zu erreichen, schlägt die UNESCO als zwei Hauptmaßnahmen vor:

1. Bildungswesen und Wissensvermittlung in einer Weise neu zu orientieren, dass alle Menschen die Chance haben, sich das Wissen, die Fähigkeiten, die Wertmaßstäbe und Einstellungen anzueignen, die sie in die Lage versetzen, zu einer nachhaltigen Entwicklung beizutragen;
2. Bildungswesen und Wissensvermittlung in all jenen Vorhaben, Programmen und Aktivitäten zu bestärken, die im Sinne einer nachhaltigen Entwicklung Wirkung zeigen.

Ich bin der festen Überzeugung, dass das Verantwortungsbewusstsein gegenüber der Umwelt nicht von den zwei anderen Formen von Verantwortungsbewusstsein zu trennen ist: der Fürsorge für sich selbst und der Fürsorge für andere. Wenn sie sich auf die rechte Weise entwickeln, dann unterstützen und bestärken sich diese beiden Formen der Fürsorge gegenseitig. Solange wir Kindern und Jugendlichen den Umweltschutz aber nur in Form eines moralischen Imperativs vermitteln, ohne ihnen eine lebendige Erfahrung davon zu ermöglichen, welche Bedeutung die Veränderungen in der Umwelt für sie selbst, ihre Familien und ihr soziales Umfeld im Alltag haben, besteht wenig Aussicht, dass sie zu einer dauerhaften Verhaltensänderung bereit sind. Wir müssen daher alle drei Dimensionen der Schulpädagogik mobilisieren:

1. Erziehung des Kopfes,
2. Erziehung des Herzens,
3. Erziehung der Hand.

Nur wenn sich diese drei Dimensionen auf harmonische Weise entwickeln, können wir mit einer Verhaltensänderung rechnen, die ihrerseits von nennenswertem Einfluss auf die nachhaltige Entwicklung ist. Achtsames Konsumverhalten ist etwas, das man Kindern schon in sehr jungen Jahren nahebringen sollte. Der gegenwärtige Trend zu immer mehr Konsum lässt sich aber nicht aufhalten, indem man Kindern und Jugendlichen den Zugang zu Produkten verwehrt, nach deren Besitz es sie verlangt. Nur wenn sie die Konsequenzen bestimmter Verhaltensweisen für sich selbst – und überdies für ihre Familie, die Gesellschaft und den Planeten – verstehen lernen und auf anschauliche Weise selbst erfahren, können wir auf eine dauerhafte Veränderung in Richtung nachhaltiger Entwicklung hoffen.

Aufenthalt in der Natur und Gartenarbeit

Im Laufe der vergangenen Jahre hat unsere Gemeinschaft der Peaceful Bamboo Family in Huế Tausenden von Grundschülern Gelegenheit geboten, einen Tag bei uns zu verbringen, um in unserem organisch bewirtschafteten Garten praktische Erfahrungen zu sammeln und an Workshops teilzunehmen. Was das Land abwirft, verarbeiten wir hier zu Konserven, Shampoos und anderen Bioprodukten. Dieses unmittelbare Naturerlebnis durch den Umgang mit Pflanzen und Tieren sowie die praktische Arbeit – durch Pflanzen, Bewässern, Jäten, Kompostieren, Düngen und das Füttern der Tiere – ist die Grundlage für die Entwicklung des Umweltbewusstseins. Solange sich der Biologieunterricht und die Erziehung zu einer nachhaltigen Entwicklung auf das Klassenzimmer beschränken und nur über Lehrbuch, Tafel und mündlichen Vortrag erfolgen, wird das von geringem Einfluss auf die Kinder bleiben. Viele Stadtkinder haben nur sehr wenig Kontakt mit der natürlichen Umwelt, und man kann von ihnen schwerlich die Fürsorge für etwas erwarten, das sie nicht kennen. Laut verschiedenen europäischen Studien wissen viele Stadtkinder nicht, dass Milch von Kühen stammt oder dass die »Fischstäbchen«, die ihnen in vielen Schulkantinen serviert werden, aus Tieren hergestellt werden, die im Meer leben.

Jedes Schulprogramm, das sich erfolgreich für mehr Nachhaltigkeit und Umweltbewusstsein einsetzen will, muss damit beginnen, Kindern ein unmittelbares Naturerlebnis zu verschaffen.

Unserer Erfahrung nach hat es auf die Kinder eine sehr positive Wirkung, wenn man ihnen Gelegenheit bietet, die Natur nicht nur als Beobachter zu erfahren, sondern damit eine nützliche Aktivität zu verbinden, indem man sie etwa einen kleinen Gemüsegarten bestellen lässt oder wenigstens im Klassenzimmer oder auf dem Schulhof den Platz für ein paar Kräuter- oder Gemüsetöpfe einrichtet. Das vietnamesische »Happy Schools!«-Programm organisiert daher für am Pilotprojekt teilnehmende Schulen auch regelmäßige Gartentätigkeit. Damit verfolgen wir unter anderem das Ziel, dass möglichst alle Schulen unserem Beispiel folgen und ähnliche Initiativen einführen, sofern die Lehrpläne es zulassen.

Tiefenökologie und »The Work That Reconnects«

»Das Universum ist eine Gemeinschaft von Subjekten, keine Ansammlung von Objekten.«
Thomas Berry

Eines der Hauptanliegen des »Happy Schools!«-Projekts ist es, Gelegenheiten zu schaffen, bei denen die Schüler lernen können, unsere Umwelt in ihrer Verletzlichkeit zu respektieren und zu schützen sowie im Einklang mit der Natur zu leben. Um ihnen den dritten Bereich der Fürsorge des »Happy Schools!«-Curriculums nahezubringen, die Fürsorge für die Umwelt und den Planeten, müssen wir ihnen Naturverbundenheit als etwas vermitteln, was für sie selbst spürbar und erfahrbar ist. Einen Weg, um das zu erreichen, bieten uns die Anleitungen und Übungsansätze des »The Work That Reconnects«-(WTR-)Konzepts, auf das ich gleich noch näher eingehen werde.

Was bedeutet Tiefenökologie?

Der Ausdruck »Tiefenökologie« geht auf den norwegischen Bergsteiger und Philosophen Arne Næss (1912–2009) zurück, der ihn Anfang der 1970er-Jahre prägte. Der Tiefenökologe Stephan Harding beschreibt Ökologie als die Wissenschaft von der Natur, während er in der Tiefenökologie die philosophische Lehre vom angemessenen Verhalten gegenüber der Natur sieht. Wer sich als Student beispielsweise mit einer ökologischen Studie zum Wasserbüffel befasst, wird dabei etwas über dessen Ernährungsweise, seinen Lebensraum und sein Sozialverhalten erfahren. Auch wenn es sich dabei um wichtige Informationen handelt, erfährt der Studierende auf diese Weise doch nichts über das angemessene Verhalten gegenüber dem Wasserbüffel. Die Tiefenökologie hingegen würde ihm dazu verhelfen, den Wasserbüffel in seinem Eigenwert zu erkennen, in jenem Wert also, den der Wasserbüffel jenseits menschlichen Nutzens hat. Auf diese Weise würde er lernen, den Wasserbüffel zu respektieren, ihn zu schützen und in Eintracht mit ihm zusammenzuleben.

»The Work That Reconnects«

Es handelt sich bei »The Work That Reconnects« (etwa »Die Arbeit, die die Verbindung [mit der Natur] wiederherstellt«) um ein pädagogisches Konzept, das aus der Tradition der Tiefenökologie stammt und von der Umweltaktivistin Joanna Macy entwickelt wurde. Es besagt, dass der Mensch für einen großen Teil der Schäden in der Natur verantwortlich ist, einschließlich des Klimawandels, des massenhaften Artensterbens, der Bodendegradation und der Übersäuerung der Meere. Schuld daran sind nicht nur unser Verhalten und unser Wirtschaftssystem, sondern auch die falsche Voraussetzung, Natur sei etwas von uns Getrenntes, das wir zu unserem Vorteil ausbeuten können. Bei

»The Work That Reconnects« geht es daher darum, die Verbindung mit der Natur wiederherzustellen, wenn wir ein verantwortungsbewusster Teil dessen sein wollen, was Joanna Macy das »Gewebe des Lebens« *(web of life)* nennt. Aus dieser Naturverbundenheit folge dann der Wunsch, unsere verletzliche Umwelt zu schützen und im Einklang mit der Natur zu leben.

Der Große Wandel

Das Konzept des Großen Wandels (»The Great Turning«) nimmt dabei eine zentrale Stellung ein. Joanna Macy unterscheidet drei Interpretationen der Wirklichkeit, unter denen wir eine Wahl treffen müssen; jede Version ist mit einer unterschiedlichen Lesart oder »Geschichte« verknüpft:

1. Business as Usual,
2. The Great Unraveling,
3. The Great Turning.

»Business as Usual« (»Weitermachen wie bisher«) ist die Sichtweise, dass es keinen Grund gibt, an unserer Lebensweise etwas zu ändern. Sie erzählt die Geschichte, dass Wirtschaftswachstum an und für sich gut und Glück durch die Anhäufung immer größeren materiellen Wohlstands zu erreichen sei.

»The Great Unraveling« (»Die Große Zerstörung«) richtet den Blick auf die ökologischen und ökonomischen Katastrophen, die auf das Konto des »Business as Usual« gehen und noch weitergehen werden, zeigt aber noch keine Handlungsoptionen auf.

»The Great Turning« ist die Sichtweise derer, die um die große Zerstörung wissen und nicht wollen, dass sie das letzte Wort hat. Ziel ist eine lebensbewahrende Kultur, und erzählt wird die Geschichte von einer »aktiven Hoffnung«, die man nicht bloß »hat«, sondern durch sein Handeln nährt, auch wenn man deren

Ausgang nicht kennt. »The Work That Reconnects« will die Teilnehmer nicht nur dazu anleiten, den großen Wandel im eigenen Leben zu erfahren, sondern sich als Teil einer weltweiten Bewegung zu begreifen, die von einer gemeinsamen Vision der Wirklichkeit getragen ist.

Die Unterweisung in »The Work That Reconnects«

Das Arbeitsmaterial, bei dem es sich um freie Inhalte handelt, findet sich in dem Leitfaden *Für das Leben! – Ohne Warum*[8]. Er bietet ein Standardkonzept mit verschiedenen Lektionen und Übungen, aus dem die Kursleiter auswählen können, um daraus für ihre jeweilige Zielgruppe das passende Lehrmaterial zusammenzustellen. Darüber hinaus kann das WTR-Konzept als Ergänzung anderer Curricula und Workshops dienen, indem es Übungen zur Tiefenökologie beisteuert. Die Übungen wenden sich ursprünglich an Erwachsene, jedoch enthält das Buch auch einen Abschnitt zur Anpassung des WTR-Curriculums an den Bedarf von Kindern und Jugendlichen.

Die Struktur von »The Work That Reconnects«

Der WTR-Workshop folgt einem stufenweisen Aufbau, den die Autorin in ihrem Leitfaden als »Die Spirale« bezeichnet. Die vier Etappen sind:

1. Am Anfang steht die Dankbarkeit.
2. Unseren Schmerz um die Welt würdigen.
3. Mit neuen Augen sehen.
4. Weitergehen und Handeln.

Die Spirale hat ihren Ausgangspunkt in der Dankbarkeit, weil diese, so Joanna Macy, »den Geist besänftigt und uns zum Ursprung zurückführt, indem sie unserer Empathie und Zuversicht Nahrung gibt«. Die Übungen in diesem Segment der Spirale helfen den Teilnehmern, sich untereinander kennenzulernen, sich körperlich zu erden, das Leben zu feiern und die eigenen Gaben zu erkennen.

Das zweite Spiral-Segment namens »Unseren Schmerz um die Welt würdigen« bietet den Teilnehmern Gelegenheit zu benennen, was sie beunruhigt und aufbringt, was sie traurig und hoffnungslos macht. Ziel dabei ist, sie erkennen zu lassen, dass sie mit ihrem Schmerz nicht allein sind.

Das dritte Segment, »Mit neuen Augen sehen«, bietet Übungen, mit deren Hilfe wir unsere Verbundenheit mit anderen Wesen im Gewebe des Lebens besser verstehen lernen.

Den Abschluss der Spirale bildet das »Weitergehen und Handeln«, der die Teilnehmer in die Lage versetzen soll, den Ertrag des Lehrgangs gedanklich und praktisch in ihrem Alltag umzusetzen. Dazu zählt auch die Formulierung konkreter Schritte.

»The Work That Reconnects«: Übungen

Übung: Die menschliche Kamera

Diese Übung lässt sich bereits mit kleinen Kindern durchführen (wobei jedem kleineren Kind jeweils ein Erwachsener oder ein größeres Kind zur Seite stehen sollte). Einer der Partner übernimmt die Rolle des Fotografen und der andere die der Kamera. Der Fotograf bedient nun die »Kamera«, deren Augen geschlossen sind: Auf der Suche nach schönen und interessanten Motiven richtet er das »Objektiv« (= die Augen) seiner Kamera auf Objekte oder Szenen, von denen er eine Aufnahme machen will. Dann betätigt er den Auslöser, indem er dem Übungspartner einmal auf die Schulter klopft, was den »Verschluss«, also die

Augen der Kamera, öffnet. Bei jeder Aufnahme wird für drei bis fünf Sekunden »belichtet«, woraufhin der Fotograf der Kamera ein zweites Mal auf die Schulter klopft, womit sich der Verschluss wieder schließt.
Seien Sie kreativ, indem Sie aus verschiedenen Blickwinkeln fotografieren, Nahaufnahmen oder auch Panoramafotos machen. Während des Fotografierens sollte möglichst wenig gesprochen werden. Lassen Sie den Fotografen zehn Minuten Zeit, in denen sie mindestens drei Fotos machen. Danach tauschen die Partner die Rollen.
Lassen Sie im Anschluss an die Übung jedes Kind sein Lieblings»foto«, das es als »Kamera« gemacht hat, auf eine Karteikarte zeichnen, die dann in der Gruppe besprochen werden. Größere Kinder oder Jugendliche können in kleinen Gruppen untereinander Fragen wie diese behandeln:

- Was ist dir bei der Übung besonders aufgefallen?
- Warst du lieber Kamera oder Fotograf?
- Was wird dir am meisten in Erinnerung bleiben?

Übung: Offene Sätze zur Dankbarkeit

Diese Übung dauert 30 Minuten. Die »offenen Sätze« sind eine Übung zum spontanen verbalen Ausdruck und bieten den Teilnehmern Gelegenheit, ihre Gedanken und Gefühle frei zu formulieren. Je zwei Übungspartner – A und B – sitzen sich bis zum Beginn der Übung schweigend gegenüber. Nachdem der Übungsleiter einen unvollständigen Satz gesprochen hat, wird er von Teilnehmer A wiederholt und mit seinen eigenen Worten ergänzt, wobei er sich an Teilnehmer B wendet und während der vorgesehenen Zeit weiterspricht. Sehr wichtig ist, dass Teilnehmer B so aufmerksam wie möglich zuhört und dabei vollkommenes Schweigen wahrt. Die Übungspartner können die Rollen entweder nach jedem offenen Satz tauschen oder nach einem kompletten Durchgang. Zur Ergänzung jedes Satzes haben die Teilnehmer ein paar Minuten Zeit, wobei das Ende der Redezeit durch eine kleine Glocke signalisiert werden kann. Nach einigen Sekunden der Stille folgt dann der nächste unvollständige Satz. Als Übungsleiter können Sie entweder Ihre eigenen offenen Sätze kreieren oder sich auf die folgende Auswahl stützen, die ich in meinen Workshops besonders gerne verwende. Der letzte Satz bildet dabei jeweils den Abschluss eines Durchgangs:

- Was ich an meinem Leben auf der Erde besonders mag, ist ...
- Ein magischer Ort meiner Kindheit ist ...
- Jemand, der mir geholfen hat, an mich selbst zu glauben, ist ...
- Was ich besonders gern tue, ist ...
- Was ich an mir selbst schätze, ist ...

Übung: Offene Sätze zur Würdigung unseres Schmerzes

Der Ablauf ist derselbe wie bei der vorhergehenden Übung. Auch sie dauert 30 Minuten. Sie können wie folgt vorgehen:

- Berichten Sie von einem Erlebnis aus neuerer Zeit, bei dem Sie sich besonders lebendig und dem Leben verbunden gefühlt haben.
- Berichten Sie von etwas, das Sie in letzter Zeit besonders betroffen gemacht hat – sei es ein eigenes Erlebnis, eine Nachrichtenmeldung oder etwas, das Sie im Fernsehen gesehen haben. Dabei brauchen Sie auf den Anlass nicht näher einzugehen, sondern sprechen Sie einfach über Ihre Gefühle: »Was mich an dem, was in der Welt passiert, besonders betroffen macht, ist ...«

Übung: Das Gewebe des Lebens

Die Teilnehmer sitzen schweigend im Kreis und werfen einander Wollknäuel zu, nachdem sie den Faden locker um ihr Handgelenk gewickelt haben. Sie folgen dabei keiner bestimmten Regel, sondern werfen die Knäuel wahllos in die Runde. Angesichts des entstandenen Geflechtes kann der Übungsleiter eine Betrachtung wie diese anstellen:

> »Alles, was existiert, bildet ein zusammenhängendes Gewebe, von dem wir alle ein Teil sind. Wenn jeder seinen Faden festhält, können wir spüren, wie stark diese Verbindung ist. Wir können spüren, wie sich jede Veränderung an einer Stelle auf das gesamte Gewebe auswirkt. Und wir können spüren, was geschieht, wenn eine dieser Verbindungen gestört oder beschädigt wird.
> Manche Menschen kümmern sich nur um andere, wenn sie so sind wie sie selbst, oder um das, was um sie herum geschieht. Dieses Gewebe zeigt uns aber, warum wir uns auch um Menschen kümmern sollten, die anders sind als wir selbst, und um das, was fern von uns auf der Erde passiert. Damit das Gewebe stark ist, brauchen wir Menschen in all ihrer Verschiedenheit, das Leben in seiner ganzen Vielfalt. Unser eigenes Schicksal ist mit dem Schicksal aller Lebewesen auf unserem Planeten verknüpft.«

Übung: Die Geschichte vom Seestern

Teilen Sie zu Beginn der Übung, die 15 Minuten dauern sollte, an die Kinder »Seesterne« aus, die Sie zuvor aus Karton ausgeschnitten haben. Lassen Sie dann die Geschichte vom Seestern folgen, wobei Sie diese besser nacherzählen als vorlesen sollten:

> »Es war einmal ein alter Mann, der die Gewohnheit hatte, sich zum Schreiben ans Meer zu begeben. Bevor er mit seiner Arbeit begann, ging er für gewöhnlich noch ein wenig am Strand spazieren. Eines Tages sah er dabei in einiger Entfernung, wie sich jemand auf seltsame Weise am Meeressaum bewegte, indem er sich hinabbeugte und daraufhin mit einer weit ausholenden Bewegung wieder aufrichtete.
> War es vielleicht ein Tänzer? Der Mann beschleunigte seine Schritte, um die merkwürdige Gestalt einzuholen, und als er näher kam, sah er, dass es ein Junge war. Er war auch keineswegs ein Tänzer, sondern bückte sich, um etwas aufzuheben und ins Meer zu werfen. Der alte Mann kam noch näher heran und rief: ›Guten Morgen! Darf ich fragen, was du da machst?‹
> Der Junge hielt inne, sah auf und antwortete: ›Ich werfe Seesterne zurück ins Meer!‹
> ›Und warum wirfst du Seesterne zurück ins Meer?‹, fragte der alte Mann ein wenig verdutzt.
> Darauf erwiderte der Junge: ›Die Sonne steht schon hoch am Himmel, und es ist Ebbe. Wenn ich sie nicht zurückwerfe, werden sie sterben.‹
> Als er das hörte, entgegnete der alte Mann: ›Aber ist dir denn nicht klar, dass es noch viele Meilen Strand gibt und dort überall Seesterne liegen, Meile um Meile? Du kannst sie doch unmöglich alle retten.‹

Daraufhin beugte sich der Junge abermals zur Gischt hinab, hob einen weiteren Seestern auf und warf ihn ins Meer. Als der Seestern im Wasser verschwand, sagte der Junge: ›Diesen einen habe ich jedenfalls gerettet.‹«

Ziehen Sie, wenn Sie die Geschichte beendet haben, eine imaginäre Linie, die den Meeressaum bedeuten soll. Die Kinder befinden sich nun am Strand, vor ihnen die unermessliche Weite des Meeres. Dann schreibt jedes Kind auf seinen Seestern etwas, das es unternehmen will oder schon unternimmt, um die Natur zu schützen. Wenn alle damit fertig sind, tritt jeder Teilnehmer einzeln vor, liest laut, was auf seinem Seestern steht, und wirft ihn zurück ins Meer. Dabei sagen jedes Mal alle zusammen: »Diesen einen haben wir gerettet.«

Übung: Offene Sätze zum Weitergehen und Handeln

Unvollständige Sätze wie die folgenden können als Einleitung oder Ausklang zum Hauptteil eines kurzen Workshops dienen. Dabei können die Antworten notiert und anschließend in der Gruppe besprochen werden:

- Was ich heute über das Gewebe des Lebens erfahren habe, ist …
- Etwas, das ich jeden Tag für das Gewebe des Lebens tun kann, ist …
- Etwas, das ich gemeinsam mit anderen unternehmen kann, um die Umwelt zu schützen, ist …

»Design for Change«: Wie Kinder in vier Schritten lernen, ihr eigenes Nachhaltigkeitsprojekt zu entwickeln

Ein Lernprogramm wie »Design for Change« (etwa »Design für den Wandel«) ist sinnvoll,

- um Kindern das Gefühl zu geben, dass sie aus eigener Kraft etwas Positives bewirken können, ein Gefühl von »Ich kann das«;
- um ihnen Gelegenheit zu bieten, konkrete Projekte im Bereich der Nachhaltigkeit zu erarbeiten;
- um bei ihnen die Entwicklung wichtiger Fähigkeiten zu fördern wie Empathie, kreatives Denken, Entschlusskraft, vertieftes Zuhören, effizientes Kommunizieren, Teamfähigkeit und Organisationsgabe.

Hier folgt nun das Gerüst eines Vier-Wochen-Unterrichtsplans zur Umsetzung des Programms in den Klassenzimmern. In jeder Woche wird einer der vier Schritte des »Design for Change«-Prozesses – feel, imagine, do und share – in insgesamt zehn Unterrichtseinheiten behandelt:

- *Woche 1:* drei Einheiten zum Abschnitt FEEL, in denen die Schüler ein Thema auswählen, bei dem sie eine Veränderung bewirken wollen, und die Hintergründe dazu erarbeiten.
- *Woche 2:* zwei Einheiten zum Abschnitt IMAGINE, in denen die Schüler in einem Brainstorming nach Lösungsansätzen suchen und darüber abstimmen, welche davon sie umsetzen wollen.
- *Woche 3:* vier Einheiten zum Abschnitt DO, von denen die erste im Klassenzimmer stattfindet, um die ausgewählte Aktion zu planen, und die anderen drei deren Umsetzung dienen.
- *Woche 4:* eine Einheit zum Abschnitt SHARE, in der die Schüler sich über ihre Erfahrungen austauschen.

Fazit

Auf der Webseite der Vereinten Nationen ist zu lesen: »Der Klimawandel wirkt sich heute auf jedes Land in jedem Kontinent aus. Er greift massiv in die Wirtschaft dieser Länder ein, kommt schon heute die Menschen, Gemeinden und Länder teuer zu stehen und wird sie in Zukunft noch mehr kosten.«[9] Kinder wissen um die ökologischen Probleme, vor denen wir heute stehen, und sind dankbar für die Möglichkeit, in einem geschützten Rahmen über ihre Gefühle zu sprechen. Das »Happy Schools!«-Projekt hat zum Ziel, künftige Generationen davor zu bewahren, abzustumpfen, die Augen zu verschließen oder in Verzweiflung über die Zukunft zu geraten. »The Work That Reconnects« ist daher Teil des »Happy Schools!«-Curriculums und will die Schüler dazu anleiten, Verantwortung für die Natur zu übernehmen und in sinnvoller Weise zur nachhaltigen Entwicklung in Vietnam beizutragen.

> »Die globalen Herausforderungen der Gegenwart verlangen nach Antworten, die vom Geist unserer gemeinsamen Humanität getragen sind. Ich glaube, dass die Risiken und Chancen, denen wir uns heute gegenübersehen, einen Paradigmenwechsel erfordern, der sich in unseren Gesellschaften nur durch Erziehung und Bildung verankern lässt. Die Rolle der Pädagogik als Katalysator für den Aufbau einer besseren und nachhaltigeren Zukunft für uns alle findet zunehmend Anerkennung und hat zur Erklärung der ›Weltdekade der Bildung für nachhaltige Entwicklung‹ durch die Vereinten Nationen im Jahre 2005 geführt.«[10]

Wie Irina Bokova, Generaldirektorin der UNESCO von 2009 bis 2017, mit diesen Sätzen richtig ausführt, brauchen wir einen Paradigmenwechsel, der nur durch eine Neudefinition der Ziele und Methoden unseres Bildungswesens zustande kommen kann. Programm und Curriculum der »Happy Schools!« ruhen daher auf der Voraussetzung, dass diese drei Formen der Fürsorge eng miteinander verwoben sind:

1. Selbstfürsorge,
2. Fürsorge für andere und die Gesellschaft,
3. Fürsorge für die Umwelt und den Planeten.

Das »Happy Schools!«-Projekt wird gegenwärtig in rund zehn Schulen in verschiedenen vietnamesischen Provinzen als Pilotprojekt durchgeführt. Es unterliegt dabei einem strengen Bewertungsprozess, und der Bildungsminister hat sein Interesse bekundet, es in das nationale Curriculum aufzunehmen, falls die Resultate die positiven Auswirkungen auf Lehrer und Schüler unter Beweis stellen. Mit der zunehmenden Zahl ausgebildeter Trainer verbindet sich zudem die Hoffnung, dass sich das »Happy Schools!«-Programm auch international einen Namen machen kann.

Das BNG in der Wirtschaft

In den vorangegangenen Kapiteln haben wir bereits erörtert, wie das gegenwärtige Wirtschaftssystem nicht nur zu sozialer Ungleichheit und Naturzerstörung führt, sondern auch auf persönlicher Ebene Leiden verursacht. Außerdem konnten wir sehen, wie die Vorstellung vom »Homo oeconomicus« den Menschen als ein Wesen beschreibt, das ausschließlich auf den eigenen Vorteil bedacht und stets bestrebt ist, als Konsument seinen Nutzen und als Produzent seinen Profit zu maximieren. Als ein herzloses und egoistisches Wesen sucht der »Homo oeconomicus« seinen wirtschaftlichen Vorteil, ohne Rücksicht auf Werte, ethische Grundsätze oder zwischenmenschliche Beziehungen, auf Liebe oder Freundschaft zu nehmen. Darüber hinaus wirkt diese implizite Voraussetzung wie eine selbsterfüllende Prophezeiung, indem sie ein Wirtschaftssystem kreiert, dessen Institutionen in massiver Weise versagen und das insgesamt zu Ergebnissen führt, die niemand will.

Wenn wir diese verzerrte Sicht des Wesens Mensch verinnerlichen und uns mit ihr identifizieren, dann entfremden wir uns von unserem höchsten Potenzial und unserer wahren Natur, getrieben von der Illusion, dass materieller Konsum unsere tiefere Sehnsucht nach Sinn, Identität und Selbstverwirklichung erfüllen könnte. Solange wir unsere Identität und Bestimmung über ein einseitig materialistisches Konzept definieren, das Glück und Wohlbefinden mit materiellem Besitz und Konsum gleichsetzt, bleiben wir von unserem höheren Potenzial abgeschnitten. Das führt zu einer tiefen Unzufriedenheit, einem existenziellen Unbehagen, das kein Geld der Welt zu beheben vermag. Wie Erich Fromm schrieb: »Die Gier ist ein Fass ohne Boden. Der Gierige erschöpft sich in der nie endenden Anstrengung, seine Bedürfnisse zu befriedigen, ohne dass ihm dies je gelingt.«[11]

Als es um die Frage ging, was Glück bedeutet, konnten wir sehen, dass die Verbindung zu unserem wahren Selbst eine der wichtigsten Voraussetzungen für ein sinnerfülltes Leben ist. Gleichwohl klagt eine Mehrheit der Arbeitnehmer über Stress am Arbeitsplatz. Das Nachrichtenmagazin *Der Spiegel* bezieht sich auf eine Studie aus dem Jahr 2016, der zufolge 86 Prozent der deutschen Arbeitnehmer durch ihre Arbeit unter Stress stehen.[12] Als Hauptursachen werden Leistungsdruck, schlechte Arbeitsatmosphäre, seelische Belastung und eine hohe Zahl an Überstunden genannt, was zu Depressionen, Reizbarkeit, Verspannungen, Rückenschmerzen, Kopfschmerzen und so weiter führt. Auf dem Weg zu einer glücklicheren Gesellschaft spielt die Verbesserung der Arbeitsbedingungen daher eine wesentliche Rolle.

Das Gefühl, eine sinnvolle Arbeit zu tun und damit einen wertvollen Beitrag für die Gesellschaft zu leisten, ist ein wichtiger Faktor für das Wohlergehen von Arbeitnehmern und Unternehmen. In den vergangenen Jahren hatte ich Gelegenheit, mit einer Reihe von Betrieben zu arbeiten, die sich zu einer Umgestaltung im Sinne von Glück und Wohlbefinden entschieden hatten. Ich glaube, dass im Bildungswesen und in der Arbeitsweise von Unternehmen die wirkungsvollsten Ansatzpunkte zur Veränderung der Gesellschaft liegen. Im Kapitel »Vom Bruttonationalprodukt (BNP) zum Bruttonationalglück (BNG)« im zweiten Teil sind wir einigen der Probleme nachgegangen, die das gegenwärtige Wirtschaftssystem mit sich bringt. Bevor ich näher darauf eingehe, auf welche Weise sich das Bruttonationalglück im Unternehmenskontext realisieren lässt, möchte ich zuvor auf einige der Widersprüche in der heutigen Geschäftswelt zu sprechen kommen. In seinem Buch *Gemeinwohl-Ökonomie* benennt Christian Felber[13] einige der Herausforderungen, denen wir uns stellen müssen:

- *Widersprüche in der Wertorientierung:* In unseren persönlichen Beziehungen versuchen wir, im Einklang mit menschlichen Werten zu leben wie Vertrauensbildung, Ehrlichkeit, Wertschätzung, Respekt, Zuhören, Empathie, Kooperation, gegenseitige Hilfe und Teilen. In der freien Marktwirtschaft hingegen gilt das Prinzip von Profitstreben und Konkurrenz, wodurch Egoismus, Gier, Geiz, Neid, Rücksichtslosigkeit und Verantwortungslosigkeit gefördert werden.

- *Der Neoliberalismus ist eine Ideologie, keine Wissenschaft:* Die Grundannahme der freien Marktwirtschaft besagt, dass Wettbewerb die effizienteste Wirtschaftsform ist, die wir kennen, aber diese ökonomische Grundannahme ist keineswegs wissenschaftlich erwiesen. Eine andere unbewiesene Annahme, die auf Adam Smith zurückgeht, lautet, dass die »unsichtbare Hand« des Marktes diesen so reguliert, dass die Summe allen egoistischen Verhaltens auf mysteriöse Weise in das Gemeinwohl mündet. Auch diese Hypothese hat keine Grundlage in der wissenschaftlichen Forschung. Sowohl der gesunde Menschenverstand als auch die ökonomischen Probleme, die wir heute vielfach beobachten können, sagen uns ganz klar, dass die Resultate in der Regel derselben Art sind wie die Mittel, mit denen sie erzielt wurden. Die Summe egoistischen Verhaltens führt daher zu einer egoistischen Gesellschaft, in der Habgier und Konsumdenken zur Regel geworden sind.
- *Die Vertauschung von Mittel und Zweck:* Im gegenwärtigen Wirtschaftssystem ist Profit als oberstes Ziel aller wirtschaftlichen Aktivitäten definiert. Daher wird alles andere – Mensch, Natur, Kapital – lediglich als Mittel zum Zweck der Gewinnmaximierung betrachtet. Besinnt man sich aber auf den eigentlichen Zweck wirtschaftlicher Aktivität, so erkennt man, dass er in der Erfüllung menschlicher Bedürfnisse besteht. Profit ist dann nur ein notwendiges Nebenprodukt einer soliden Wirtschaftsweise.
- *Die Notwendigkeit eines Paradigmenwechsels:* Betrachten wir uns das Entwicklungsprinzip, wie die Natur es kennt, so können wir einen Vorgang wie den folgenden beobachten. Wir pflanzen einen Samen in die Erde, gießen ihn, und aus dem Samen wird ein Baum, der schließlich Früchte trägt. In seinem Wachstum offenbart sich die Eigenart des Baums, sein

Wesen. Das ist die natürliche Form von Entwicklung. In der Art und Weise, wie wir Entwicklung vor allem im 20. Jahrhundert definieren, ist sie jedoch kein organischer und wesensgemäßer Prozess des Werdens; vielmehr ist hier die Definition von Entwicklung im Grunde von außen durch eine Ideologie aufgezwungen, die sie auf ihre ökonomischen Aspekte reduziert. Auch wenn wirtschaftliche Entwicklung zweifellos wichtig ist, so ist sie doch nicht Selbstzweck, sondern ein Mittel, dessen Zweck die Befriedigung menschlicher Bedürfnisse ist. Ziel der Wirtschaft sollte daher sein, Güter zu produzieren und Dienstleistungen zur Verfügung zu stellen, die dem Wohl aller Menschen dienen.

Im Lichte dieser Betrachtungen wird deutlich, dass die Umsetzung des Bruttonationalglücks im unternehmerischen Bereich zweierlei bedeutet: einerseits das Wohl der Stakeholder[14] im Auge zu haben und andererseits die Vision und Mission eines Unternehmens aus der Perspektive eines neuen ökonomischen Paradigmas neu zu definieren. Wenn sich mehr Unternehmer und Geschäftsleute des Beitrags bewusst werden, den sie zu einer besseren Gesellschaft leisten können – etwa durch nachhaltige Produkte, ein ethisch vertretbares Bankwesen, am Gemeinwohl orientierte Investitionen (Impact Investing), um nur einige Punkte zu nennen –, könnte das zu einer der stärksten Triebkräfte sozialen und ökologischen Wandels werden.

Die Umsetzung des BNG im Unternehmen

Der ersten umfassenden Umsetzung des Bruttonationalglücks in einem Unternehmen habe ich beigewohnt, als Harald Link, damaliger Geschäftsführer der thailändischen Unternehmensgruppe B. Grimm, auf das BNG-Zentrum in Bhutan mit der Bitte zukam, bei der Einführung des BNG-Wertemodells Hilfestellung zu leisten. Bei der Entwicklung der thailändischen

Infrastruktur ist die Grimm-Gruppe Vorreiter. Das Unternehmen wurde 1878 von dem deutschen Pharmazeuten Bernhard Grimm und seinem österreichischen Partner Erwin Müller unter dem Namen »Siam Dispensary« als Apotheke in Bangkok gegründet, eines der ältesten eingetragenen Unternehmen in Thailand. Nach einem erfolgreichen Start wurde die Siam Dispensary bald darauf zur offiziellen Hofapotheke der königlichen Familie ernannt und im Jahre 1903 Adolf Link zum Geschäftsführer des expandierenden Geschäfts bestellt. Wie sich herausstellte, war der junge, ehrgeizige Apotheker aus Lübeck zur rechten Zeit am rechten Ort, um die Firma mit seiner Vision auf den richtigen Weg in die Zukunft zu bringen. Unter der Leitung von Adolf Links Söhnen Herbert und Gerhard Link expandierte das Unternehmen während der nächsten Jahrzehnte weiter, und im Jahr 1964 kamen Geschäftsfelder in den Bereichen Medizintechnik, Energieerzeugung, Telekommunikation, Raumklimatechnik, Bewässerungstechnik und Maschinenbau hinzu. 1988 übernahm Harald Link das Unternehmen von seinem Vater Gerhard Link, woraufhin es ein weiteres Mal expandierte, indem es sich auch den Immobilienmarkt erschloss und Joint-Venture-Projekte mit einigen der weltgrößten Konzerne realisierte.

Heute betreibt B. Grimm im Energiesektor ein eigenständiges Unternehmen mit einem Jahresumsatz von mehr als drei Milliarden Dollar. Als Harald Link mit der Bitte an uns herantrat, ihn bei der Umsetzung des BNG in seinem Unternehmen zu unterstützen, war ich also nicht wenig überrascht, da ich nie zuvor mit einem Konzern dieser Größenordnung zusammengearbeitet hatte. In einem ersten Schritt organisierten wir eine Präsentation des BNG-Konzepts und -Instrumentariums für die Unternehmensführung, auch um uns zu vergewissern, dass es sich um ein ernst zu nehmendes Ansinnen handelte und das BNG hier nicht nur eine Alibifunktion zu erfüllen oder als Werbeaufhänger herzuhalten hatte. Nach mehreren eingehenden Gesprächen mit der Firmenleitung konnten wir uns davon überzeugen, dass sie tatsächlich im Bewusstsein der moralischen Verantwortung handelte, die das Unternehmen gegenüber der Gesellschaft und dem Planeten hat. So kam es zwischen B. Grimm und dem BNG-Zentrum in Bhutan zur Unterzeichnung eines Vereinbarungsprotokolls, in dem wir das gemeinsame Projekt beschlossen. Nun galt es herauszufinden, wie die Umsetzung des BNG in einem so großen und komplexen unternehmerischen Umfeld zu bewerkstelligen wäre.

Vision und Mission

Wie gesagt liegt eines der Hauptprobleme darin, dass die meisten Unternehmen den Bezug zu ihrem wahren Auftrag verloren haben, nämlich dem Wohl der Gesellschaft zu dienen, indem sie legitime menschliche Bedürfnisse mithilfe entsprechender Produkte und Dienstleistungen abdecken. Der erste Schritt bei der Umsetzung des BNG bei B. Grimm bestand also darin, die Vision und Mission des Unternehmens darauf hin zu betrachten, ob sie sich mit den Wertsetzungen des BNG im Einklang befinden. Bei der Umsetzung des BNG auf Landesebene in Bhutan war der Ausgangspunkt, Glück als Ziel in der Verfassung festzuschreiben. Analog dazu galt es, bei B. Grimm zu klären, von welcher Vision sich die Firmenleitung im Hinblick auf das eigentliche Unternehmensziel – abgesehen vom Gewinn – leiten lässt. Diese Überlegung hatte eine Neuformulierung der Unternehmensphilosophie zum Ergebnis: Sie besteht darin, *das Unternehmen im Sinne des Mitgefühls zu führen, um die Entwicklung der Kultur im Einklang mit der Natur zu fördern.*

Wir erkennen an dieser Vision die drei Dimensionen wieder, die wir als die Basis echten Glücks beschrieben haben: Mitgefühl als innere Qualität, Entwicklung im Sinne der Fürsorge für die Gesellschaft und Handeln im Einklang mit der Natur als Ausdruck der Fürsorge für den Planeten. Darüber hinaus bezieht sich B. Grimm in der Erläuterung seiner Firmenphilosophie auf das berühmte Zitat des Dalai Lama: »Wenn du willst, dass andere glücklich sind, praktiziere Mitgefühl. Wenn du selbst glücklich sein willst, praktiziere Mitgefühl.« Es erinnert uns daran, dass jeder Mensch nach Glück strebt und die meisten das tun möchten, was sie lieben. Die meisten möchten ihrer Berufung folgen, sofern sie diese kennen. Die meisten Menschen möchten ihren Freunden nahe sein, und die meisten wollen wertgeschätzt werden und ihren Beitrag zu einem höheren Gut leisten. Auch bei B. Grimm glaubt man, dass man zum Glück aller beitragen kann, wenn man auf mitfühlende Weise Geschäfte betreibt, um die Entwicklung der Kultur im Einklang mit der Natur zu fördern.

Ein Unternehmen im Sinne des Mitgefühls zu führen bedeutet, mit liebender Güte, Mitgefühl, Freude und Gleichmut – oder im Sinne der »Vier Unermesslichen« (Metta, Karuna, Mudita, Upekkha in Pali) – zu handeln (siehe Diagramm). Damit Menschen in einer Gesellschaft wahrhaft glücklich sein können, muss die Erfüllung ihrer Bedürfnisse mit einer fairen sozioökonomischen Entwicklung einhergehen – im Rahmen der Grenzen, die uns von der Natur gezogen werden, gelenkt durch gute Führungsstrukturen und unter Wahrung der kulturellen Identität und der Traditionen eines Landes. In der Philosophie des Bruttonationalglücks sind dies die vier Säulen einer ausgewogenen Entwicklung. Werden sie nicht ausreichend berücksichtigt, haben die Menschen darunter zu leiden, und dauerhaftes echtes Glück ist unmöglich. Seit seiner Zusammenarbeit mit dem BNG-Zentrum in Bhutan orientiert sich B. Grimm an diesen vier Säulen, indem man neben der rein unternehmerischen Tätigkeit viele soziale Projekte in den Bereichen Religion, Bildung, Umwelt, Sport, Musik und Kunst fördert und unterstützt. Unter »Entwicklung der Kultur« ist hier folglich ein Geschäftsgebaren zu verstehen, das die Bedingungen für das Wohl und Glück der Menschen schafft.

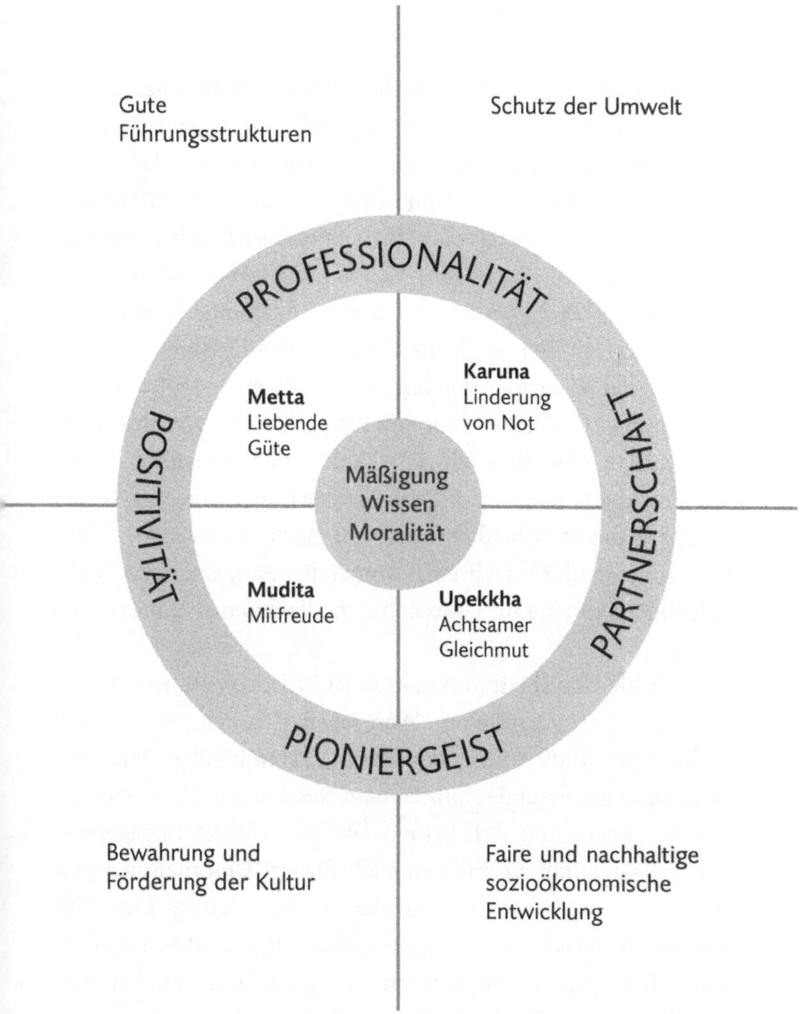

Als Erstes hat uns die Umsetzung des BNG-Programms bei B. Grimm also gelehrt, dass es möglich ist, ein klares Unternehmensziel zu formulieren, das weit mehr umfasst als bloße Gewinnmaximierung. Die Grimm-Gruppe ist nach wie vor am Markt erfolgreich; zugleich hat sich hier aber die Einsicht durchgesetzt, dass wirtschaftlicher Erfolg nicht unvereinbar damit ist, sich aktiv für das Glück und Wohlbefinden von Belegschaft und Allgemeinheit einzusetzen. Vielmehr war es gerade von größter Wichtigkeit aufzuzeigen, dass die Prinzipien des BNG nicht im

Widerspruch zu einer gewinnorientierten Unternehmenspolitik stehen, sondern dass hier im Gegenteil eine gegenseitige Befruchtung stattfinden kann. So trägt eine positive Unternehmensphilosophie zum Beispiel dazu bei, dass die Mitarbeiter ihre Arbeit als ein sinnvolles Tun erleben und sich persönlich für sie engagieren. Sie ist für sie dann nicht nur ein Mittel, ihren Lebensunterhalt zu verdienen, sondern auch eine Möglichkeit, einen positiven Beitrag für die Gesellschaft zu leisten.

Auch der Rekrutierung begabter Nachwuchskräfte kommt das zugute. Entscheidend für den Erfolg eines Unternehmens in der heutigen Geschäftswelt ist bekanntlich, ob es gelingt, fähige und engagierte junge Mitarbeiter zu gewinnen. Die jüngere Generation, die mehrheitlich nicht nur nach einem x-beliebigen Job sucht, sondern nach einer sinnvollen Aufgabe, entscheidet sich aber bevorzugt für Unternehmen, die ihnen ebendies bieten können.

Auch die Mitarbeiterfluktuation ist in Unternehmen, die auf das Wohl ihrer Angestellten Wert legen, deutlich geringer, was im höchsten Maße wünschenswert ist, da ein häufiger Mitarbeiterwechsel gravierende Einbußen an Ressourcen, Kompetenzen und Erfahrung mit sich bringt. Das persönliche Engagement seiner Belegschaft zu erhöhen stellt für ein Unternehmen eine ständige Herausforderung dar, der es mit einem großen Aufwand an Mitarbeiterschulung, Teambildungsinitiativen und anderen Managementmaßnahmen zu begegnen sucht. Letztlich ausschlaggebend für das Engagement und die Loyalität der Mitarbeiter ist aber der Umstand, ob sie ihr Tun als sinnvoll erfahren können und das Gefühl haben, dass ihr Unternehmen sich für ihre Belange ernsthaft einsetzt.

So leuchtet es ein, dass ein Unternehmen wie B. Grimm, das eine ganzheitliche Unternehmensphilosophie nicht nur vertritt, sondern auch nach ihr handelt, begabte und motivierte Nachwuchskräfte anzieht und an sich binden kann. Sein unternehmerisches Engagement gegenüber seinen Mitarbeitern beschreibt B. Grimm so:

»Wir glauben an eine Unternehmenspolitik, die sich am Mitgefühl orientiert, indem wir ein positives Arbeitsumfeld bieten und Förderungsprogramme zur Verfügung stellen, mit deren Hilfe Sie Ihre persönlichen Stärken herausarbeiten und in der von Ihnen gewählten Laufbahn vorankommen können. Darüber hinaus unterstützen wir unsere Mitarbeiter darin, eine gesunde Balance zwischen Familienleben und Arbeit zu finden, und stehen in guten wie in schlechten Zeiten zu ihnen. In Form persönlicher Beratung, finanzieller Zusatzleistungen und von Stipendien geben wir etwas von der Loyalität und dem Vertrauen zurück, das unsere Mitarbeiter in uns setzen. Wir laden auch ihre Familien dazu ein, an unseren Freizeitunternehmungen und sozialen Aktivitäten teilzunehmen und sich für die Firmengemeinschaft zu engagieren. So sorgen wir nicht nur für ein gutes Betriebsklima, sondern unterstützen auch den familiären Zusammenhalt. Bei B. Grimm halten wir uns an das Prinzip, dass soziale Verantwortung bei unserer eigenen Belegschaft beginnt. Jede Mitarbeiterin und jeder Mitarbeiter hat die gleichen Chancen, ohne Ansehen von Nationalität, Religion, Geschlecht, Hautfarbe, Alter, sexueller Orientierung oder Behinderungsgrad. Vielmehr begrüßen wir diese menschliche Vielfalt am Arbeitsplatz, da sie unseren Unternehmensalltag bereichert und neue Perspektiven eröffnet.«

Es ist ermutigend zu sehen, dass ein florierendes Unternehmen wie B. Grimm seinen Erfolg auch aus seinem sozialen Engagement herleitet und damit unter Beweis stellt, dass geschäftliches Interesse und eine positive Wertorientierung, die das Glück und Wohlbefinden aller Beteiligten fördert, keine unvereinbaren Gegensätze sein müssen.

Messen, worauf es ankommt

Auf nationaler Ebene erlaubt die BNG-Umfrage der bhutanischen Regierung, die Entwicklung des Landes innerhalb einer Vielzahl von Dimensionen zu bestimmen, was ihr wiederum ermöglicht, die richtigen Prioritäten zu setzen und die Ressourcen entsprechend zuzuteilen. Auch Unternehmen bewerten ihre Entwicklung, aber in aller Regel ist die einzige Messgröße, die dabei ernsthaft Berücksichtigung findet, finanzieller Natur: also in Form des Reingewinns, der Anlagenrendite und des sich daraus ableitenden Unternehmenswerts.

Während sich heute als Trend abzeichnet, über diese begrenzte finanzielle Bemessungsgrundlage hinauszugehen und stattdessen eine Dreifachbilanz zu erstellen – also nicht nur die Finanzkraft, sondern auch die ökologischen und sozialen Auswirkungen eines Unternehmens zu bewerten –, geht das BNG auch darüber noch hinaus: Seine neun Domänen umfassen außer der Dreifachbilanz eine differenzierte Analyse der Auswirkungen des Unternehmens auf seine Mitarbeiter und sein geschäftliches Umfeld (die Stakeholder) sowie auf die Gesellschaft und die Umwelt. Herkömmliche Leistungskennzahlen haben gemeinhin eine sehr eng gezogene Perspektive, und folglich besteht ein wichtiger Aspekt bei der Umsetzung des BNG in einem Unternehmen darin, die richtige Auswahl an Messgrößen oder Indikatoren heranzuziehen, um die Entwicklung des Unternehmens in einem mehr ganzheitlichen Sinn zu verfolgen.

Wenn das BNG-Zentrum mit einer Firma zusammenarbeitet, operiert es dabei nicht mit einem fertigen Satz an Indikatoren, die nur noch auf das Unternehmen angewandt werden müssen. Vielmehr erarbeiten wir gemeinsam mit der Firmenleitung und den Mitarbeitern Kriterien, in welchen sich die Wert- und Zielsetzungen eines Unternehmens spezifisch widerspiegeln. Diese Vorgehensweise beruht auf einer allgemeinen Empfehlung, die vom Centre for Bhutan Studies entwickelt wurde. Sie ist in dem Forschungsbericht *The GNH Certification*[15] enthalten, in dem die neun Domänen und eine Anzahl von Indikatoren dargelegt sind. Das gemeinsame Erarbeiten der Indikatoren ist an sich schon eine lehrreiche Erfahrung, von der Impulse zum Wandel ausgehen, da es alle beteiligten Interessengruppen dazu anregt, darüber nachzudenken, wo sie für sich persönlich und das Unternehmen als Ganzes die Prioritäten setzen wollen. Die Durchführung einer BNG-Studie ist daher nicht nur ein mechanischer, statistischer Prozess, sondern eine Chance für das System zur Selbstwahrnehmung, indem es darüber reflektiert, was ihm wirklich wichtig ist, worauf es ihm wirklich ankommt. Otto Scharmer sieht die Kernkompetenz von Führungspersönlichkeiten in der »Fähigkeit, die kollektive Aufmerksamkeit in eine neue Richtung zu lenken«. Was wir messen, bestimmt die Richtung unserer Aufmerksamkeit; die Hauptaufgabe besteht daher darin, unsere Absichten eindeutig zu definieren und sicherzustellen, dass die Richtung unserer Aufmerksamkeit – also was wir messen – im Einklang mit unseren Absichten ist.

Meiner Erfahrung nach scheinen die neun Domänen universal anwendbar zu sein, auch wenn nicht alle, je nach Kontext, jeweils dasselbe Gewicht haben. Um die Domänen in ihrer relativen Wertigkeit erfassen zu können, müssen wir Indikatoren und Fragestellungen festlegen, die daher von Kontext zu Kontext sehr unterschiedlich ausfallen können. Eine Unternehmensphilosophie, die Vision und Mission eines Unternehmens, ist immer sehr allgemein gehalten, während die Definition von Messgrößen ein Prozess ist, in dem diese generellen Konzepte in praktikablen Zielsetzungen und Handlungsplänen konkretisiert und realisiert werden. Werfen wir nun einen Blick darauf, wie sich die neun Domänen in einen unternehmerischen Kontext übertragen lassen.

Das Grundkonzept

Die Indikatoren des Bewertungsinstruments sind innerhalb derselben neun Domänen des Bruttonationalglücks aufgegliedert, wie wir sie bereits in allgemeiner Form behandelt haben. Hier gilt es nun, sie auf ein Unternehmen anzuwenden und innerhalb jeder Domäne konkrete Bewertungskriterien zu entwickeln:

1. psychisches Wohlbefinden,
2. Gesundheit,
3. Gebrauch der Zeit,
4. Bildung,
5. kulturelle Vielfalt und Identität,
6. lebendige Gemeinschaft,
7. Qualität der Führungsstrukturen,
8. ökologische Vielfalt und ihre Bewahrung,
9. Lebensstandard.

Die nun folgenden Indikatoren dienen lediglich als Beispiel, da wir wie gesagt jedem Unternehmen nahelegen, seine eigenen Kriterien zu erarbeiten. Darüber hinaus sind sie notwendige Voraussetzung und zugleich Ausgangspunkt für die Integration des BNG in die betrieblichen Abläufe. Dabei konzentrieren wir uns zunächst auf das Wohl der Arbeitnehmer, um im weiteren Verlauf das Wohl aller Stakeholder wie Kunden, Lieferanten, Geschäftspartner und so weiter nach und nach miteinzubeziehen. Die zweite Komponente erfasst die Art und Weise, wie sich ein Unternehmen von seinem Bekenntnis zum BNG leiten lässt, indem es Verantwortung für seinen gesellschaftlichen Beitrag in den Bereichen Kultur, Umwelt und Gemeinschaftsbildung übernimmt.

1. Psychisches Wohlbefinden

In diesem Sektor wird sowohl die kognitive als auch die emotionale Bewertung der Arbeit und des Arbeitsplatzes durch die Mitarbeiter anhand folgender Indikatoren ermittelt:

1. *Zufriedenheit mit dem Arbeitsplatz:* Ein glücklicher Arbeitnehmer ist eine wichtige Ressource für jede Art von Betrieb oder Unternehmen. Arbeitnehmer wollen spüren, dass man sie respektiert und ihnen vertraut. Sie wollen in einem sicheren Umfeld arbeiten, das ihnen gute Entwicklungs- und Aufstiegschancen bietet. Wenn ein Unternehmen ein solches Arbeitsumfeld ermöglicht, führt das in der Regel zu zufriedenen Mitarbeitern, die so zur Stärke, Stabilität und Zukunftsfähigkeit ihres Unternehmens beitragen. Der Indikator beruht auf zwei Fragen: erstens wie zufrieden die Arbeitnehmer mit ihrem Arbeitsplatz und zweitens wie zufrieden sie mit ihrem Unternehmen als Arbeitsumfeld sind.
2. *Vertrauen am Arbeitsplatz:* Geschäftlicher Erfolg basiert auf Beziehungen, die ihrerseits auf Vertrauen beruhen. Betriebliche Entscheidungen werden jeden Tag auf der Grundlage von Vertrauen getroffen, das man bewusst oder unbewusst in andere setzt. Der Grad an Vertrauen, der unter Mitarbeitern und Managern herrscht, ist maßgeblich für die Teamarbeit, und die Teamarbeit verstärkt das gegenseitige Vertrauen. Daher ist das Vertrauen am Arbeitsplatz ein wesentlicher Indikator dafür, wie gesund die Beziehungen zwischen Mitarbeitern und Führungskräften sind. Auch andere Merkmale eines positiv zu bewertenden Arbeitsplatzes werden damit in Zusammenhang gebracht, wie die Ausstattung mit Kompetenzen, Autonomie, Kooperation und Unterstützung durch Supervision.
3. *Sicherheit des Arbeitsplatzes:* Die Unternehmen sollten nicht übersehen, welche Bedeutung ein langfristig gesicherter Arbeitsplatz für Arbeitnehmer hat, für die er ganz oben auf der

Prioritätenliste steht. Die Sicherheit des Arbeitsplatzes ist ebenso entscheidend wie der Verdienst und ausschlaggebendes Kriterium bei der Wahl des künftigen Arbeitgebers.

4. *Diskriminierung:* Diskriminierung ist die (abwertende) Ungleichbehandlung von Arbeitnehmern aufgrund ihres Geschlechts, ihrer Hautfarbe oder ihres Alters. Sie wirkt sich negativ auf das Selbstwertgefühl aus und führt zu psychischen, emotionalen und körperlichen Beeinträchtigungen. Es ist die Aufgabe von Unternehmern, eine Arbeitskultur zu unterstützen, in der alle Mitarbeiter die gleichen Chancen haben, sowie Konzepte und Verfahren zu entwickeln, um diskriminierenden Tendenzen entgegenzuwirken oder diese zu unterbinden.
5. *Mobbing:* Der Arbeitsplatz kann zu einer feindseligen Umgebung werden, wenn einzelne Personen dort regelmäßig Schikanen, Einschüchterungen, Beleidigungen oder Demütigungen ausgesetzt sind. Als »Mobbing« bezeichnet man jede Form von Bedrohung, psychischer Gewalt oder aggressivem Verhalten, das sich gegen einzelne Arbeitnehmer richtet. Dieser Indikator erfasst das Vorkommen von Mobbing in seinen drei Formen der sexuellen Belästigung sowie des physischen oder verbalen Missbrauchs.
6. *Positive Emotionen:* Emotionen wurzeln zum einen in den persönlichen Lebensumständen des Arbeitnehmers und resultieren zum anderen aus den Strukturen und Abläufen eines Unternehmens. Wie Studien zeigen, haben aber ungeachtet ihres Ursprungs die Emotionen von Mitarbeitern unmittelbare Auswirkungen auf deren Rolle im Unternehmen. Mitarbeiter, die positive Emotionen zum Ausdruck bringen, sind von positivem Einfluss auf ihr Umfeld, sie gelten als kreativer und effizienter in ihrer Arbeit. Dabei setzt sich der Indikator »positive Emotionen« aus den Komponenten Mitgefühl, Zufriedenheit, Großzügigkeit, Dankbarkeit und Freude zusammen, die wesentlichen Anteil an der Bildung eines positiven Gemeinschaftsgefühls und eines Klimas der gegenseitigen Un-

terstützung haben. Der Aspekt des »Mitgefühls am Arbeitsplatz« schließt wiederum weitere Gefühle ein, die die Hilfsbereitschaft und Anerkennung fremder Bedürfnisse fördern.

7. *Negative Emotionen:* Ebenso wie positive Emotionen wirken sich auch negative Gefühle auf andere Mitarbeiter aus. Dabei setzt sich der Indikator »negative Emotionen« ebenfalls aus fünf Gefühlskomponenten zusammen: Ärger, Traurigkeit, Frustration, Angst und Enttäuschung. Ärger entsteht als Reaktion auf Situationen, in denen sich ein Mitarbeiter ungerecht behandelt fühlt, was eine Vielzahl von Ursachen haben kann. Der Ärger kann sich gegen Kollegen, Vorgesetzte, Kunden oder Manager des Unternehmens richten. Auch eine traurige oder melancholische Grundstimmung mag sich aus ganz unterschiedlichen Missständen im Betrieb ergeben. Frustration ist dem Ärger nah verwandt, findet aber nicht unbedingt denselben Ausdruck auf körperlicher Ebene wie akuter Ärger. Allerdings kann sich anhaltende Frustration auf Dauer in einem Zornesausbruch entladen. Angst ist eine erlernte Reaktion auf Stress und kann sich in verschiedenen Formen zeigen, wie etwa der Angst vor Teamarbeit, Angst vor Ablehnung und Kritik und so weiter.

2. Gesundheit

Arbeit ist ein wichtiger Gesundheitsfaktor, der sowohl von positivem als auch von negativem Einfluss auf die Gesundheit von Mitarbeitern sein kann. Aus entsprechenden Studien geht hervor, dass Gesundheit und Produktivität von Arbeitnehmern in engem Zusammenhang stehen. Innerhalb der Domäne »Gesundheit« richten wir den Blick sowohl auf das subjektive Erleben als auch auf die äußeren Faktoren, die darüber bestimmen, als wie gesund ein Arbeitsplatz gelten kann. Zudem werden körperliche und seelische Aspekte der Mitarbeitergesundheit in Betracht gezogen. Zu den Indikatoren zählen:

1. *Stress am Arbeitsplatz:* Berufsbedingter Stress ist eine körperliche und emotionale Reaktion auf unerwartete Anforderungen oder Konfliktsituationen am Arbeitsplatz. Dazu zählt auch eine anhaltende innere Anspannung, aus der für Arbeitnehmer eine ganze Anzahl psychischer Gesundheitsprobleme erwachsen kann, unter anderem Angstzustände oder Depressionen. Der Indikator »Stress am Arbeitsplatz« erfasst in dieser Hinsicht ebenfalls Auswirkungen wie Konzentrationsschwäche und Schlafstörungen oder auch das Auftreten von Angstzuständen oder Ruhelosigkeit aufgrund hohen Leistungsdrucks oder von Überforderung. Zu den häufigsten Ursachen für Stress zählen eine ständig zunehmende Arbeitslast, regelmäßig zu leistende Überstunden, ein Missverhältnis zwischen Anforderung und Qualifikation sowie ein feindseliges Arbeitsumfeld.
2. *Gesundheitsrisiken am Arbeitsplatz:* Je nach Art und Größe des Betriebs können Mitarbeiter zahlreichen gesundheitsschädlichen Substanzen ausgesetzt sein. Der Indikator »Gesundheitsrisiken am Arbeitsplatz« prüft in diesem Zusammenhang die Arbeitsumgebung und die Arbeitsbedingungen.
3. *Sicherheitsvorkehrungen:* Das Kriterium »Sicherheitsvorkehrungen« fragt nach dem Vorhandensein und Gebrauch von Schutzausrüstungen und der Einhaltung von Sicherheitsvorschriften.
4. *Häufigkeit von Erkrankungen und Verletzungen:* Dieser Indikator erfasst anhand von Daten aus der Unternehmensverwaltung die Zahl der berufsbedingten Erkrankungen sowie der nicht tödlichen Unfälle, die körperliche oder psychische Schäden zur Folge haben. Es werden jeweils die Statistiken des Vorjahrs herangezogen und zur gesamten Mitarbeiterzahl in Beziehung gesetzt.
5. *Häufigkeit von bleibenden Schäden/Behinderungen:* Wie der Name schon sagt, geht es bei diesem Indikator um nicht tödliche Vorfälle schwerer Art, die zu Dauererkrankungen oder Behinderungen bei Mitarbeitern führen. Erfasst werden dabei

gesundheitliche Beeinträchtigungen, die länger als ein halbes Jahr bestehen.

6. *Häufigkeit von Todesfällen:* Auch die Zahl tödlicher Unfälle oder tödlich verlaufender Berufskrankheiten muss in diesem Zusammenhang berücksichtigt werden.
7. *Wiedereingliederungspolitik:* Es kann zum Heilungsprozess erkrankter Mitarbeiter beitragen, wenn die Verbindung zum Arbeitsplatz erhalten bleibt. Dieser Indikator fragt daher nach dem Bestehen einer entsprechenden Firmenpolitik mit einem Plan oder Verfahren zur Wiedereingliederung gesundheitlich eingeschränkter oder behinderter Mitarbeiter. Dazu können beispielsweise geeignete Maßnahmen zur Anpassung der Arbeitsbedingungen zählen, um den Übergang zu erleichtern.

3. Gebrauch der Zeit

Die neuen Kommunikationstechnologien machen es uns heute schwer, Arbeit und Privatleben voneinander zu trennen. Arbeitgeber nutzen die Möglichkeiten moderner Kommunikation, um ihre Mitarbeiter rund um die Uhr erreichbar zu halten, was es Letzteren erschwert, für eine gesunde Balance zwischen Freizeit und Beruf zu sorgen. Die Domäne »Gebrauch der Zeit« versucht daher zu erfassen, welche Erfahrungen die Mitarbeiter mit der Aufgabe machen, die Belange von Arbeit und Privatleben miteinander zu vereinen, und sucht nach Ansätzen zur Konfliktlösung. Diese Gruppe umfasst sechs Indikatoren:

1. *Arbeitszeit:* Die moderne Arbeitswelt verlangt den Beschäftigten heute längere Arbeitszeiten ab, was zu entsprechenden Konflikten führt. Aus Studien geht überdies hervor, dass längere Arbeitszeiten das Risiko für Berufskrankheiten und die Verletzungsgefahr erhöhen. Die Unternehmen müssen deshalb für geregelte Arbeitszeiten sorgen, um ihre Mitarbeiter

vor gesundheitlichen Schäden aufgrund von Überarbeitung zu bewahren.

2. *Leistungsdruck:* Möglicherweise ist ein gewisser Druck am Arbeitsplatz erforderlich, damit entsprechende Leistungen erzielt werden. Werden die Anforderungen jedoch so hoch, dass die Mitarbeiter und Mitarbeiterinnen ihnen aufgrund mangelnder Zeit oder fehlender Kompetenzen nicht mehr nachkommen können, trägt auch dies zum Stress am Arbeitsplatz bei.
3. *Gleitende Arbeitszeit:* Der Indikator »Gleitzeit« bezieht sich auf Strukturen im Unternehmen, die ein gewisses Maß an Flexibilität in Bezug auf die Arbeitszeiten und Arbeitstage erlauben. Flexible Arbeitszeiten können das Engagement und die Motivation von Mitarbeitern positiv beeinflussen.
4. *Work-Life-Balance:* Wenn es Mitarbeitern gelingt, Arbeit und Freizeit in ein ausgewogenes Verhältnis zueinander zu bringen, erfahren sie häufig eine größere Zufriedenheit mit ihrem Leben und stehen weniger unter Stress. Das Ausmaß, in dem die Zeit und Energie von Mitarbeitern beansprucht werden, kann erhebliche Auswirkungen auf deren Sozial- und Familienleben haben.
5. *Pausenzeiten:* Die Einhaltung von Pausenzeiten wie Mittagspausen, Tee- oder Kaffeepausen ist für Mitarbeiter von großer Wichtigkeit. Unternehmen sollten sie daher dazu anhalten, regelmäßig Pausen einzulegen, und für ein Arbeitsumfeld sorgen, das der Gefahr der Überarbeitung vorbeugt.
6. *Schlafqualität:* Eine ausreichende Schlafqualität und -quantität ist wichtig für die Erhaltung der Gesundheit. Schlafmangel beeinträchtigt nicht nur Aufmerksamkeit und Leistung, sondern auch die zwischenmenschlichen Beziehungen. Die empfohlene Schlafdauer beträgt sieben bis acht Stunden; wird sie nicht erreicht, steigen das Risiko für Diabetes, Bluthochdruck und Übergewicht sowie die Unfallgefahr am Arbeitsplatz.

4. Bildung

Unternehmen sind angehalten, ihren Mitarbeitern Programme zum Erwerb und zur Vertiefung von Qualifikationen zu bieten. Der Bereich Mitarbeiterschulung umfasst dabei Indikatoren, die zu erfassen versuchen, welche internen und externen Weiterbildungsangebote zur Förderung von Mitarbeitern in professioneller und persönlicher Hinsicht bestehen.

1. *Langzeitstipendien:* Dieser Indikator erfasst anhand der Betriebsstatistiken die Zahl der Mitarbeiter, die zu Studienzwecken für längere Zeit beurlaubt sind oder waren. Da solche Stipendien in Form bezahlten Urlaubs nicht an alle Mitarbeiter vergeben werden können, ermittelt der Indikator den Anteil der Betriebsangehören, denen in den vergangenen fünf Jahren diese Möglichkeit geboten wurde.
2. *Kurzzeitstipendien:* Wie bei den Langzeitstipendien werden Daten zu Kurzzeitstipendien den Betriebsstatistiken entnommen. Es werden bezahlte Abwesenheiten von weniger als einem halben Jahr berücksichtigt, und auch hier ermittelt man den Anteil der Betriebsangehören, die innerhalb der vergangenen fünf Jahre von diesem Angebot Gebrauch gemacht haben.
3. *Schulungen:* Dieser Indikator erfasst die Zahl der Mitarbeiter, die an Schulungen zur Erweiterung ihrer Qualifikationen teilgenommen haben. Solche Maßnahmen zur beruflichen Qualifizierung in Theorie und Praxis haben zum Ziel, die Arbeitsleistung zu verbessern, und dienen einerseits der fachlichen Spezialisierung, andererseits dem Erwerb neuer Fähigkeiten. Hierzu zählen auch Programme zur allgemeinen Persönlichkeitsentwicklung von Mitarbeitern.
4. *Systeme zur Leistungsbewertung:* Die Leistungsbewertung ist ein wesentlicher Aspekt der Personalpolitik eines Unternehmens. Sie erlaubt einerseits, den Mitarbeitern positives Feedback zu geben, und andererseits, auf Bereiche hinzuweisen, in

denen noch Verbesserungsbedarf besteht. Dieser Indikator fragt nach dem Vorhandensein eines betrieblichen Bewertungssystems, aber auch danach, ob die Mitarbeiter selbst die Bewertungen als gerecht und zutreffend oder aber als unangemessen erleben.

5. *Mitbestimmung*: Beim Indikator »Mitbestimmung« geht es um den Grad an Freiheit und Anerkennung, den die Mitarbeiter seitens der Betriebsleitung erfahren. Zumal in der Kommunikation mit Kollegen, Vorgesetzten und Kunden kommen diese Aspekte zum Tragen.

5. Kulturelle Vielfalt und Identität

Der Begriff »Kultur« umfasst sowohl materielle Aspekte in Form von Objekten als auch immaterielle im Sinne von Werten und Gebräuchen. Den Unternehmen kommt als einem Teil der Gesellschaft die Aufgabe zu, dafür Sorge zu tragen, dass Kultur in ihrer Bedeutung gewürdigt, respektiert und gefördert wird. In der Regel sind sich Unternehmen der Vorteile, die sich für sie mit entsprechenden Förderprogrammen verbinden, nicht bewusst und engagieren sich daher nicht durch eine eigene Kulturförderung. Im Falle von B. Grimm konnten wir sehen, dass im Rahmen ihres sozialen Engagements auch die Kultur eine wesentliche Rolle spielt. Überdies ist auch die Unternehmenskultur im engeren Sinne eine wichtige Voraussetzung für den Erfolg eines Unternehmens. Diese Domäne umfasst die folgenden Indikatoren:

1. *Kultureller Auftrag:* Mithilfe dieses Indikators soll ermittelt werden, ob die Kernaktivität eines Unternehmens materielle und/oder immaterielle Aspekte des kulturellen Gutes im Sinne seiner Bewahrung, Entwicklung und Erneuerung unmittelbar begünstigt oder fördert.
2. *Gefährdung von Kulturgütern:* Unternehmen können zur Beseitigung oder Zerstörung von Kulturgütern beitragen. An-

hand dieses Indikators untersuchen wir, in welchem Umfang der Aufbau eines Unternehmens oder seine Geschäftstätigkeit eine Schädigung oder Vernichtung von Kulturgütern mit sich bringt.

3. *Teilnahme an Kulturveranstaltungen:* Unternehmen sind gehalten, die Teilnahme an Kulturveranstaltungen zu erleichtern und zu fördern, was beispielsweise durch eine flexible Vereinbarung von Arbeitszeiten erreicht werden kann, die den Mitarbeitern eine aktive Teilnahme ermöglicht. Der Indikator untersucht, in welchem Ausmaß das Unternehmen diesem Bedarf entgegenkommt.

6. Lebendige Gemeinschaft

Jedes Unternehmen hat zwangsläufig Einfluss auf das soziale Umfeld, in dem es angesiedelt ist. Zwar bringt seine Errichtung wirtschaftliche Vorteile für die Region mit sich, potenziell aber auch erhebliche soziale, ökologische und kulturelle Nachteile. So kann es etwa durch eine einseitige Begünstigung einzelner Bevölkerungsgruppen zu einer Umwälzung gewachsener Gesellschaftsstrukturen kommen. Ein typisches Beispiel ist der Effekt, den die Tourismusindustrie in vielen Entwicklungsländern hat, indem sie eine Spaltung unter Einheimischen bewirkt, von denen nur ein Teil von den Devisen profitiert, die die Touristen ins Land bringen, während ein anderer Teil leer ausgeht. Aus Sicht des Bruttonationalglücks müssen Unternehmen zu ihrer sozialen Verpflichtung stehen, weshalb die Domäne der »lebendigen Gemeinschaft« die Notwendigkeit unterstreicht, sich aktiv am Aufbau eines gerechten Gemeinwesens zu beteiligen. Diese Domäne umfasst vier Indikatoren:

1. *Selbstverpflichtung von Unternehmen:* Soziales Engagement ist eine exzellente Möglichkeit, der Allgemeinheit etwas zurückzugeben. Mit diesem Indikator wollen wir Unternehmen dazu

anregen, sich durch freiwillige Initiativen in ihrer Region zu engagieren, um die Lebensqualität ihrer Bewohner zu verbessern. Ein Teil dieses sozialen Engagements kann auch in der Weitergabe von Expertenwissen bestehen, das sonst außerhalb der Reichweite der lokalen Bevölkerung bliebe. Innerhalb der Domäne »lebendige Gemeinschaft« kann das gemeinnützige Engagement im Ausbau einer grundlegenden Infrastruktur bestehen, in Maßnahmen zur Bekämpfung von Armut oder in Hilfsleistungen bei Naturkatastrophen. Im Umweltsektor kann es die Form von Programmen zur Wiederaufforstung, zum Gewässerschutz, zur Müllvermeidung und Energieeinsparung annehmen. Solche Initiativen dienen zugleich der Festigung der Beziehungen zwischen Unternehmen und Bevölkerung.

2. *Gemeinnützige Spenden:* Dieser Indikator erfasst die Höhe der Zuwendungen in Form von Geld- und Sachleistungen, die ein Unternehmen in verschiedene Initiativen oder Veranstaltungen fließen lässt. Dazu können die Förderung und Bewahrung des Kulturguts zählen, Naturschutzbelange oder auch gesellschaftliche Anliegen. Das humanitäre Engagement von Unternehmen birgt ein großes Potenzial zur positiven Beeinflussung der Unternehmenswerte, da sich die gesellschaftlichen Veränderungen unmittelbar an den Erfolgen ablesen lassen.
3. *Regionale Schäden an der Infrastruktur:* Bei diesem Indikator geht es um die Erzeugung von Gütern mithilfe regional verfügbarer Rohstoffe und um das dabei eingesetzte Know-how. Es wird erfasst, ob das Unternehmen für etwaige Schäden an der Infrastruktur der Region verantwortlich ist, etwa in den Bereichen Energieversorgung, Kommunikationstechnik, Wassergewinnungs- beziehungsweise Abwassersysteme sowie an Gebäuden und Straßen.
4. *Sozialer Auftrag:* Unternehmen stehen zunehmend in der Verantwortung, soziale Zielsetzungen zu berücksichtigen, und damit scheint sich im Hinblick auf die Rolle in der loka-

len Entwicklungspolitik die Grenze zwischen Regierung und Unternehmung zu verwischen. Wenn wir innerhalb dieser Domäne den sozialen Auftrag als Indikator aufnehmen, dann weil wir Unternehmen dafür gewinnen wollen, sich für gemeinnützige Belange zu engagieren. Anhand von Vision, Mission, Zielsetzungen, betrieblichen Abläufen, Produkten und Dienstleistungen wird untersucht, ob ein Unternehmen in seinem Geschäftsmodell soziale Aspekte und andere wesentliche Komponenten integriert hat.

7. Qualität der Führungsstrukturen

Manche Firmen verfolgen ihr Profitinteresse auf unethische Weise, indem sie ihre Mitarbeiter ausbeuten oder sich unlauterer Geschäftspraktiken bedienen. Innerhalb dieser Domäne sind Unternehmensführungen und Regierungen dazu aufgefordert, Richtlinien und Verfahrensweisen zu entwickeln, die den Wirtschaftssektor zur Einhaltung der höchsten rechtlichen, ethischen und funktionalen Standards verpflichten. Hier geht es vorrangig um die Wahrung von Ethik, Integrität und Transparenz im Geschäftsleben, zu deren Beurteilung die folgenden Indikatoren herangezogen werden:

1. *Regularien:* Um wirksam auf Probleme reagieren zu können, wie sie am jeweiligen Arbeitsplatz auftreten können, muss jede Wirtschaftseinheit über schriftlich niedergelegte Richtlinien und Verfahrensweisen verfügen. Das Regelwerk, in dem diese Bestimmungen und Vorschriften festgehalten sind, spiegelt das Compliance Commitment eines Unternehmens wider und klärt die Belegschaft über ihre Rechte und Pflichten auf. Diese Regularien müssen jedem Mitarbeiter problemlos zugänglich sein.
2. *Effizienz der Vorstandsarbeit:* Der Vorstand eines Unternehmens ist diejenige Instanz, die bei der Optimierung der Be-

triebsführung als Erste gefordert ist. Dieser Indikator fragt außer nach der Effizienz der Vorstandsarbeit auch nach der Geschlechterzusammensetzung und der Unabhängigkeit des Vorstands; das heißt, ob es Verbindungen oder Interessen gibt, die zum Konflikt mit den Unternehmensinteressen führen können.

3. *Öffentliche Beteiligung:* Bei diesem Indikator geht es um die Frage, ob ein Unternehmen durch ein »erstes öffentliches Angebot« (»Initial Public Offering« [IPO]) der Allgemeinheit Aktien zur Zeichnung angeboten hat. Im Falle eines Börsengangs wird der prozentuale Anteil der öffentlichen Aktienbeteiligung erfasst.
4. *Whistleblowing-Kanal:* Der »Whistleblowing-Kanal« gibt jedem Mitarbeiter die Möglichkeit, Fehlverhalten im Betrieb wie Korruption, Mobbing oder Betrug vertraulich anzuzeigen, ohne Repressalien befürchten zu müssen. Eine Firmenpolitik, die die Meldung von Regelverstößen unterstützt, kann effektiv zum Betriebsethos beitragen, indem sie das Vertrauen der Mitarbeiter stärkt und ein sicheres Arbeitsklima schafft.
5. *Mitarbeiterfluktuation:* Die Häufigkeit des Personalwechsels gilt als eine zentrale Problematik in der Betriebsorganisation, da sie von direktem Einfluss auf die Arbeitsmoral und Produktivität der verbleibenden Belegschaft ist. Unzufriedenheit mit dem Arbeitsplatz ist häufig der Grund, wenn Mitarbeiter einem Unternehmen den Rücken kehren.
6. *Regelkonformität:* In Unternehmen kommt es heute in wachsender Zahl zu illegalen Praktiken. Damit sich der Ansatz des Bruttonationalglücks in einer Firma als umsetzbar erweist, muss sie eine Kultur der Transparenz und Verantwortung im Hinblick auf ihre Geschäftsabläufe entwickeln. Dabei sind Praktiken wie Korruption, Geldwäsche, illegale Parteienfinanzierung, Wettbewerbsverstöße, Steuervermeidung, Verstöße gegen Umweltgesetze, irreführende Werbung, Diskriminierung, Missbrauch, Belästigung oder Gefährdung von Mitarbeitern und Mitarbeiterinnen sowie Kinderarbeit und

Zwangsarbeit auszuschließen. Ein entsprechendes Regelwerk soll sicherstellen, dass ein Unternehmen integer und transparent geführt wird.

7. *Kundenzufriedenheit:* Die Kundenzufriedenheit ist für den Erfolg eines Unternehmens entscheidend, da nur über sie Kundenbindung zu erreichen ist. Unternehmen müssen daher strategische Konzepte entwickeln, um die Zufriedenheit ihrer Kunden zu bewerten, deren Erwartungen besser zu verstehen und effektive Mittel zur Erhöhung der Kundenzufriedenheit bereitzustellen. Dieser Indikator fragt nach den Maßnahmen, die ein Unternehmen zur Messung der Kundenzufriedenheit vorsieht, und nach der Häufigkeit, mit der solche Erhebungen durchgeführt werden.
8. *Gemeinschaftseinrichtungen:* Unternehmen sind angehalten, ihren Mitarbeitern Areale zur Verfügung zu stellen, die ihnen als Orte der Inspiration, Besinnung, Erholung und Steigerung ihrer Kreativität dienen. Dieser Indikator umfasst vier Variablen: Vorhandensein von Räumen zum Austausch mit Kollegen, zur gemeinsamen Einnahme von Mahlzeiten, zur Pflege von Aktivitäten in den Bereichen Wellness und Spiritualität sowie von Grünanlagen, die den Kontakt mit der Natur ermöglichen. Obwohl sie für das Glück und Wohlbefinden von Mitarbeitern eine wichtige Rolle spielen, wird gerade die Einrichtung von Wellnessbereichen oder Meditationsräumen von den Betrieben oft vernachlässigt. Stehen sie zur Verfügung, sind sie ein Anreiz für die Mitarbeitenden, sich in der Achtsamkeitspraxis und anderen kontemplativen Techniken zu üben, mit deren Hilfe sie arbeitsbedingten Stress abbauen und ihr Wohlbefinden steigern können.

Unternehmen sind Hauptverursacher ökologischer Probleme wie Luft- und Gewässerverschmutzung, Verlust der Artenvielfalt und Eingriffe in die Wasserkreisläufe, die sich in den betroffenen Regionen negativ auf die Lebensgrundlage und Gesundheit der Bewohner auswirken. Diese Domäne hält Unternehmen dazu an, umweltfreundliche Verfahrensweisen zu entwickeln, um sie konsequent im Betriebsalltag umzusetzen.

Unternehmen müssen sich der Einsicht öffnen, dass ökologische Vorteile langfristiger Art, wenn nicht generationenübergreifend sind und nicht durch Geldeswert ersetzt werden dürfen. Ökologische Indikatoren sind seit langer Zeit in Gebrauch, um den Zustand von Ökosystemen und deren Gefährdung zu bewerten. Diese Domäne umfasst solche Indikatoren, die die Bedeutung umweltbewussten Handelns für das Glück und Wohlbefinden der Menschen in der Region unterstreichen:

1. *Erneuerbare Energien:* Eine effiziente Energiepolitik kann Unternehmen in ihrer Wettbewerbsfähigkeit stärken, eine nachhaltige Wirtschaftsweise ermöglichen und versetzt sie in die Lage, sich nach innen und außen mit ihrer Sozialverantwortung zu positionieren. Dieser Indikator soll dazu beitragen, Geschäftsmodelle zu unterstützen, die auf der Basis oder im Umfeld erneuerbarer Energien operieren.
2. *Einsparung von Energie:* Die Senkung des Energieverbrauchs ist nicht nur gut für die Umwelt, sondern spart auch Geld. In Unternehmen kann ein erster Schritt dazu darin bestehen, die Energieeffizienz zu erhöhen. Mithilfe dieses Indikators beurteilen wir die Anstrengungen im Unternehmen zur Kontrolle des Energieverbrauchs und die Maßnahmen zur Energieeinsparung. Diese setzen häufig bei der Energieverschwendung und der Optimierung des Energieverbrauchs an, etwa durch den Einsatz energieeffizienter Anlagen und die Verwendung von Sensoren und Timern.

3. *Treibhausgase:* Unternehmen sind gehalten, den Ausstoß von Treibhausgasen in die Atmosphäre einzustellen und die Folgekosten miteinzubeziehen. Diese Emissionen sind die Hauptursache für den Klimawandel und haben katastrophale Folgen wie den Verlust ganzer Ökosysteme und ihrer Artenvielfalt. Unternehmen haben die Möglichkeit, auf jeder Ebene ihrer Betriebsabläufe Emissionen einzusparen. Mithilfe dieses Indikators sammeln wir Informationen zu den Anstrengungen, die ein Unternehmen in Bezug auf drei Aspekte unternimmt: die Befürwortung von Zielen zur Emissionssenkung, die Überwachung entsprechender Initiativen und die Ergreifung von Maßnahmen zur Reduzierung des Schadstoffausstoßes.
4. *Gewerbliche Abfälle:* In der Industrie fallen große Mengen von mehr oder weniger giftigem Müll an, der zur Kontamination von Böden und Wasser führen kann, wenn er nicht in sachgerechter Weise entsorgt wird. Mit diesem Indikator werden das Abfallmanagement inklusive der Erzeugung, Aufbereitung und Entsorgung gewerblicher Abfälle sowie Maßnahmen zur Müllvermeidung erfasst.
5. *Sondermüll:* Ein unsachgemäßer Umgang mit Sondermüll bedeutet eine erhebliche Gefahr für die Umwelt und unsere Gesundheit. Unternehmen müssen sich daher an strenge Regeln zum Umgang mit gefährlichen Abfallstoffen halten, angefangen bei deren Erzeugung über ihre Aufbereitung bis hin zur Entsorgung. Wir prüfen mit diesem Indikator, ob ein Unternehmen im Sondermüllsektor ein konsequentes und ausreichendes Abfallmanagement betreibt und einem Konzept zur Müllvermeidung folgt.
6. *Flüssige Abfallstoffe:* Bei diesem Indikator geht es um Verfahren und Techniken zur Reduzierung flüssiger Abfallstoffe. Solche von der Industrie produzierten Stoffe sind oft nicht oder nur unzureichend aufbereitet und werden auf direktem Weg in Gewässer geleitet, wo sie zu Kontaminationen führen. Aus dieser Gewässerbelastung ergibt sich eine Gefährdung

von Gesundheit und Umwelt mit sowohl unmittelbaren als auch langfristigen Folgen für Mensch und Natur. Es wird erfasst, ob im Unternehmen ausreichend wirksame Verfahren zur Verringerung flüssiger Abfallstoffe bestehen.

7. *Umweltauftrag:* Mit diesem Indikator wird erfasst, inwiefern eine Firma durch umweltfreundliche Produkte oder Dienstleistungen zur Begrenzung von Umweltschäden beiträgt. So würde ein Unternehmen beispielsweise seinem Umweltauftrag in hohem Maße gerecht, wenn es Energie aus Wind-, Sonnen- oder Wasserkraft nutzt und damit den Verbrauch an fossilen Energieträgern senkt. Auch ein Unternehmen, das sich auf die Stromerzeugung aus Windkraft, auf Wasseraufbereitung oder Regenwassergewinnung spezialisiert, leistet damit einen Beitrag zum Umweltschutz, nicht anders als ein Betrieb, in dem gebrauchte Plastikflaschen recycelt werden. Ziel dieses Indikators ist, die weiterreichenden Auswirkungen von Geschäftsideen und -modellen auf die Umwelt zu verstehen.

9. Lebensstandard

Natürlich sind Investitionen von Unternehmen in erster Linie gewinnorientiert. In welchem Umfang dieser Profit aber auch der Belegschaft, den »Stakeholdern« und der Allgemeinheit zugutekommt, steht hingegen auf einem anderen Blatt. Die Domäne »Lebensstandard« bezieht sich auf den materiellen Wohlstand von Mitarbeitern und befürwortet eine Gewinnbeteiligung anhand eines Prämienplans, der die Mitarbeiter für ihren Einsatz honoriert und ihr Gefühl der Betriebszugehörigkeit stärkt. Entsprechend umfasst diese Domäne verschiedene Gewinnbeteiligungsstrategien wie Gehaltsanpassungen, Prämienzahlungen und anderes mehr:

1. *Angemessene Bezahlung*: Innerhalb dieses Indikators müssen uns die Unternehmen ihre Vergütungsstruktur offenlegen. Wir fragen nach dem Gesamteinkommen der Mitarbeiter, bestehend aus Gehalt, Bonuszahlungen und anderen Zusatzleistungen. Studien zufolge steht die Höhe des Einkommens nicht nur im Zusammenhang mit der Motivation der Mitarbeiter, sondern auch mit ihrem Verhalten am Arbeitsplatz.
2. *Betriebliche Altersversorgung:*[16] Dieser Indikator erfasst die vorhandenen Regelungen zur betrieblichen Altersvorsorge in Form von Beitragszahlungen in eine Direktversicherung, eine Pensionskasse oder einen Rentenfonds. Auch dies ist ein Punkt, der bei der Mitarbeiterzufriedenheit eine Rolle spielt.
3. *Versicherungsleistungen:* Bei diesem Indikator wird danach gefragt, welche Versicherungsleistungen ein Unternehmen für seine Mitarbeiter vorsieht. Ein angemessener Versicherungsschutz sichert den Lebensunterhalt etwa bei Arbeitsunfällen oder Berufskrankheiten, die zur Arbeitsunfähigkeit führen.
4. *Bezahlte Betriebsabwesenheiten:* Bei diesem Indikator geht es um arbeitsfreie Zeiten mit Gehaltsfortzahlung, etwa aus gesundheitlichen Gründen, bei Trauerfällen, Mutterschafts- oder Vaterschaftsurlaub, Feiertagen und Sonderurlaub wegen Krankheitsfällen in der Familie oder persönlichen Notfällen.
5. *Lohnzusatzleistungen:* Lohnzusatzleistungen sind ein wesentlicher Aspekt beim Aufbau eines betrieblichen Solidarsystems und zugleich eine wichtige Vergütungskomponente beziehungsweise -ergänzung, die in Form von Unterkunft, Fahrtkostenerstattung, Essensgeldzuschüssen oder Kindesbetreuung gewährt werden kann.
6. *Einkommensunterschiede:* Die Ungleichheit bei den Einkommen hat im Laufe der Jahre immer mehr zugenommen, und es gibt eine wachsende Besorgnis im Hinblick auf das Gehaltsgefälle auch innerhalb der Unternehmen. Einkommensungleichheiten wirken sich nicht nur negativ auf die Arbeitsmoral und Produktivität der Mitarbeiter aus, sondern stehen

auch in negativer Beziehung zu den Firmenwerten. Der Indikator »Einkommensunterschiede« erfasst das Verhältnis zwischen den höchsten und niedrigsten Jahreseinkommen bei den Vollzeitbeschäftigten.

Wie schon gesagt wurde, dienen all die hier genannten Indikatoren als Beispiele, um zu zeigen, wie Unternehmen ihre gesamte Betriebsleistung anhand der neun Domänen des Bruttonationalglücks bewerten können. Eine wichtige Aufgabe bei dessen Umsetzung besteht darin, gemeinsam mit den Unternehmen Indikatoren zu entwickeln, die für ihr spezifisches Geschäftsfeld relevant sind, ohne damit vom Grundkonzept des BNG abzuweichen. Im Eurasia Learning Institute for Happiness and Wellbeing (ELIHW) entwickelt man derzeit ein Zertifizierungsverfahren für Unternehmen, die bereit sind, sich an den Grundsätzen des BNG zu orientieren.

Systemanpassung und Entscheidungsinstrument

Als es um die Umsetzung des Bruttonationalglücks auf Landesebene ging, konnten wir sehen, dass die bhutanische BNG-Kommission neben dem BNG-Katalog mit seinen Domänen und Indikatoren zusätzlich ein BNG-Analyse-Instrument mit 22 Indikatoren einsetzt, um mit seiner Hilfe die absehbaren Auswirkungen staatlicher Maßnahmen und Gesetzgebungen auf das Wohl der Bevölkerung zu ermessen. Analog dazu ist der soeben beschriebene Bewertungskatalog nicht nur ein Mittel, um die aktuelle Situation eines Unternehmens zu erfassen, sondern er kann der Führungsebene darüber hinaus im Hinblick auf wichtige Entscheidungen als Analyseinstrument dienen. Auf diese Weise wird es den Entscheidungsträgern zur Gewohnheit, die Folgen ihres Handelns in einer ganzheitlichen Weise zu betrachten, statt sich nur auf einen bestimmten Ausschnitt wie die Rentabilität zu konzentrieren. Dieses Vorgehen trägt zum Wandel der Unternehmenskultur bei, sodass alltägliche Entscheidungen und Vorgehensweisen mit der Vision, Mission und Werteorientierung des Unternehmens tatsächlich in Einklang kommen.

Darüber hinaus ist es erforderlich, die verschiedenen Systeme des Unternehmens schrittweise anzupassen, damit sie den Prinzipen des BNG Genüge leisten. Zum Beispiel war in unserer Zusammenarbeit mit B. Grimm Ausgangspunkt das Personalwesen, da es relativ flexibel ist. Bei seiner Anpassung an das neue Wertesystem besteht nur ein geringes Risiko, das gesamte Unternehmen in seiner Funktionsweise zu beeinträchtigen. Gleichzeitig spielen die Vorgänge im Personalwesen eine zentrale Rolle in der Unternehmenskultur:

- *Einstellungspraxis*: Wen stellen wir aufgrund welcher Kriterien ein? Beschränken wir uns dabei auf die Bewertung fachlicher Kompetenzen, oder beziehen wir die Gesamtpersönlichkeit des Kandidaten ein – mit Aspekten wie emotionale Intelligenz, Sozialkompetenz, Teamfähigkeit, Stressresistenz und einer ethischen Orientierung, die mit den Unternehmenswerten im Einklang ist? Fragen wir auch nach seiner Motivation und seinen langfristigen Zielen? Als ich Leiter des Bereichs Bildung und Entwicklung beim Internationalen Komitee vom Roten Kreuz (IKRK) war, hatten wir ein äußerst gründliches und strenges Auswahlverfahren, da wir unsere Mitarbeiter in Kriegsgebiete schickten. Wir mussten sichergehen, dass sie die nötige Charakterstärke besitzen, um das Ethos des Roten Kreuzes auch unter extrem belastenden Umständen vertreten zu können. Das Einstellungsverfahren bestand aus drei Phasen: Eine erste Auswahl wurde aufgrund des Lebenslaufs, des Bewerbungsschreibens, der fachlichen Qualifikationen und Vorerfahrungen der Bewerber getroffen, von denen die am ehesten geeigneten zu einem ersten ausführlichen Gespräch eingeladen wurden. Wer sich in dieser ersten Phase bewährte, wurde sodann zu einem ganztägigen Bewertungsverfahren eingeladen, wobei wir davon ausgingen, dass die fachlichen Kompetenzen der Bewerber bereits den höchsten Standards entsprechen. Jeweils acht Kandidaten brachten den ganzen Tag mit Planspielen und Simulationen zu, in denen sie mit Situationen konfrontiert wurden, wie sie während der realen Einsätze auftreten können. Dabei standen sie permanent unter der Beobachtung durch vier Experten, die dabei ihr Verhalten, ihre Reaktionen, ihre Kommunikations- und Entscheidungsfähigkeit registrierten. Es kam selten vor, dass mehr als die Hälfte der Bewerber in die dritte und letzte Phase des Ausleseverfahrens gelangte. Diese bestand aus einem vierwöchigen Einführungskurs, in dem wir mit ihnen konkrete Situationen durchspielten, in die sie an Kriegsschauplätzen geraten konnten. Erst am Ende dieses langwierigen Verfahrens zur Eignungsprüfung wurden Bewerber eingestellt und in Krisengebiete entsandt. Natürlich erfordert die Einstellung in einem Unternehmen nicht ein ebenso strenges Prüfverfahren, wie es vor der Entsendung junger Einsatzkräfte in Krisengebiete geboten ist. Gleichwohl habe ich dieses Beispiel angeführt, um damit zu zeigen, dass eine ganzheitliche Beurteilung von Bewerbern, die sich nicht allein auf Zeugnisse und fachliche Qualifikationen verlässt, eines Verfahrens zur Bewerberauswahl bedarf, in dem sich ein sehr viel umfassenderes Eignungsprofil abbildet, und zwar im Wissen darum, dass die Einstellungspraxis eines Unternehmens für dessen künftige Entwicklung von entscheidender Bedeutung ist.

- *Leistungsbewertung*: Die meisten Unternehmen haben ein formales Bewertungsverfahren, das ein- oder zweimal im Jahr stattfindet und häufig mit Prämienzahlungen und Beförderungen einhergeht. Auch hier ist es wieder sinnvoll, danach zu fragen, was man im Rahmen einer Leistungsbewertung eigentlich erfassen will. Geht es dabei nur um die reine Fachleistung und um finanzielle Erträge? Oder schließt das Bewertungsverfahren auch Sozialkompetenzen, Teamfähigkeit,

persönliches Engagement und die Übereinstimmung der persönlichen Wertsetzungen und Verhaltensnormen mit den Werten des Unternehmens und seiner Kultur ein? Die MeTtoo-Bewegung, die sich vor einiger Zeit formierte, hat sichtbar gemacht, wie in vielen Unternehmen Führungskräfte ein höchst unmoralisches Verhalten an den Tag legen, ohne je dafür zur Verantwortung gezogen zu werden, weil ihre Position sie vor ernsten Konsequenzen schützt. In einem Unternehmen, das sich an den Prinzipien des BNG orientiert, müssen natürlich Verfahrensweisen und Feedbackkanäle existieren, die es erlauben, inakzeptables Verhalten frühzeitig festzustellen und unverzüglich mit disziplinarischen Maßnahmen darauf zu reagieren.
- *Talentmanagement und Beförderung*: Die Mitarbeiter, die ein Unternehmen in höhere Positionen beruft, sind eine lebendige Verkörperung der Werte, die es vertritt. Wenn daher ein Unternehmen Führungspositionen mit Mitarbeitern besetzt, die zwar in einem bestimmten Bereich äußerst begabt sein mögen, aber von fragwürdigem Charakter sind und ein Verhalten an den Tag legen, mit dem sie ihre Macht über andere missbrauchen – dann offenbart sich darin die Realität seiner Unternehmenskultur, ungeachtet der Wertmaßstäbe, die es ansonsten für sich in Anspruch nehmen mag.
- *Vergütung*: Die Verdienstspanne ist ein wichtiges Kriterium der Unternehmenskultur. Bleibt der Abstand zwischen der niedrigsten Einkommensstufe und den höchsten Gehältern in einem vertretbaren Rahmen, so ist dies ebenfalls ein Teil der Botschaft, die ein Unternehmen aussendet.

Diese wenigen Beispiele vermitteln bereits einen Eindruck davon, welche Art von Veränderungen im Personalwesen ein BNG-Projekt bewirken kann. Im weiteren Verlauf kann ein solches Umsetzungsprojekt auf die gesamte Versorgungskette des Unternehmens ausgedehnt werden, um die Betriebsabläufe in jedem Schritt an den Wertsetzungen des BNG auszurichten. Das mag als ein schwieriges Unterfangen erscheinen, aber ich möchte hier das Beispiel eines Unternehmens anführen, das diesen Umstellungsprozess bereits hinter sich hat.

Eileen Fisher, Gründerin und Eigentümerin der in New York ansässigen gleichnamigen Modefirma, nahm mit ihrem Unternehmen im Jahr 2013 an einem BNG-Programm namens »The Global Wellbeing Lab: Innovating Beyond GDP« teil. Die Erfahrungen mit diesem Programm veranlassten sie zur Formulierung ihrer »Vision 2020«, in der es heißt: »Unsere Vision ist die von einer Branche, in der Menschenrechte und Nachhaltigkeit nicht Resultat einer besonderen Initiative sind, sondern Grundlage einer guten Unternehmensführung – in der soziale Ungerechtigkeit und Umweltvergehen nicht als bedauerliche Nebenwirkungen gelten, sondern ein Grund sind, etwas zu verändern.«

Daraufhin wurde die gesamte Versorgungskette des Unternehmens anhand eines Programms namens »From Farm to Factory« auf ihre Nachhaltigkeit sowie Umwelt- und Sozialverträglichkeit hin überprüft, wobei alle Phasen des Produktionsprozesses Berücksichtigung fanden.

Für die betriebliche Umstellung formuliert Eileen Fisher die folgenden Ziele: bis 2020 Herkunft aller Rohstoffe wie Leinen, Baumwolle und Wolle aus ökologischem Landbau oder verantwortlicher Tierhaltung; Einsatz von Färbetechniken mit verantwortbarem Chemie-, Wasser- und Energieeinsatz; Vermeidung von Abfällen beim Zuschnitt sowie Verringerung des Wasserverbrauchs und CO_2-Ausstoßes in der Produktion; Investitionen in alternative Energien und Reduktion des Lufttransports; das Erreichen nicht nur von CO_2-Neutralität, sondern einer CO_2-Minusbilanz in allen Betriebsstätten und Filialen innerhalb der USA bis 2020; Stärkung der Mitarbeiterrechte in den Zulieferbetrieben und Bevorzugung von Betrieben mit fairer Lohnzahlung; Überprüfung der gesamten Versorgungskette auf Einhaltung dieser strengen Richtlinien im Sinne der Nachhaltigkeit, Umwelt- und Sozialverträglichkeit; Erzeugung langlebiger Produkte mit Rücknahme und Zweitverkauf beziehungsweise Recycling getragener Kleidung.

Hierbei handelt es sich um ein beeindruckendes Beispiel dafür, wie eine verantwortungsbewusste Unternehmensführung einen Wandel in einer Branche bewirken kann, die im Ruf steht, besonders umweltschädlich zu sein. Zudem zeigt Eileen Fisher, dass ein Unternehmen sozial und ökologisch verantwortungsvoll handeln und sich gleichzeitig erfolgreich am Markt behaupten kann.

Ein Wandel im Bewusstsein

Im Zusammenhang mit den inneren Bedingungen des Glücks haben wir gesehen, dass der Ausgangspunkt jeder echten gesellschaftlichen Erneuerung eine Veränderung des Bewusstseins, ein innerer Wandlungsprozess sein muss. Dasselbe gilt auch, wenn es um die Umsetzung eines BNG-Projekts im unternehmerischen Kontext geht. Nach meiner Erfahrung steht am Anfang eines jeden erfolgreichen Projekts der Rückhalt in der höchsten Führungsebene. Aus mehreren Gründen sind Familienunternehmen, deren Eigentümer wirklich aufgeschlossen für Veränderungen sind, leichter für ein solches Projekt zu gewinnen: Erstens brauchen sie sich nicht am Aktienkurs zu orientieren; zweitens denken sie mehr im Sinne des Vermächtnisses und der Tradition und haben damit eher das Wohl künftiger Generationen im Auge; und drittens gibt es in vielen dieser Betriebe eine Wertetradition, die bis zu den Unternehmensgründern zurückreicht. Natürlich trifft das nicht auf alle Familienbetriebe zu, aber drei der Unternehmen, mit denen ich zusammengearbeitet habe, fallen in diese Kategorie: B. Grimm, Eileen Fisher und Biti's.

Das Happy-Biti's-Projekt

Biti's ist der größte Schuhproduzent in Vietnam. Das Unternehmen hat seine Anfänge in einem kleinen Betrieb mit zwanzig Mitarbeitern, der 1982 seine Arbeit aufnahm. Von einer kleinen Werkstatt, die vor allem Flipflops herstellte, hat sich Biti's zu einem Unternehmen von nationaler Bedeutung entwickelt, das jährlich 25 Millionen Paar Schuhe produziert. Heute beschäftigt Biti's mehr als 8200 Mitarbeiter und betreibt 1500 Filialen landesweit.

Cindy Vuu, Vorstandsvorsitzende und Tochter des Konzerngründers, ist die erste vietnamesische Unternehmerin, die ein BNG-Programm in ihrer Firma umgesetzt hat. Wir führten ein Interview mit ihr, um die Einstellung, Motivation und Vision der Vorstandschefin und Miteigentümerin eines großen Unternehmens wie Biti's besser zu verstehen:

Würden Sie sich bitte kurz vorstellen und Ihre Position im Unternehmen erläutern?

Cindy Vuu: *Mein Name ist Cindy Vuu, und ich bekleide zurzeit die Position der Vorstandsvorsitzenden von Biti's, eines Familienunternehmens, das ich in zweiter Generation führe. Meine Eltern sind die Gründer des Unternehmens.*

Während meiner Schulzeit habe ich häufig Zeit in den Fabriken verbracht, um mehr über meine künftige Aufgabe im Betrieb zu erfahren. Nach meinem Studium arbeitete ich als Exportmanagerin und kam in dieser Zeit mit vielen Klienten zusammen, die langjährige Erfahrung in der Branche hatten. Immer hieß es dann: »Die Schuhindustrie ist ein hartes Geschäft! Ich möchte nicht, dass meine Kinder einmal darin arbeiten.« Das weckte in mir jedes Mal den Wunsch, in der Schuhbranche etwas zum Besseren zu verändern. Ich stellte mir die Frage: Wie können wir auf glückliche Weise Schuhe produzieren und ohne dass es ein hartes Geschäft sein muss? Damals kam mir erstmals die Idee für Happy Biti's …

Später kreierte ich meine eigene Marke, um Erfahrungen mit der Arbeit in einem Start-up-Unternehmen zu sammeln. Im Jahr 2010 führte ich das Enterprise Resource Planning ein, ein IT-System zur Unterstützung der Ressourcenplanung, und in den Jahren 2016/17 wechselte ich in die Marketingabteilung. Hier realisierten wir eine recht erfolgreiche Marketingkampagne namens »Biti's Hunter«, eine Produktlinie, die bei jungen Menschen sehr gut ankommt.

Könnten Sie uns etwas über die Geschichte und die aktuelle Situation Ihres Unternehmens erzählen, einschließlich seiner Vision, Mission, Strategie und konkreten Aufstellung?
Cindy Vuu: *Biti's ist die größte Schuhmarke in Vietnam. Wir sind jetzt seit 37 Jahren in dieser Branche tätig, und für die Menschen in Vietnam ist Biti's eine Traditionsmarke, die sie mit dem Wiederaufbau des Landes und seiner wirtschaftlichen Entwicklung nach dem Krieg verbinden. Unsere Mission besteht darin, hochwertige Produkte für den vietnamesischen Markt herzustellen. Seit der Gründung des Unternehmens lautet unser Slogan und unsere Mission »Aus Liebe zu Vietnams Füßen«, und fast jeder Einwohner Vietnams besitzt ein Paar Biti's-Schuhe. Wir gelten überdies als eine der bekanntesten Marken für Kinderschuhe. Eltern, die schon als Kinder unsere Schuhe getragen haben, kaufen nun wiederum ihren eigenen Kindern Biti's-Schuhe. Unser Unternehmen bietet ein breites Sortiment an Schuhen – Sandalen, Flipflops sowie Halbschuhe für Kinder und Erwachsene.*
Gegenwärtig beschäftigen wir landesweit 8200 Mitarbeiter in vier Fabriken und sieben Produktionsbereichen. Der größte Unterschied zu anderen Unternehmen besteht darin, dass wir den gesamten Produktions- und Vertriebsablauf abdecken: von der Materialbeschaffung über die Produktion bis hin zum Verkauf.
Eine unserer Missionen besteht in der Schaffung eines produktiven Arbeitsumfelds, in dem wir alle zusammen als eine glückli-

che Gemeinschaft lernen, leben und arbeiten. Dies ist eine Mission, durch die ich mich sehr stark motiviert fühle.

Was hat Sie dazu bewogen, das Happy-Biti's-Projekt umzusetzen?
Cindy Vuu: *Ich bin seit über drei Jahrzehnten im Unternehmen tätig, und manchmal ist es ein glückliches Tun und manchmal nicht. Als ich anfing, mich in der Achtsamkeit zu üben und an meiner eigenen Glücksfähigkeit zu arbeiten, erkannte ich, dass mir das wirklich sehr im Leben half, sodass ich mich heute erfüllt fühle. Meinen Kollegen möchte ich dabei helfen, einen ebenso glücklichen Zustand zu erreichen wie ich. Es ist mir wirklich wichtig, dass meine Mitarbeiter ihre Arbeit gern tun und Sinn darin finden, dass sie Gelegenheit haben, daran zu wachsen, und Grund haben, glücklich zu sein. Das Happy-Biti's-Projekt erlaubt einen anderen Blick auf Leben und Arbeit. Mir liegt sehr daran, bei meinen Mitarbeitern das Bewusstsein dafür zu fördern, dass sie erfolgreich in ihrer Arbeit sein und zugleich ein glückliches Leben führen können.*

Was haben Sie bisher in dieser Hinsicht unternommen?
Cindy Vuu: *Wir haben bislang drei Klausurtagungen organisiert. Die erste davon fand mit dem Team der Führungskräfte statt, um sie mit dem Happy-Biti's-Projekt und dem Konzept der Glückskompetenz vertraut zu machen und um auf der höchsten Führungsebene einen entsprechenden Konsens zu schaffen. Die zweite Klausurtagung führten wir mit 35 Sonderbeauftragten durch, um sie auf ihre Aufgabe als »Happy-Biti's-Botschafter« innerhalb des Unternehmens vorzubereiten. Bei dieser Klausurtagung lag das Schwergewicht auf der Entwicklung eigener Glückskompetenz und des Bezugs zu sich selbst. Dazu gehörte auch ein Lehrgang in mitfühlender Kommunikation, um die Verständigung im Team zu verbessern. Aus meiner Sicht ging von diesem Seminar eine große Wirkung aus,*

mit der wir die Zahl der Konflikte innerhalb einer Belegschaft von 8200 Mitarbeitern reduzieren konnten. Wenn es jetzt beispielsweise zu Kontroversen kommt, setzen wir uns zusammen, um die Bedürfnisse aller Beteiligten festzustellen und gemeinsam einen kreativen Lösungsweg zu finden. Am wichtigsten dabei ist, dass wir versuchen, möglichst authentisch zu sein in dem, was wir tun. Zwischenmenschliche Beziehungen sind nicht alle gleich gut, und manchmal gibt es Konflikte, die schwerer zu lösen sind als andere. Immer aber bemühen wir uns dabei um Authentizität.

Außerdem hat ein Team von Biti's drei Tage in Tinh Truc Gia bei der Peaceful Bamboo Family in Huế zugebracht, einer Behindertengemeinschaft, die nach den Wertmaßstäben des BNG lebt. Das war eine wertvolle Erfahrung, die den Teilnehmern die Augen dafür geöffnet hat, dass alles, was sie durch das Happy-Biti's-Projekt lernen, wie Achtsamkeit und Glückskompetenz, mehr als nur ein theoretisches Konzept ist, nämlich ein umfassendes Wertesystem, das praktisch erfahrbar ist und gelebt werden kann.

Welche nächsten Schritte schweben Ihnen vor?

Cindy Vuu: *Im Augenblick befinden wir uns in einem Prozess, in dem es darum geht, das Bewusstsein für ein glückliches Leben und Arbeiten zu stärken. Der nächste Schritt besteht deshalb darin, gemeinsam mit dem Eurasia Learning Institute ein BNG-Konzept zu entwickeln, um mit seiner Hilfe Glück und Erfolg des Unternehmens zu messen. Ich denke stets innerhalb dreier Dimensionen: Gewinn, Mensch und Planet. Wir betreiben ein Geschäft, wollen aber dennoch sicherstellen, dass sich das Endresultat an diesen drei Säulen orientiert. Wir wollen ein nachhaltig wirtschaftendes Unternehmen sein, in dem die Menschen glücklich sind und miteinander wachsen, während wir unser Bestes tun, die Umwelt nicht zu schädigen, sondern zu erhalten.*

Welche Hoffnungen verbinden Sie mit diesem Projekt?

Cindy Vuu: *Mein größter Wunsch wäre, dass all meine Kollegen sich glücklich bei der Arbeit fühlen und jeder darin Sinn findet. Ich hoffe auch, dass wir als eine florierende Gemeinschaft etwas von dem Glück nach außen tragen, sodass wir letztlich auch die vietnamesische Gesellschaft zum Besseren verändern können.*

Von glücklichen Mitarbeitern zum glücklichen Unternehmen

Wenn wir eine Firma in ihrer Umwandlung zu einem BNG-Unternehmen unterstützen, müssen wir uns daran erinnern, dass Systeme und Strukturen immer Ausdruck davon sind, wie Menschen denken, fühlen, handeln und sich gegenüber anderen und der Welt verhalten. Um nachhaltig zu sein, müssen strukturelle Veränderungen daher Hand in Hand mit einem entsprechenden Bewusstseinswandel gehen. Gelingt es uns, inneren und äußeren Wandel in das richtige Verhältnis zueinander zu bringen, setzen wir damit einen Prozess der gegenseitigen Verstärkung in Gang, bei dem das Umfeld den Bewusstseinswandel fördert und die neue Art zu denken die verschiedenen Systeme in ihrer Wirksamkeit unterstützt. Die Herausforderung besteht darin, eingefleischte Gewohnheiten, die die Verhaltens- und Umgangsweisen innerhalb eines Unternehmens bestimmen, allmählich zu transformieren. In unserer Arbeit mit den Unternehmen geht es uns daher vorrangig darum, mithilfe transformativer Lernprogramme ein neues betriebliches Selbstverständnis zu vermitteln, das mit der Vision und Mission des Unternehmens in Einklang steht.

In der Zusammenarbeit mit B. Grimm entwickelten wir solche Programme auf drei Ebenen. Zunächst schulten wir »BNG-Botschafter«, bei denen es sich um Betriebsangehörige mit einer ausgeprägten Kommunikationsgabe handelte, die zudem über ein großes Netzwerk verfügten und unabhängig von Titel oder Rang bei der Belegschaft Gehör fanden. Es waren Mitarbeiter, die für ihre Innovationsfreudigkeit bekannt waren, »Early Adopters« mit der entsprechenden Offenheit für Veränderung und neue Ideen. Ihre Aufgabe bestand darin, die Botschaft des BNG sowohl über die offiziellen Kommunikationskanäle wie Newsletter, Webseiten und spezielle Informationsveranstaltungen zu verbreiten als auch über inoffizielle Kanäle wie das persönliche Gespräch, Mitarbeiterversammlungen und Ähnliches mehr. Zweitens bildeten wir BNG-Trainer aus, die sich ausgiebig mit den Glückskompetenzen beschäftigten und ein umfassendes Wissen über die BNG-Prinzipien, -indikatoren und -methodik erwarben. Zu ihnen zählten Angehörige der Personalabteilung, aber auch Ingenieure, Vertriebs- und andere Fachleute, die als kompetente Ausbilder galten und sich mit der Weitergabe von Können und Wissen auskannten. Drittens führten wir spezielle Lehrgänge für das gehobene Management durch. Dabei handelte es sich um sehr viel kürzere, aber umso intensivere betriebsinterne Seminare, denn uns war bewusst, wie wichtig es für den Erfolg des Projekts ist, den Rückhalt der Unternehmensleitung zu haben.

Wie gesagt vergewissern wir uns daher bei jeder Anfrage, die uns von einem Betrieb oder Unternehmen erreicht, ob es sich um ein ernsthaftes und aufrichtiges Anliegen handelt und nicht nur um eine fragwürdige PR-Maßnahme. Gerade in der Geschäftswelt stellt der Übergang von einer rein profit- und wettbewerbsorientierten Auffassung der Wirtschaft zu einem neuen ökonomischen Paradigma, das auf Fürsorge, Zusammenarbeit, Altruismus und Mitgefühl beruht, eine große Herausforderung dar. Als ich erstmals BNG-Projekte für Unternehmen entwickelte, hatte ich meine Zweifel, ob es innerhalb der gegenwärtig herrschenden Wirtschaftsordnung möglich wäre, einen derart radikalen Wandlungsprozess anzubieten. Rückblickend kann ich aufgrund meiner Erfahrungen sagen, dass man in jedem Unternehmen zuallererst die Menschen in den Blick nehmen muss.

Tief innen teilen wir alle die gleichen Sehnsüchte, und wenn es uns gelingt, Zugang zu diesem elementaren menschlichen Verlangen nach Glück zu gewinnen und zu zeigen, dass eine Aussöhnung zwischen unseren höchsten Hoffnungen und unserer täglichen Arbeit möglich ist, dann liegt darin eine Botschaft, die wohl die meisten Menschen positiv aufnehmen werden.

Von vielen Unternehmern habe ich gehört: »Wir wissen, dass es mit dem jetzigen System so nicht weitergehen kann, wir brauchen einen Wandel, aber wir wissen nicht, wie wir den nötigen Umbau bewerkstelligen sollen.« Bietet man ihnen aber ein plausibles Konzept mit einer klaren Methodik wie das BNG, dann ist es überraschend, zu sehen, wie viele von ihnen bereit sind, es zumindest damit zu versuchen. Wenn dieser Wandel zustande kommen soll, ist es jedoch nicht ausreichend, eine Idee oder ein noch so überzeugendes Konzept bloß verstanden zu haben. Man muss die innere Verwandlung, die von den Glückskompetenzen ausgehen kann, auch unmittelbar an sich selbst erfahren. Da Stress und Leidensdruck in vielen Unternehmen sehr hoch sind, habe ich unter Geschäftsleuten oftmals eine überraschend große Offenheit und Bereitschaft erlebt, sich auf neue Wege einzulassen. Häufig hörte ich von Workshop-Teilnehmern bewegende Berichte darüber, wie einfache Techniken der Achtsamkeit, des vertieften Zuhörens oder der gewaltfreien Kommunikation schon nach drei bis fünf Tagen ihr Leben verändert hatten, nicht nur in beruflicher Hinsicht, sondern auch privat.

In China leitete ich einmal einen Workshop mit Geschäftsleuten, und einer der Teilnehmer war der Chef einer Firma für Beleuchtungstechnik. Am Ende der Veranstaltung wollte er uns von seinen Erfahrungen damit berichten und erzählte, dass seine Frau und seine Kinder in Shanghai lebten, etwa tausend Kilometer von seinem Arbeitsplatz entfernt, weil er der Meinung war, dass es dort eine höhere Lebensqualität und bessere Schulen gebe. Er arbeitete die ganze Zeit sehr hart, um seine Familie finanziell abzusichern. Aber diese Lebensweise hatte einen hohen Preis: Er stand unter enormem Stress, der sich auch auf das

Arbeitsklima in seinem Betrieb negativ auswirkte. Seine Familie sah er nur wenige Male im Jahr, und wenn er sie in Shanghai besuchte, war er so erschöpft, dass die Zeit mit seiner Frau und seinen Kindern keine echte Bereicherung war. In unserem Seminar wurde ihm bewusst, dass er zwar eine Menge Geld verdient und es zu einem ansehnlichen Wohlstand gebracht hatte, sein eigenes Glück und Wohlbefinden und das seiner Familie dabei aber auf der Strecke geblieben waren. Ihm wurde auch klar, dass sein Verhalten gegenüber seinen Mitarbeitern, das aus seiner eigenen Unzufriedenheit resultierte, nicht gerade zu deren Motivation beitrug. Es war sehr berührend zu erleben, wie dieser Firmenchef von Mitte fünfzig mit Tränen in den Augen sein Herz ausschüttete und versprach, künftig für eine bessere Balance in seinem Leben zu sorgen, indem er sein eigenes Wohl sowie das seiner Familie und seiner Mitarbeiter in den Mittelpunkt stellte.

Dies ist nur eines von vielen Beispielen für Schlüsselerlebnisse, wie sie Menschen haben, wenn sie an einem Projekt zur Umsetzung des BNG im Unternehmen teilnehmen. Was als institutionelle oder betriebliche Initiative beginnt, erweist sich häufig als eine zutiefst verwandelnde Erfahrung, die Mitarbeiter dazu bewegt, ihre Prioritäten zu überdenken und ihr Leben beruflich und privat so neu zu organisieren, dass es mit ihren höchsten Hoffnungen und Wertvorstellungen besser in Übereinstimmung ist.

Häufig wird in diesem Zusammenhang die Frage gestellt, ob ein solcher Wandel in der Denkweise mit einem erfolgreichen Geschäftsbetrieb überhaupt vereinbar ist. Nach meiner Beobachtung ist beides vollkommen miteinander in Einklang zu bringen, und Firmen wie B. Grimm, Eileen Fisher und Biti's stehen als Beispiele dafür, dass eine sozial und ökologisch verantwortungsvolle Unternehmensführung, die auf Werten wie Mitgefühl, Altruismus und Solidarität beruht, durchaus mit nachhaltigem wirtschaftlichem Erfolg verträglich ist.

Ausblick

Auf dem Weg in eine bessere Zukunft

Eine neue Geschichte

»Wenn der Wind des Wandels weht,
bauen die einen Mauern und die anderen Windmühlen.«
Chinesisches Sprichwort

Ausgangspunkt dieses Buches war die Einsicht, dass die Menschheit vor gewaltigen Umwälzungen steht. In den Krisen, die wir heute erleben, kann man jedoch nicht nur Probleme, sondern auch große Chancen sehen. Die meisten Aussagen über die Zukunft beruhen auf einer linearen Auffassung von Entwicklung, bei der man die Parameter der Vergangenheit in die Zukunft projiziert und vor allem die materielle Dimension des Lebens zugrunde legt. Solange wir aber die Zukunft allein im Licht der Vergangenheit betrachten und Entwicklung nur als einen mechanischen Prozess auffassen, sind unsere Aussichten ausgesprochen düster. Vom ökologischen, sozialen und ökonomischen Standpunkt aus trägt diese Art von Diskurs zum Gefühl der Hoffnungslosigkeit oder einer Haltung des Zynismus bei, was beides nicht hilfreich ist, wenn man versucht, neue Lösungswege zu finden. Die meisten Institutionen und Systeme, wie wir sie kennen, sind als Antwort auf die Probleme von gestern entstanden – Antworten, die der gegenwärtigen Situation und der ihr innewohnenden Dynamik nicht mehr gerecht werden.

Kultur ist im Wesentlichen eine Überlieferung, eine Geschichte, die wir uns selbst und anderen erzählen, um uns die Welt, in der wir leben, zu erklären. Wenn ich von einer »Geschichte« spreche, die wir uns erzählen, meine ich damit nicht etwas Beliebiges, das der menschliche Geist erfunden oder sich ausgedacht hat und das keinen Bezug zur Realität besitzt. Vielmehr meine ich damit die Art und Weise, wie wir anhand der uns zur Verfügung stehenden Bilder, Worte, Symbole, Begriffe,

Kenntnisse und Theorien die Existenz interpretieren, um zu einer stimmigen, sinnvollen und praktikablen Erklärung zu gelangen.

Manche sehen in der Tatsache, dass sich die kulturellen Überlieferungen im Laufe der Jahrtausende gewandelt haben, den Beweis dafür, dass diesen Geschichten keine Realität innewohnt, dass es sich um bloße Märchen handelt. Dem kann ich mich nicht anschließen. Wenn die kulturellen Überlieferungen einem ständigen Wandel unterliegen, so kommt darin die Entwicklung des Bewusstseins zum Ausdruck, in ähnlicher Weise, wie das Erleben eines Kindes einer anderen Erfahrungswelt Platz macht, wenn es zum Jugendlichen und zum Erwachsenen heranwächst. Das bedeutet nicht, dass das kindliche Erleben falsch war oder ad absurdum geführt ist; vielmehr hatte es zu seiner Zeit seine Berechtigung, bis allmählich ein anderes Verständnis vom Menschen und der Welt an seine Stelle trat.

Die Entwicklung des Bewusstseins ist Teil unseres Reifungsprozesses. Ganz ähnlich können die Geschichten, mit denen sich der Mensch seine Erfahrungswelt zu erklären versuchte – von den alten Göttern der Hindus, Ägypter oder der griechischen Mythologie bis zur Schöpfungsgeschichte der Bibel oder des Korans oder von den Kosmologien der griechischen Philosophen und Mathematiker bis zu den neuesten Entdeckungen der modernen Naturwissenschaft –, als sich ergänzende Weltbeschreibungen gesehen werden, mit deren Hilfe wir versuchen, eine Wirklichkeit zu begreifen, die weit umfassender und komplexer ist, als sich durch menschliche Gedanken und Worte erfassen lässt. Wiederum bedeutet das nicht, dass diese Mythologien und Theorien abwegig oder reiner Aberglaube sind; sondern eine jede von ihnen bot zu einer bestimmten Zeit ein gültiges Modell, um die Welt, in der wir leben, bestmöglich zu erklären und zu beschreiben. Ich bin überzeugt davon, dass in Gestalt alter Mythen, heiliger Bücher, künstlerischer Darstellungen und wissenschaftlicher Theorien universale Wahrheiten ihren Ausdruck finden.

Die Problematik, der wir uns heute gegenübersehen, ist zweifacher Natur: Zum einen hat sich im Bann wissenschaftlicher Entdeckung unser Verständnis der Welt auf deren materielle Dimension verengt. Auch wenn unsere Kenntnis der Naturgesetze nie zuvor so umfassend und gründlich war, haben wir durch diese einseitige Ausrichtung auf die äußere, materielle Dimension der Realität die innere Dimension menschlichen Daseins mit ihrem seelischen, emotionalen, ethischen und spirituellen Gehalt, ohne die wir unser Menschentum nicht vollständig begreifen können, doch weitgehend aus den Augen verloren. Zum anderen mag der Neoliberalismus mit seiner Idee der freien Marktwirtschaft, der nach wie vor weltweit von beherrschendem Einfluss ist, einmal die angemessene Antwort auf Probleme gewesen sein, mit denen wir uns in der Vergangenheit konfrontiert sahen. Für die Probleme, die sich uns in der Gegenwart und Zukunft stellen, bietet er jedoch keine brauchbaren Lösungen.

Vor uns liegt daher die große Aufgabe, gemeinsam ein neues Narrativ zu ersinnen, ein neues Verständnis davon zu schaffen, was es heißt, heute auf dieser Erde Mensch zu sein, mit unserer Verantwortung gegenüber dem Planeten und all seinen Lebensformen. Zu einem tief greifenden Wandel unserer pädagogischen, ökonomischen, sozialen und politischen Systeme kann es nur dann kommen, wenn wir uns Schritt für Schritt diese neue Geschichte erarbeiten, um mit ihrer Hilfe unseren gemeinschaftlichen Anstrengungen Sinn zu verleihen, sie mit Hoffnung zu erfüllen und ihnen die Richtung zu weisen.

In alter Zeit war es die Aufgabe einiger Auserwählter, die grundlegenden Mythen und Geschichten zu schaffen und zu verbreiten, die der Gesellschaft Sinn und Zusammenhalt gaben – Propheten, Pharaonen, Könige, weise Männer, Priester, Wissenschaftler und Philosophen. Heute befinden wir uns in einer anderen Situation – kein Messias, kein großer Prophet, kein charismatischer Anführer wird in Erscheinung treten und uns die neue Geschichte offenbaren, deren wir bedürfen. Sie muss daher ein Produkt gemeinsamen Nachdenkens sein, des kreativen Dialogs. Es ist eine der größten Aufgaben unserer Zeit, den Raum für einen offenen Austausch zu schaffen, einen Raum des Vertrauens, der Freiheit und der Kreativität, in dem Menschen zusammenkommen, um gemeinsam die Geschichten zu kreieren und zu gestalten, die wir heute und morgen benötigen. Das bedeutet nicht, den gesamten Schatz an Wissen, Weisheit und Erfahrung über Bord zu werfen, der sich über viele Jahrtausende im Laufe der menschlichen Evolution angehäuft hat; vielmehr gilt es, sowohl die großen Weisheitstraditionen der Welt als auch die neuesten wissenschaftlichen Erkenntnisse zurate zu ziehen, um zu einem Verständnis zu gelangen, das ganzheitlicher und umfassender ist als bisher.

Es gibt mehrere Beispiele für Institutionen, die sich bereits um diese Art von Gesamtschau bemühen. Eine von ihnen ist das Mind and Life Institute (mit dem zusammenzuarbeiten ich bereits Gelegenheit hatte und dessen Forschungsarbeit dem ersten Bildungsprojekt »A Call 2 Care« zugrunde liegt, das ich in Bhutan und Vietnam realisierte). Auf dem Wege des Dialogs zwischen seiner Heiligkeit dem Dalai Lama sowie anderen prominenten spirituellen Meistern und den besten Wissenschaftlern unserer Zeit hat das Mind and Life Institute zu einem neuen Wesensverständnis des Menschen beigetragen: »Das Mind and Life Institute macht sich zur Aufgabe, das Leiden in der Welt zu verringern und das menschliche Wohl zu befördern, indem es Wissenschaften, kontemplative Techniken und traditionelle Weisheitslehren miteinander verbindet.«[1]

Auch andere Einrichtungen wie das von dem Öko-Pionier Satish Kumar gegründete Schumacher College oder das von Otto Scharmer ins Leben gerufene Presencing Institute verbinden wissenschaftliche Forschung mit einer ganzheitlichen Sichtweise, um so den Herausforderungen unserer Zeit besser zu begegnen.

Wie es scheint, findet heute selbst in den Hochburgen der Wissenschaft ein ganzheitlicherer Ansatz zunehmend Anerkennung, wenn auch noch viel zu tun bleibt, bis er zum Leitprinzip in Bildung, Wirtschaft und Politik wird. Für mich ist das BNG ein überzeugendes Beispiel dafür, wie sich eine neue Perspektive formulieren lässt, in der tief verwurzelte menschliche Wertvorstellungen mit der systematischen Erkundung und Erprobung eines neuen, wissenschaftlich fundierten Paradigmas in Wirtschaft und Entwicklung Hand in Hand gehen.

Ein weiterer Bereich, dem große Bedeutung zukommt, ist die Begründung einer zeitgemäßen säkularen Ethik, die uns in unseren Entwicklungszielen leiten kann. In der Vergangenheit beruhte Moralität auf einem festen Kanon religiöser Verhaltensregeln wie den Zehn Geboten oder vergleichbaren Regelwerken mit einer Anzahl von »Du sollst« und »Du sollst nicht«, die dem Einzelnen von der Gesellschaftsordnung diktiert wurden. In unserer Zeit müssen wir über einen festen Moralkodex und religiöse Dogmen hinausgehen, um in einen kreativen Prozess ethischer Besinnung einzutreten, der uns befähigt, auf jede konkrete Situation die richtige Antwort zu finden – die nicht einfach darin bestehen kann, blind eine Reihe feststehender moralischer Regeln zu befolgen. Unsere Zeit verlangt auch in Fragen der Ethik nach Kreativität und Fantasie, denn immer häufiger geraten wir in ein bisher völlig unbekanntes ethisches Dilemma, etwa in Bezug auf künstliche Intelligenz, in Fragen der Biotechnologie, der Genmanipulation oder des Umgangs mit sensiblen Daten im Zeitalter von »Big Data«. Die moralischen Gebote der Vergangenheit werden uns nicht helfen, auf diese hochkomplexen Themen die richtigen Antworten zu finden, wenn wir nicht einen inneren ethischen Kompass entwickeln.

Einen interessanten Versuch, einen solchen ethischen Prozess in Gang zu setzen, stellen die »vierzehn Achtsamkeitsübungen« des Zen-Meisters Thich Nhat Hanh dar.[2] Es sind keine »Regeln« oder »Gebote«, sondern eben »Achtsamkeitsübungen«, und in dieser Namensgebung kommt zum Ausdruck, dass sich jeder Einzelne, aber auch die Gesellschaft als Ganzes um mehr Gewahrsein und Achtsamkeit bemühen muss, damit wir uns der Konsequenzen unseres Handelns bewusst werden. Wenn wir uns danach erkundigen, was uns selbst und anderen Glück oder Leiden bringt, ist die moralische Fragestellung relativ einfach. Die Antwort auf diese simple Frage ist aber sehr komplex, und die vierzehn Achtsamkeitsübungen halten uns dazu an, vierzehn Bereiche auszuloten, die sowohl unser Inneres betreffen (die Art, wie wir denken, fühlen und Entscheidungen treffen) als auch die Außenwelt (nämlich unsere Handlungsweisen und die Konsequenzen unseres Handelns für andere Menschen und den Planeten).

Strategien für ein gutes Morgen

Auf dem Weg in eine bessere Zukunft besteht unsere primäre Aufgabe meines Erachtens also darin, gemeinsam eine neue Geschichte zu erarbeiten, die auf einer ganzheitlichen ethischen Grundlage ruht. Dennoch ist ein neues Narrativ allein noch nicht hinreichend. Auch wenn es uns als Grundlage und Orientierungsrahmen dient, wird es erst dann zur gesellschaftlichen Realität, wenn wir es in die Praxis umsetzen. Dazu sind des Weiteren zwei praktische Maßnahmen erforderlich:

1. *Die Samen der Zukunft säen:* Eine sehr wichtige Aufgabe liegt darin, Pilotprojekte zu schaffen, um mit ihnen den Nachweis zu erbringen, dass diese Visionen für die Zukunft keine Utopien und Träumereien sind, sondern sich ganz real umsetzen lassen. Menschen brauchen die unmittelbare Erfahrung mit Schulen, Gemeinschaften (wie der Peaceful Bamboo Family in Vietnam), Unternehmen, Städten oder – wie im Fall von Bhutan – ganzen Ländern, in denen die Ideen verwirklicht sind, um die es uns geht. Heute gibt es schon viele Gemeinschaften, Öko-Dörfer und vergleichbare Initiativen, die zeigen, dass ein gesundes und glückliches Leben im Einklang mit der Natur möglich ist. Auf der städtischen Ebene sehen wir mit der Transition-Town-Bewegung, dass es auch einem größeren Gemeinwesen gelingen kann, sich im Sinne der Nachhaltigkeit zu wandeln. Im Bildungsbereich sind alternative Schulformen wie die Green School in Bali, die Waldorfpädagogik (mit Hunderten Schulen weltweit) oder das Learning Centre in Bhutan lebendige Beispiele für ein Umdenken in der Pädagogik, das die Bedürfnisse des Kindes und seine Entwicklung in den Mittelpunkt stellt und zugleich im Einklang mit den Belangen der Gesellschaft und des Planeten ist. Auch im Bereich der Wirtschaft gibt es viele neue Unternehmensprojekte, die versuchen, sich durch ökologisches und

nachhaltiges Handeln am neuen ökonomischen Paradigma zu orientieren. Ein interessantes Beispiel ist die Business Alliance for Local Living Economies (BALLE), in der sich Zehntausende kleiner Unternehmen und Gemeinschaften zusammengefunden haben, um eine lebendige Ökonomie zum Wohle aller zu errichten. Zusammenfassend lässt sich sagen, dass die erste praktische Aufgabe darin besteht, in vielen verschiedenen Bereichen der Gesellschaft relativ kleine Projekte anzustoßen, die genügend Spielraum bieten, um neue Wege des Zusammenlebens und der Zusammenarbeit so umfassend wie möglich zu erkunden und zu verwirklichen.

2. *Das System von innen heraus transformieren:* Da der größte Teil der Weltbevölkerung innerhalb der herkömmlichen Systeme lebt, besteht in deren Verwandlung von innen die zweite große Aufgabe. Wenn wir das Leiden so vieler Menschen verringern wollen, müssen wir daher den Mut aufbringen, uns »in die Höhle des Löwen« zu begeben. Aus diesem Grund haben wir uns im Bereich der Bildung dafür entschieden, keine eigenen Schulen zu gründen, in der alle Merkmale der »Happy Schools!« verwirklicht sind, sondern mit dem bestehenden Schulsystem in Vietnam zu arbeiten, um einige der fehlenden Dimensionen – wie zum Beispiel die Fürsorge für sich selbst, für andere und den Planeten – in die Lehrpläne zu integrieren.

Im Zuge meiner beratenden Tätigkeit hatte ich auch Gelegenheit, mit den Oberbürgermeistern von München und Stuttgart sowie dem Bürgermeister von Wien zu Gesprächen zusammenzukommen, in denen es um die Auswahl von Bezirken für einen urbanen Strukturwandel ging. Obwohl sich diese Maßnahmen in Grenzen hielten, hatte ich doch das Gefühl, dass es einen Versuch wert sei, die Aufmerksamkeit der Kommunalverwaltung stärker auf das Glück und Wohlbefinden der Bürgerinnen und Bürger zu lenken. Was den Wirtschaftssektor betrifft, so bot auch hier die Arbeit mit großen Unternehmen wie B. Grimm und Biti's nur begrenzte Möglichkeiten, einen tieferen Strukturwandel zu erreichen. Andererseits ist jeder noch so kleine Erfolg besser als gar keiner und wirkt sich auch dann noch auf Tausende Mitarbeiter, ihre Familien und die vielen Menschen im Umfeld des Unternehmens aus.

Auch waren unsere Bemühungen nicht immer von Erfolg gekrönt. Ein Treffen mit dem Vorstandschef des Schweizer Pharmaunternehmens Hoffmann-La Roche verlief ergebnislos und ohne dass es mir gelungen war, überzeugend für einen Wandel des Unternehmens zu plädieren. Ähnliches gilt für meinen Auftritt bei dem deutschen Automobilhersteller Audi, wo ich vor Hunderten von Mitarbeitern und Managern sprach. Auch in diesem Fall bin ich mir nicht sicher, ob es nach diesem ersten Kontakt zu irgendwelchen Umgestaltungen im Unternehmen kam; allerdings war der Zeitpunkt auch denkbar ungünstig, da der Audi-Chef ausgerechnet in dieser Woche im Zusammenhang mit den Manipulationen der Abgaswerte bei Dieselfahrzeugen verhaftet wurde. Es hätte für Audi zwar eine Gelegenheit sein können, sein Geschäftsgebaren zu revidieren, aber man kann nie wissen, auf welchen Boden ein Samen im Geist und Herzen der Menschen fällt. Unter den richtigen Bedingungen und wenn die Zeit reif dazu ist, wird die Saat eines Tages vielleicht aufgehen.

Wenn ich eine Einladung von einem Unternehmen dieser Größenordnung erhalte, frage ich mich jedes Mal, ob ich meine Zeit und Energie in einen Kontext investieren soll, in dem die Chancen für einen echten Wandel vergleichsweise gering sind. Dennoch sehe ich es als meine moralische Verantwortung an, mein Bestes zu versuchen, um die Ideen und Werte zu vermitteln, die ich für unsere Zukunft als wesentlich erachte, da man niemals voraussehen kann, was sich daraus entwickelt. Manchmal ist es vielleicht nur eine Person im Publikum, die man wirklich erreicht, und was sich daraus möglicherweise ergibt, vermag niemand abzusehen.

Vor vielen Jahren wurde Philip Kapleau, einer der Pioniere

des Zen-Buddhismus in den USA, von einer Universität eingeladen, einen Vortrag zu halten, zu dem sich dann nur eine Handvoll Zuhörer anmeldete. Er war im Zweifel, ob es sich lohnen würde, vor einem so kleinen Publikum zu sprechen, aber am Ende entschloss er sich dazu, seinen Vortrag trotzdem zu halten. Einer der Teilnehmer war Jon Kabat-Zinn, der später das MBSR-Programm (Mindfulness-Based Stress Reduction) entwickelte, das heute weltweite Verbreitung gefunden hat. Von dieser Begegnung mit Kapleau sagte Kabat-Zinn rückblickend, dass sie für ihn ein entscheidender Anstoß zur Entwicklung des MBSR-Programms gewesen sei.

Auch Thich Nhat Hanh folgte Vortragseinladungen von Google, Salesforce.com, vom Weltwirtschaftsforum in Davos und vom britischen Parlament. Selbst wenn man Zweifel daran hegen kann, ob ein Vortrag vor so großen Institutionen irgendetwas zu bewegen imstande ist, lässt sich ebenso gut argumentieren, dass er zu einem Bewusstseinswandel beitragen kann, von dem sich niemals sagen lässt, was er letztendlich bewirkt. So hat man bei Google ein Achtsamkeitstraining zur Entwicklung sozialer und emotionaler Intelligenz namens »Search Inside Yourself« entwickelt. Bei Salesforce.com, dem weltweit führenden Unternehmen im Bereich Kundenbeziehungsmanagement, hat man Meditationsräume eingerichtet und bietet Mitarbeitern die Möglichkeit zu regelmäßigen Achtsamkeitsübungen; und das britische Parlament hat eine parteienübergreifende parlamentarische Arbeitsgruppe namens »Mindfulness Initiative: Mindful Nation UK« ins Leben gerufen, die in Schulen, an Arbeitsplätzen, im Strafvollzug, im Polizei- und Militärwesen sowie weiteren Bereichen entsprechende Initiativen auf den Weg gebracht hat. Vom Weltwirtschaftsforum in Davos schließlich werden regelmäßig Achtsamkeitsseminare angeboten, die dort inzwischen zu den bestbesuchten Veranstaltungen überhaupt gehören.

Ich glaube, dass die gleichzeitige Arbeit an diesen drei Dimensionen für einen Wandel unabdingbar ist: Es gilt, eine neue »Geschichte« zu kreieren, die Samen der Zukunft in Form von Pilotprojekten zu säen und die existierenden Systeme und Strukturen von innen heraus zu verändern. In ihrem Wechselspiel bilden diese drei Aspekte ein zusammenhängendes Ökosystem der gegenseitigen Verstärkung. Nachdem ich 2018 meinen Posten als Programmdirektor des BNG-Zentrums in Bhutan niedergelegt habe, ist es heute mein Ziel, diesen dreifachen Weg des Wandels gemeinsam mit meinen Kollegen vom Eurasia Learning Institute for Happiness and Wellbeing[3] wo immer möglich zu fördern. Was mich in diesem Bemühen ermutigt und bestärkt, ist die Beobachtung, dass immer mehr und gerade auch jüngere Menschen mit großem Enthusiasmus ihren Beitrag zu diesem Wandel leisten, der in unserer Zeit so dringend notwendig ist.

Eines der bemerkenswertesten Beispiele dafür ist die Geschichte von Felix Finkbeiner. Im Januar 2007, als er neun Jahre alt war und in die vierte Klasse ging, hielt er in der Schule ein Referat zum Thema »Erderwärmung«, in dem er den Vorschlag machte, dass Kinder in jedem Land der Erde eine Million Bäume pflanzen sollten. Zusammen mit seinen Klassenkameraden pflanzte er am 28. März 2007 den ersten Baum und gründete damit die Initiative »Plant-for-the-Planet«, die nach drei Jahren den millionsten Baum pflanzte. Mit zehn Jahren sprach er vor dem Europäischen Parlament und mit dreizehn vor der Generalversammlung der Vereinten Nationen. Heute ist »Plant-for-the-Planet« eine Organisation mit 130 Mitarbeitern und 70 000 Mitgliedern in 67 Ländern, die bereits mehr als 1200 Lehrveranstaltungen in eigenen Akademien abgehalten hat. In ihnen erfahren die Teilnehmer zwischen zehn und vierzehn Jahren etwas über die Erderwärmung und die Bedeutung von Bäumen, üben sich darin, in der Öffentlichkeit zu sprechen, und planen ihren Beitrag zur Überwindung der Klimakrise, in der sich unser Planet heute befindet.

Ein anderes Beispiel ist Greta Thunberg. Am Freitag, den 20. August 2018, beschloss Greta, die damals in die neunte Klasse ging, aus Protest gegen die Hitzewelle und die Waldbrände, die ihr Heimatland Schweden in diesem Jahr heimsuchten, nicht mehr zur Schule zu gehen. Von da an saß sie täglich und ab dem 10. September jeden Freitag mit einem Schild »Schulstreik für das Klima« vor dem Schwedischen Reichstag. Ihre Forderung an die schwedische Regierung lautete, die CO_2-Emissionen gemäß dem Übereinkommen von Paris zu senken. Nach der Wahl zum Schwedischen Reichstag am 9. September 2018 errang Greta mit ihrem fortgesetzten Schulstreik internationale Aufmerksamkeit. Indem sie Schüler auf der ganzen Welt dazu animierte, an ähnlichen Streiks teilzunehmen, wurde sie zu einer der prominentesten Klimaaktivistinnen und trat im Dezember 2018 auf der UN-Klimakonferenz in Katowice auf. Im März 2019 nahmen weltweit schätzungsweise mehr als eine Million Schüler in ca. 130 Ländern an etwa 2200 Schulstreiks teil. In Deutschland demonstrierten mehr als 300 000 Schüler in rund 230 Städten, davon allein in Berlin 25 000. In Italien gingen mehr als 200 000 Schüler auf die Straße (laut Angaben der Veranstalter davon allein in Mailand 100 000), in Montreal waren es über 150 000, in Melbourne und Brüssel jeweils 30 000, in Stockholm zwischen 15 000 und 20 000 und in München 8 000. Weitere Demonstrationen fanden in Paris, London, Washington, Reykjavík, Oslo, Helsinki, Kopenhagen und Tokio statt.[4]

Diese Beispiele junger engagierter Menschen – und auf der ganzen Welt gibt es noch weit mehr von ihnen, die ebenso engagiert, wenn auch nicht so bekannt wie Greta Thunberg oder Felix Finkbeiner sind – geben mir die Gewissheit und sollten sie uns allen vermitteln, dass es eine Hoffnung für die Zukunft gibt. Als Angehöriger der älteren Generation, als Vater, Großvater und jemand, der von der Schönheit und Fülle unseres verletzlichen Planeten zutiefst bewegt ist, stelle ich mir zugleich die Frage, wie wir dafür sorgen können, dass künftige Generationen dieselbe Schönheit und Fülle erfahren werden. Dieses Buch soll ein bescheidener Beitrag dazu sein, eine Zukunft zu gestalten, wie wir alle sie uns wünschen.

Epilog:
Rückblick auf meine Begegnungen in Bhutan

Bei meiner ersten Ankunft in Bhutan holte mich Dr. Saamdu Chetri, der Geschäftsführer des BNG-Zentrums, vom Flughafen ab. Er empfing mich mit einer Khata, dem traditionellen Begrüßungsschal, und fuhr dann mit mir zu einem nahe gelegenen Bauernhaus zu einem Willkommens-Imbiss aus Buttertee und geröstetem Puffreis. Es war mein erster Eindruck von einem bhutanischen Haushalt, und ich erinnere mich noch gut an die warmherzige, schlichte Gastfreundlichkeit der Bäuerin, die mir sogleich das Gefühl gab, willkommen und zu Hause zu sein.

Dr. Saamdu hatte wesentlichen Anteil an meiner Ernennung zum Programmdirektor, und diese erste Begegnung legte den Grundstein für eine tiefe Freundschaft und spirituelle Brüderschaft, die während meiner Zeit in Bhutan für mich von großer Bedeutung war. Von Anfang an setzte er volles Vertrauen in mich und ließ mir während unserer gesamten Zusammenarbeit große Freiheit bei der Entwicklung des BNG-Curriculums. Außerdem war er mein Berater und Mentor in allen Dingen, die Bhutan betrafen. So erklärte er mir die komplizierte Landesetikette namens »Driglam Namzha«, ein Kleidungs- und Verhaltenskodex, der jeden Aspekt des gesellschaftlichen Lebens regelt, vor allem bei formellen Anlässen. Außerdem zeigte er mir, wie ich meinen ersten Gho, die traditionelle Kleidung bhutanischer Männer, anzulegen hatte und wie ich meinen Kabney falten musste, ein Seidentuch, das bei offiziellen Anlässen zum Gho getragen wird.

In ihren regionalen Traditionen lässt sich die bhutanische Verhaltensetikette oft bis zum *Vinayapitaka* zurückverfolgen, einer alten Sammlung buddhistischer Ordensregeln. In Bhutan sind Benimmfragen daher in hohem Maße durch die buddhistische Ethik bestimmt, in der festgelegt ist, was im Hinblick auf das äußere Auftreten, die Ausdrucksweise und die innere Haltung als korrekt zu gelten hat. In moderner Zeit hat die Regierung von Bhutan den »Driglam Namzha« nochmals ausdrücklich als Teil der bhutanischen Identität bestätigt.

Schon bald nach meiner Ankunft in Bhutan hatte ich meine erste Audienz bei dem Ministerpräsidenten Jigme Yoser Thinley. Unsere Unterredung fand in einem sehr eindrucksvollen Rahmen in dessen Büro im Regierungsgebäude statt, wobei ich Seine Exzellenz Jigme Thinley als eine charismatische und äußerst eloquente Persönlichkeit erlebt habe. Ich fühlte mich sehr geehrt, einen wenn auch noch so kleinen Beitrag zur Umsetzung der Vision von einem Bruttonationalglück leisten zu können. Dazu entwickelte ich vor allem spezielle Lernprogramme, die es Teilnehmern aller Altersgruppen und aus allen Gesellschaftsschichten innerhalb und außerhalb Bhutans ermöglichen sollten, dieses neue Entwicklungsparadigma in ihr Leben und ihre Arbeit praktisch zu integrieren.

Ich begann meine Arbeit damit, dass ich ausführliche Interviews mit Vertretern der beteiligten Ministerien führte, um besser zu verstehen, was das BNG-Zentrum bei seiner Aufgabenstellung zu berücksichtigen hatte. Wenn ich heute auf diese sehr aufschlussreichen Begegnungen zurückblicke, fallen mir einige Besonderheiten auf, die wohl einzigartig für Bhutan als Land sind. Die meisten der hochrangigen Regierungsvertreter, mit denen ich diese Gespräche führte, waren in entlegenen Dörfern aufgewachsen, von wo aus sie jeden Tag mehrere Stunden barfuß zu ihrer Schule gingen. Sie hatten ihre Kindheit in fast mittelalterlichen Verhältnissen verbracht und waren innerhalb eines einzigen Menschenalters von der traditionellen Lebensweise, die sich über viele Generationen hinweg kaum gewandelt hatte, fast übergangslos ins 21. Jahrhundert katapultiert worden.

Als ein Beispiel unter vielen möchte ich hier Dr. Pema Gyamtsho nennen, der zu jener Zeit Landwirtschaftsminister der ersten demokratisch gewählten Regierung von Bhutan war.

Dr. Pema war in einem abgelegenen Dorf im Distrikt Bumthang in Zentral-Bhutan aufgewachsen und hatte es vom einfachen Dorfjungen zum Wissenschaftsdoktoranden an der renommierten Eidgenössischen Technischen Hochschule (ETH) in Zürich gebracht. Ich weiß noch, wie er mir von der Zeit erzählte, als er an seiner Dissertation über die Yakzüchtung im Himalaja schrieb, wobei er eine Hälfte des Jahres im modernen Zürich lebte und die andere auf 4000 Metern Höhe in den Zelten aus schwarzer Yakwolle, wie sie von den Hochgebirgsnomaden bewohnt werden. Dieser einzigartige Spagat zwischen der Verwurzelung in der traditionellen naturnahen Kultur des Landes einerseits und der Orientierung in der Welt der Moderne und Wissenschaft andererseits ist ein ganz besonderes Merkmal der bhutanischen Gesellschaft.

Die Gespräche, die ich mit den meisten der hohen Amts- und Würdenträger des Landes unter vier Augen führte, boten mir eine einmalige Gelegenheit, die kulturellen, sozialen und spirituellen Hintergründe verstehen zu lernen, vor denen sich das BNG in Bhutan entwickelt hatte. So lud mich zum Beispiel der Ministerpräsident gleich am ersten Wochenende nach meiner Ankunft in Bhutan zu einem Ausflug ein, an dem sein gesamtes Kabinett teilnahm. Am frühen Sonntagmorgen fand ich mich daher in einem Wagen inmitten eines Regierungskonvois wieder, der Thimphu in Richtung des nahe gelegenen Dochula-Passes auf über 3150 Metern Höhe verließ. Von dort aus wanderten wir anschließend über steile Bergpfade zu einem heiligen Kloster, um einen Einsiedler aufzusuchen, der wegen seiner außerordentlichen Spiritualität Berühmtheit erlangt hatte.

Unterwegs wies mich der Ministerpräsident auf die verschiedenen Heilkräuter hin, die in dieser Höhe wuchsen, wobei er mir bei jedem einzelnen dessen besondere Heileigenschaften erklärte. Auf mich machte es großen Eindruck zu sehen, wie die prominentesten Politiker des Landes ihr Wochenende mit einer Bergwanderung verbrachten, auf der sie Heilkräuter sammelten und heilige Männer aufsuchten. Bemerkenswert war auch, in wie guter Form sie alle waren; und als ich sie darauf ansprach, lachten sie und erklärten mir, dass sie als gewählte Volksvertreter viel Zeit damit verbrachten, die verschiedenen Wahlbezirke aufzusuchen, was stundenlange Fußmärsche zu entlegenen Dörfern bedeutete, die anders nicht zu erreichen waren. All dies schien sich mir sehr davon zu unterscheiden, wie ich mir die Freizeitgestaltung oder Wahlkampagnen westlicher Politiker vorstellte.

Ich kann nicht einmal den Versuch machen, all die interessanten Gespräche wiederzugeben, die ich mit der Mehrzahl der Minister und anderen hochgestellten Persönlichkeiten des Landes geführt habe; wenigstens ein paar dieser Begegnungen möchte ich aber hervorheben, da sie für die Entwicklung des BNG-Zentrums entscheidend waren.

Eine davon ist diejenige mit dem Bildungsminister H. E. Thakur S. Powdyel. Ich habe unser Gespräch noch lebendig vor Augen und erinnere mich gut, wie er so beredt von der Erziehung als dem »edlen Fach« zu sprechen wusste und seine Sorge über die zunehmende Seelenlosigkeit des modernen Bildungswesens zum Ausdruck brachte. Wörtlich sagte er: »Die Liebe zum Leben, zu allem Leben, ist das Grundprinzip jeder Bildung«, um dann die Grundzüge seiner Vision von Erziehung zu beschreiben, wie er sie später in seinem bereits erwähnten Buch *My Green School*[5] dargestellt hat. Nachdem ich mein Leben lang im Bildungsbereich tätig gewesen war, machte es auf mich großen Eindruck, mit einem Bildungsminister zusammenzukommen, dessen Hauptanliegen nicht administrativer, finanzieller oder politischer Natur war, sondern der sich aufrichtig auf der Suche nach der tieferen Bedeutung und Aufgabe von Pädagogik befand. Bei der Konzeption der Lernprogramme, die ich später am BNG-Zentrum entwickelte, spielte sein Beitrag zum Thema eine wesentliche Rolle.

Außerdem möchte ich eine unserer wichtigen Partnerinnen bei der Umsetzung des BNG im Bildungsbereich erwähnen: Deki Choden, eine begabte und engagierte Pädagogin sowie

Gründerin und Leiterin der Grund- und Oberschule am Early Learning Center in Thimphu, hat als eine der Ersten die Werte und Grundsätze des BNG an den von ihr geführten Schulen umgesetzt und mir für meine Arbeit wichtige Impulse gegeben.

Auf einer internationalen Konferenz zum BNG im Bildungswesen, die 2009 in Bhutan stattfand, hat der Ministerpräsident die Ziele des BNG in der Pädagogik so zusammengefasst:

> »Was wir verwirklicht sehen wollen, ist nichts Geringeres als eine Metamorphose: mit Schülern und Studenten, die unsere Schulen und Hochschulen als echte Menschen verlassen, die ihr wahres Potenzial in seiner ganzen Tiefe verwirklichen und denen etwas an anderen Wesen liegt (einschließlich anderer Spezies); die ein ökologisches Bewusstsein besitzen und sowohl einen kontemplativen als auch analytischen Zugang zum Verständnis der Welt haben; die frei von Habsucht und maßlosen Begierden sind; die wissen, verstehen und vollständig anerkennen, dass sie nicht von der Natur und anderen Wesen getrennt sind – kurz: die ihr Menschentum vollkommen verwirklichen … Wer am Ende eine nach den Prinzipien des BNG geführte Schule oder Universität verlässt, hat keinen Zweifel daran, dass das eigene Glück einzig und allein aus dem Beitrag stammt, den man zum Glück anderer leistet.«[6]

Was für eine tiefsinnige Beschreibung der Ziele der Pädagogik! Und man kann sich nur wünschen, dass diese Vision, von der wir uns in unserem »Happy Schools!«-Programm haben leiten lassen, auf der ganzen Welt geteilt würde.

Diese umfassendere Vision war es auch, die uns als Leitlinie bei der Entwicklung der Lernprogramme diente, die wir im Laufe der Jahre am BNG-Zentrum für Teilnehmer aus dem In- und Ausland entwickelt haben. Dabei haben wir uns die Umsetzung folgender Ziele vorgenommen:

1. Die Teilnehmer sollen in die Lage versetzt werden, sich durch Dialog, Innenschau und Selbstprüfung auf einen *transformativen Lernprozess* einzulassen, der zu einem vertieften Verständnis der Philosophie sowie der Grundsätze und Werte des BNG führt.
2. Den Teilnehmern soll eine *lebendige Erfahrung* des BNG ermöglicht werden, indem sie in einer Umgebung leben und an deren Gestaltung teilhaben, die mit den Grundsätzen und Werten des BNG vollkommen im Einklang ist.
3. Die Teilnehmer sollen zur *Umsetzung vom BNG inspirierter Projekte* in ihrem sozialen und beruflichen Umfeld befähigt werden: angefangen in der Familie, dem Freundeskreis und der Dorfgemeinschaft über Betriebe und Unternehmen bis hin zur gesellschaftlichen und nationalen Ebene.

Den Höhepunkt meines ersten Jahres in Bhutan bildete aber eine Privataudienz bei Seiner Majestät dem König Jigme Khesar Namgyel Wangchuck. Die Audienz fand in seinem Büro im Dzong statt, der Klosterburg, deren Mauern sowohl die weltliche als auch die geistliche Macht Bhutans beherbergen. Nachdem ich von seinem Adjutanten in den königlichen Audienzsaal geführt worden war, vertrieb ich mir die Wartezeit, indem ich mir die traditionelle Architektur des schönen Raums betrachtete. Kurz darauf hörte ich jugendliche Schritte, als würde jemand eine Treppe herabgelaufen kommen, und tatsächlich erschien wenige Sekunden später Seine Majestät. Er bot einen imposanten Anblick: ein sehr gut aussehender, charismatischer junger Mann von 32 Jahren mit dem traditionellen gelben Schal über der Schulter, den zu tragen allein dem König und dem Je Khenpo, dem Oberhaupt der buddhistischen Glaubensgemeinde Bhutans, vorbehalten ist. Er trat in den Raum und begrüßte mich warmherzig. Wir führten ein sehr freundschaftliches und zwangloses Gespräch unter vier Augen, in dem mich Seine Majestät an seinen Gedanken zum BNG teilhaben ließ. Er meinte, es solle die gemeinsame und einende Vision aller Angehörigen des bhutanischen Volkes sein, gleich welcher Altersgruppe und Gesellschaftsschicht sie angehörten. Er riet mir, mich auf Programme für junge Menschen zu konzentrieren, da sie die Zukunft des Landes seien und der Orientierung an der Vision des BNG am meisten bedürften.

Mich erinnerte das an eine Rede Seiner Majestät, die er einige Zeit zuvor in Bumthang gehalten und in der er seine Vision vom BNG so umrissen hatte:

> »Das Bruttonationalglück (BNG) hat für uns die Funktion eines nationalen Gewissens, das uns dazu anleitet, weise Entscheidungen für eine bessere Zukunft zu treffen. Es stellt sicher, dass die menschliche Dimension, der Platz des Einzelnen innerhalb der Nation, niemals in Vergessenheit gerät, was unser Land auch immer in Zukunft zu erreichen hofft. Es dient uns als ständige Erinnerung daran, dass wir uns um eine anteilnehmende Führerschaft bemühen müssen, damit trotz der Veränderungen in der Welt, in unserem Land und in dessen Zielsetzungen unsere höchste Priorität immer das Glück und Wohlbefinden aller Menschen bleibt – einschließlich der Generationen, die uns nachfolgen werden.«

Was er ausstrahlte, war eine ungewöhnliche Mischung aus natürlicher Autorität und Bescheidenheit, und so fragte er mich um meinen Rat, obwohl er zwar der König sei, aber dennoch auch ein junger Mann, der noch vieles zu lernen habe. Er machte großen Eindruck auf mich sowohl durch seine Klugheit als auch seine sehr direkte und natürliche Art, auf mich zuzugehen. Als wir uns trennten, sah er mich mit einem strahlenden Lächeln an und fragte, ob ich einverstanden damit sei, dass er mich umarme. Und so empfing ich meine erste und einzige »königliche Umarmung«, ohne recht zu wissen, wie ich mit einer solchen Situation umzugehen hatte.

Eine weitere herausragende Persönlichkeit, die ich kennenlernen durfte, ist Ihre Königliche Hoheit Ashi Kesang Choden

Wangchuck, Präsidentin des BNG-Zentrums und die jüngere Schwester des Königs. Als ich ihr zum ersten Mal begegnete, dachte ich, dass die Vorstellung, die wir alle als Kind von einer echten Prinzessin hatten, sich in dieser Begegnung vollkommen erfüllte. Ihre Königliche Hoheit sieht nicht nur aus wie eine Märchenprinzessin, sondern hat zudem ein überaus freundliches, zuvorkommendes und einnehmendes Wesen. Damals war sie erst dreißig Jahre alt, und ich war zutiefst beeindruckt von der Klugheit und natürlichen Autorität, die sie bereits in so jungen Jahren auszeichneten. Während meiner ganzen Zeit in Bhutan leitete und förderte sie das BNG-Zentrum mit einer Umsicht und Reife, wie man sie von einer so jungen Frau nicht erwarten würde.

Schließlich möchte ich dem ganzen Team des BNG-Zentrums danken und insbesondere meiner Kollegin Dr. Julia Kim, einer ehemaligen UN-Mitarbeiterin, die eine erfolgreiche Karriere in New York aufgab, um in Bhutan zu leben und dort den Idealen des BNG zu dienen. Gemeinsam haben wir die meisten BNG-Programme entwickelt und moderiert, und ich blicke mit Dankbarkeit auf diese fruchtbare Zusammenarbeit zurück.

Alles, was in diesem Buch geschrieben steht, ist der Ertrag lebenslangen Lernens, aus dem ich durch meine Erfahrungen in Bhutan die Summe ziehen durfte, um sie auf eine (hoffentlich) schlüssige Weise durch das Konzept des Bruttonationalglücks zu formulieren. Daher fühle ich mich diesem Land, seinen Menschen, seinen visionären Führungspersönlichkeiten und den vielen Freunden, die ich dort gewinnen durfte, zu tiefstem Dank verpflichtet, auch wenn ich sie hier nicht alle namentlich erwähnen kann.

Anhang

Verzeichnis der Übungen und Meditationen

Achtsames Sitzen	41
Mit dem Atem in Kontakt kommen	42
Gehmeditation	44
Der bewusste und achtsame Umgang mit Emotionen	55
Kreis der Dankbarkeit	58
Dankesbrief	59
Dankbarkeits-Tagebuch	59
Dialog im Gehen	77
Paraphrasieren oder umformulieren	78
Shinrin-yoku oder Waldbaden	92
Die neun Domänen im persönlichen Wohlergehen	157
Klärendes Schreiben (Journaling)	162
Was bedeutet Glück für Sie?	165
Ein Neubeginn	179
Achtsames Gehen	199
Tiefenentspannung	201
Auf achtsame Weise eine Frucht essen	204
Empathie mit sich selbst	212
Übungen zur Freundschaft	214
Übungen zum Teilen	216
Übungen zum respektvollen Umgang miteinander	217
Übungen zur Aufrichtigkeit	218
Übungen zur Fürsorge	220
Die menschliche Kamera	229
Offene Sätze zur Dankbarkeit	230
Offene Sätze zur Würdigung unseres Schmerzes	231
Das Gewebe des Lebens	232
Die Geschichte vom Seestern	233
Offene Sätze zum Weitergehen und Handeln	234

Quellen und Anmerkungen

Wozu brauchen wir ein Bruttonationalglück?

1 Vgl. Ban Ki-moon: »Remarks at High Level Meeting on ›Happiness and Well-Being: Defining a New Economic Paradigm‹«, https://www.un.org/sg/en/content/sg/speeches/2012-04-02/remarks-high-level-meeting-happiness-and-well-being-defining-new, 2.4.2012, abgerufen am 7.5.2019.

2 Von den griechischen Wörtern *ánthrōpos* für »Mensch« und *kainós* für »neu«. Die Bezeichnung soll zum Ausdruck bringen, dass der Homo sapiens mittlerweile zur größten Kraft der biologischen, geologischen und atmosphärischen Veränderung auf dem Planeten geworden ist.

3 »Chöre aus ›The Rock‹«; T. S. Eliot: *Gesammelte Gedichte, englisch und deutsch,* Frankfurt am Main 1988, S. 239.

4 Vgl. zum Beispiel https://scholar.google.ch/scholar?q=mindfulness+meta+analysis+2018&hl=en&as_sdt=0&as_vis=1&oi=scholart, abgerufen am 10.5.2019.

5 Vgl. Antoine de Saint-Exupéry: *Der Kleine Prinz,* Düsseldorf 1956, S. 27–30.

6 Ebenda, S. 29.

7 Vgl. Kristin Neff: »How Gratitude Changes You and Your Brain«, *Greater Good Magazine,* 6.6.2017, https://greatergood.berkeley.edu/article/item/how_gratitude_changes_you_and_your_brain, abgerufen am 12.5.2019.

8 Thich Nhat Hanh: *Nenne mich bei meinen wahren Namen. Ausgewählte Gedichte,* hg. v. Ursula Richard, München 2010, S. 62 ff.

9 Anahad O'Connor: »The Secrets to a Happy Life, From a Harvard Study«, *New York Times,* 23.3.2015, https://well.

blogs.nytimes.com/2016/03/23/the-secrets-to-a-happy-life-from-a-harvard-study, abgerufen am 18.5.2019.

10 Thich Nhat Hanh: *Liebesbrief an die Erde,* München 2014.

11 Vgl. Saint-Exupéry, a. a. O., S. 61 f.

Das Bruttonationalglück als ein neues Entwicklungsparadigma

1 Robert Kennedy, Remarks at the University of Kansas, 18.3.1968, vgl. auch https://en.wikipedia.org/wiki/Robert_F._Kennedy%27s_remarks_at_the_University_of_Kansas, abgerufen am 18.6.2019.

2 Simon Kuznets vor dem US-Senat, 1934.

3 Daten aus: Global Financial Integrity, 2017.

4 Jigme Y. Thinley in einem Interview aus dem Jahr 2012.

5 UN-Resolution 65/309, 19.7.2011, https://www.un.org/depts/german/gv-65/band3/ar65309.pdf, abgerufen am 18.5.2019.

6 *Happiness: Towards a New Development Paradigm,* Report of the Kingdom of Bhutan, 2013, http://www.newdevelopmentparadigm.bt/wp-content/uploads/2014/10/HappinessTowardsANewDevelopmentParadigm.pdf, abgerufen am 18.5.2019.

7 Bruder David Steindl-Rast: *Glücklich werden durch Dankbarkeit* (auf Englisch), TED Talk, TEDGlobal 2013, https://www.youtube.com/watch?v=UtBsl3j0YRQ, abgerufen am 18.5.2019.

8 »Salutogenese« ist ein von dem Soziologieprofessor Aaron Antonovsky (1923–1994) geprägter Begriff, unter dem er einen Ansatz versteht, der sich statt mit der Erforschung der Krankheitsursachen (Pathogenese) mit den gesundheitsfördernden Faktoren beschäftigt.

9 Vgl. die Website https://www.mindandlife.org, abgerufen am 19.5.2019.

10 Thakur S. Powdyel: *My Green School – An Outline Supporting the Education for Gross National Happiness,* o. O. 2014.

11 Ein Thangka ist ein Rollbild des tantrischen Buddhismus (Anm. d. Übers.).

12 Commissioner for Wales: *Well-being of Future Generations (Wales) Act 2015*, 2019, http://futuregenerations.wales/about-us/future-generations-act/, abgerufen am 29.5.2019.

13 Ebenda.

14 Jocelyn Mercado: *Buen Vivir: A New Era of Great Social Change*, 25.12.2017, https://blog.pachamama.org/buen-vivir-new-era-great-social-change, abgerufen am 29.5.2019.

15 »Viele Regierungsformen wurden schon und werden noch in dieser Welt der Sünde und des Leids ausprobiert. Niemand behauptet, dass die Demokratie vollkommen sei oder der Weisheit letzter Schluss. Vielmehr gibt es Stimmen, die sagen, dass die Demokratie die schlechteste aller Regierungsformen sei, abgesehen von all den anderen, die man von Zeit zu Zeit ausprobiert hat …« Winston S. Churchill, Rede vor dem britischen Unterhaus am 11.11.1947.

16 Tshering Tobgay: »This Country Isn't Just Carbon Neutral – It's Carbon Negative«, TED Talks, 1.4.2016, https://www.youtube.com/watch?v=7Lc_dlVrg5M&t=29s, abgerufen am 29.5.2019.

17 Siehe die Website der Camphill Foundation, https://www.camphillfoundation.org/about-camphill, abgerufen am 29.5.2019.

18 Siehe auch https://de.wikipedia.org/wiki/Soziale_Dreigliederung, abgerufen am 29.5.2019.

Die praktische Umsetzung des Bruttonationalglücks

1 Vgl. C. Otto Scharmer: *Theorie U. Von der Zukunft her führen*, Heidelberg 2014.

2 Siehe das Video in Valentin Helling: *Alibaba-Gründer Jack Ma über die Aufgabe von Bildung*, 22.2.2018, https://www.alemannenschule-wutoeschingen.de/2018/02/22/alibaba-

gruender-jack-ma-ueber-die-aufgabe-von-bildung; vgl. auch »Jack Ma on the IQ of Love …«, *World Economic Forum,* 2018, https://www.weforum.org/agenda/2018/01/jack-ma-davos-top-quotes, beide abgerufen am 30.5.2019.

3 UNESCO Office Bangkok: *Happy Schools! A Framework for Learner Well-being in the Asia-Pacific,* UNESCO, Paris 2016, S. V.

4 Vgl. Jacques Delors et al. (Hrsg.): *Lernfähigkeit: Unser verborgener Reichtum. UNESCO-Bericht zur Bildung für das 21. Jahrhundert,* Neuwied u. a. 1997.

5 Nach dem Gedicht »Atmen«, in Thich Nhat Hanh: *Nenne mich bei meinen wahren Namen,* a. a. O., S. 180 f.

6 Vgl. Marshall B. Rosenberg: *Gewaltfreie Kommunikation. Eine Sprache des Lebens,* Paderborn, 12. Aufl. 2016.

7 UNESCO Office Bangkok: *Happy Schools!,* a. a. O., S. XIV.

8 Joanna Macy, Molly Brown: *Für das Leben! Ohne Warum. Ermutigung zu einer spirituell-ökologischen Revolution,* Paderborn 2017.

9 United Nations: *Sustainable Development Goal 13: Climate Action,* o. J., https://www.un.org/sustainabledevelopment/climate-change, abgerufen am 30.5.2019.

10 UNESCO: *Roadmap for Implementing the Global Action Programme on Education for Sustainable Development,* 2014, S. 3, https://www.gcedclearinghouse.org/sites/default/files/resources/140010eng.pdf, abgerufen am 30.5.2019.

11 Erich Fromm, Gesamtausgabe, hrsg. v. Rainer Funk, Open Publishings, 2016, abgerufen am 16.6.2019.

12 N. N.: »Das stresst im Job am meisten«, 6.2.2017, *Spiegel Online,* https://www.spiegel.de/lebenundlernen/job/burn-out-eine-studie-zeigt-was-arbeitnehmer-am-meisten-stresst-a-1146368.html, abgerufen am 16.6.2019.

13 Christian Felber: *Gemeinwohl-Ökonomie,* komplett aktualisierte und erweiterte Ausgabe, München 2018.

14 Unter »Stakeholdern« versteht man im betriebswirtschaftlichen Sinn alle Personengruppen innerhalb und außerhalb ei-

nes Unternehmens, die direkt oder indirekt in dessen Belange involviert sind – wie Mitarbeiter, Manager, Aktionäre, Geschäftspartner, Kunden, Lieferanten, Gläubiger bis hin zu Staat und Gesellschaft (Anm. d. Übers.).

15 Karma Wangdi, Tshoki Zangmo, Jigme Phunstho: *GNH Certification*, 6.4.2018, http://www.bhutanstudies.org.bt/gnh-certification, abgerufen am 16.6.2019.

16 Zu den Punkten 2 bis 4 bestehen in Deutschland entsprechende gesetzliche Regelungen (Anm. d. Übers.).

Auf dem Weg in eine bessere Zukunft

1 Mind & Life Institute: *Mission*, o. J., https://www.mindandlife.org/mission, abgerufen am 17.6.2019.

2 Plum Village: *The Fourteen Mindfulness Trainings*, 2012, https://plumvillage.org/mindfulness-practice/the-14-mindfulness-trainings, abgerufen am 17.6.2019 (deutsch zum Beispiel Media/Dokumente: *Die 14 Achtsamkeitsübungen* und andere, 2015, https://www.eiab.eu/dokumente, abgerufen am 17.6.2019; Anm. d. Übers.).

3 Eurasia Learning Institute for Happiness and Wellbeing: *Our Work*, 2018, https://elihw.org, abgerufen am 17.6.2019.

4 Vgl. die Website https://www.wikiwand.com/en/School_strike_for_climate, abgerufen am 22.06.2019.

5 Powdyel, a. a. O.

6 Jigme Y. Thinley: *Educating for Gross National Happiness in Bhutan*, o. O. 2009.

Zitatnachweise

T. S. Eliot: Chöre aus »The Rock« (S. 25f., 31): Textauszug aus: T. S. Eliot, Werke in vier Bänden, Band 4: Gesammelte Gedichte 1909–1962. Herausgegeben und mit einem Nachwort versehen von Eva Hesse. © Suhrkamp Verlag Frankfurt am Main 1972/1988.

Thich Nhat Hanh: *Liebesbrief an die Erde* (S. 85): Reprinted from Love Letter to the Earth (2013) by Thich Nhat Hanh with permission of Parallax Press, Berkeley, California, www.parallax.org.
Mit freundlicher Genehmigung der Herbig Verlagsbuchhandlung Stuttgart.
Thich Nhat Hanh, *Liebesbrief an die Erde*
© 2014 für die deutschsprachige Ausgabe by nymphenburger in der F. A. Herbig Verlagsbuchhandlung GmbH